A guidebook to dialect research
ガイドブック
方言研究

小林 隆／篠崎晃一 編

ひつじ書房

執筆者

第1章　小林　隆（東北大学名誉教授）
　　　　篠崎晃一（東京女子大学教授）
第2章　佐藤和之（弘前大学名誉教授）
第3章　木部暢子（人間文化研究機構機構長）
第4章　高橋顕志（広島大学名誉教授・群馬県立女子大学名誉教授）
第5章　大西拓一郎（国立国語研究所教授）
第6章　井上　優（日本大学教授）
第7章　宮治弘明（元梅花女子大学助教授）
第8・9章　小林　隆
第10章　半沢　康（福島大学教授）

まえがき

　大学に入ったばかりの学生の中には、方言が研究対象になると聞いて驚く人たちがいる。「言語学」という名前は知っていても、「方言学」は聞いたことがないというのである。言語学が包括的な学問名であるのに対し、方言学はその一分野の名称であることが関係しているのだろう。しかし、それだけが原因とは思われない。むしろ、未知の外国語と異なり、あまりにも日常的であるために、方言が研究に値するものだという発想をついぞもちえなかった、というのが真相ではなかろうか。

　すぐそこにある方言の世界は、覗いてみるとなかなか奥が深い。まず方言は、共通語と同じく文法書や辞典にまとめられるようなことばとしての体系を有している。と同時に、地図の上に描いてみせることのできるような地理的広がりももっている。また、そうした体系や地理的広がりは歴史の産物であり、古典語の世界へとつながっている。さらに、各地のさまざまな自然や文化と密接に関わり、社会のしくみや人々の行動を反映している。こんなふうに見てくると、方言について知ることは、ことばについて知ることとほとんど同義であることに気がつく。方言の研究は、さまざまな分野と連携した総合的な言語学としての性格を備えている。

　身近なものであるだけに、方言に対する学生の関心は高い。だから、方言が卒論のテーマになりうると聞いて目を輝かせる学生は多い。いや学生だけでなく、今や方言尊重の社会的風潮から、さまざまな人たちが方言に興味を抱くに至っている。問題はその先である。興味をもつのはいいとして、奥深い方言の森にどのように分け入ったらよいのだろうか。―――方言に関心を

もった人たちが、いわば入り口で迷子にならないように研究の世界に案内する、それが本書の目的である。「ガイドブック方言研究」という名前は、文字通りそうした意味を込めてつけてみた。

この本の特色は、なによりも方言研究のオーソドックスな概説書だという点である。特定の分野に偏ることなく、これを読めば方言研究の全体像をひととおり把握できる、といった内容を意図した。方言に関心をもつ人たちには、いずれ特定のテーマに進むとしても、まず研究の鳥瞰図を得てほしいからである。

オーソドックスという特徴は、研究の基本にあたる「方言のしくみ」の解説に6つの章をあてたことにも現れている。しかし、この点は社会方言学に比重を置く概説書が目立つ今日において、かえって新鮮な印象を与えるかもしれない。方言のしくみについての研究（記述方言学）は伝統的な課題だが、近年、理論化や精密化が急速に進み、また、危機言語としての方言の記録という意義もあいまって、あらためて最新のテーマになりつつある。

本書のもうひとつの特色は、自分で方言を研究してみたいという人のためにいくつかの工夫をした点にある。例えば、方言のしくみを扱った章を中心に、「テーマの設定」「調査の方法」「分析の方法」と、具体的な研究の手順を示したのがそれである。また、各章には「参考文献」という節を設け、利用可能な資料や、続けて読むべき研究文献を紹介した。

執筆のメンバーは、方言研究の第一線で活躍中の"つわもの（？）"たちである。執筆者の「個性」と編者の「方針」とが衝突するぎりぎりのところでまとめたのが本書である。分担執筆のおもしろさが本書には現れていると思うのは手前味噌であろうか。なお、第7章担当の宮治弘明さんは本書編集中、病のため帰らぬ人となった。早くに原稿を提出してくださったのに、刊行をお見せできなかったことを申し訳なく思う。

ひつじ書房の松本さんと足立さんには、企画から仕上げに至るまでたいへんお世話になった。できれば本書が好評を得ることで恩に報いたい。

編　者

目　次

まえがき ……………………………………………………………… i

第1章　方言と方言学の世界 …………………………………… 1
1. 方言とは ……………………………………………………… 1
1.1. 日本語のバリエーション …………………………… 1
1.2. 「方言」の位置 ……………………………………… 2
1.3. 方言と共通語 ………………………………………… 3
2. 方言の諸相と研究分野 ……………………………………… 5
2.1. 方言のしくみと分類 ………………………………… 5
2.2. 方言の分布と歴史 …………………………………… 7
2.3. 方言と自然・文化 …………………………………… 8
2.4. 社会の中の方言 ……………………………………… 11
3. 方言の調べ方 ………………………………………………… 12
3.1. 既存資料の利用 ……………………………………… 12
3.2. 調査方法の種類 ……………………………………… 13
3.3. 調査の実際 …………………………………………… 15
4. 参考文献 ……………………………………………………… 17

第2章　方言のしくみ　音韻 …………………………………… 21
1. 方言の音韻 …………………………………………………… 21
1.1. ことばを聞く ………………………………………… 21
1.2. 音韻研究の役割 ……………………………………… 24
1.3. 方言音韻の研究 ……………………………………… 26
2. テーマの設定 ………………………………………………… 28
3. 調査の方法 …………………………………………………… 29
3.1. 公平な記述 …………………………………………… 29
3.2. 自分の発音を知る …………………………………… 32
3.3. 質問の方法 …………………………………………… 33
3.4. 話者の選び方 ………………………………………… 35
4. 分析の方法 …………………………………………………… 36

4.1. 解釈のしかた ……………………………………………… 36
　　4.2. ŋ は音素か異音か …………………………………………… 38
　　4.3. 津軽方言を例に ……………………………………………… 39
　5. 調査票の作成 …………………………………………………… 41
　6. 録音の手引き …………………………………………………… 43
　7. 参考文献 ………………………………………………………… 44

第3章　方言のしくみ　アクセント・イントネーション ………… 49
　1. 方言のアクセント・イントネーション ……………………… 49
　　1.1. アクセント・イントネーションとは ……………………… 49
　　1.2. 方言アクセントのタイプ …………………………………… 50
　　1.3. アクセントの類別語彙表 …………………………………… 51
　　1.4. 比較方言学とアクセント系譜論 …………………………… 51
　　1.5. イントネーションの種類 …………………………………… 53
　2. テーマの設定 …………………………………………………… 54
　　2.1. アクセント体系 ……………………………………………… 54
　　2.2. アクセントの類別体系 ……………………………………… 55
　　2.3. アクセントと音節構造 ……………………………………… 56
　　2.4. 複合語のアクセント ………………………………………… 56
　　2.5. 助詞・助動詞のアクセント ………………………………… 57
　　2.6. 方言アクセントの変化 ……………………………………… 57
　　2.7. 方言イントネーションの研究 ……………………………… 57
　3. 調査の方法 ……………………………………………………… 58
　　3.1. アクセント調査票 …………………………………………… 58
　　3.2. アクセントの調査方法 ……………………………………… 59
　　3.3. 話者 …………………………………………………………… 60
　　3.4. イントネーションの調査方法 ……………………………… 60
　4. 分析の方法 ……………………………………………………… 60
　　4.1. アクセント体系の分析例 …………………………………… 60
　　4.2. 複合名詞のアクセントの分析例 …………………………… 62
　　4.3. 助詞のアクセントの分析例 ………………………………… 64
　　4.4. 文末イントネーションの分析例 …………………………… 65
　5. 参考文献 ………………………………………………………… 67

第 4 章　方言のしくみ　語彙 …………………………………… 71

- 1．方言の語彙 ……………………………………………………… 71
  - 1.1．語と語彙 …………………………………………………… 71
  - 1.2．方言の語・語の意味 ……………………………………… 72
  - 1.3．民俗語彙・生活語彙 ……………………………………… 74
  - 1.4．語彙体系 …………………………………………………… 75
  - 1.5．語の分布・語彙の分布 …………………………………… 76
- 2．テーマの設定 …………………………………………………… 78
  - 2.1．語のレベルでの意味記述 ………………………………… 78
  - 2.2．語彙の一部分体系の意味記述 …………………………… 79
- 3．調査・分析の方法 ……………………………………………… 79
  - 3.1．「ミテル」に関する調査・分析 …………………………… 79
  - 3.2．「支持動詞」に関する調査・分析 ………………………… 84
- 4．参考文献 ………………………………………………………… 88

第 5 章　方言のしくみ　文法（形態） ……………………………… 91

- 1．方言の文法 ……………………………………………………… 91
  - 1.1．方言には文法がある ……………………………………… 91
  - 1.2．基本的な考え方 …………………………………………… 92
- 2．テーマの設定 …………………………………………………… 94
  - 2.1．問題点の整理 ……………………………………………… 95
  - 2.2．仮説を立てる ……………………………………………… 96
  - 2.3．岩手県種市町平内方言の活用を例に …………………… 97
- 3．調査の方法 ……………………………………………………… 98
  - 3.1．調査の前に ………………………………………………… 98
  - 3.2．臨地調査と話者 …………………………………………… 98
  - 3.3．調査票など ………………………………………………… 99
  - 3.4．岩手県種市町平内方言の調査を例に …………………… 100
- 4．分析の方法 ……………………………………………………… 101
  - 4.1．分析の方針 ………………………………………………… 101
  - 4.2．評価 ………………………………………………………… 101
  - 4.3．岩手県種市町平内方言の活用の分析を例に …………… 102
- 5．歴史的な観点 …………………………………………………… 109
- 6．参考文献 ………………………………………………………… 111

第6章　方言のしくみ　文法（語法・意味） …… 113

1. 方言における種々の文法現象 …… 113
   - 1.1. 主格助詞 …… 114
   - 1.2. 連体助詞・形式名詞 …… 114
   - 1.3. 引用助詞の省略 …… 115
   - 1.4. 受身文で動作主をあらわす格助詞 …… 116
   - 1.5. 終助詞（文末詞） …… 116
   - 1.6. 「行く/来る」と「やりもらい」 …… 117
   - 1.7. 可能表現 …… 117
   - 1.8. 自発表現 …… 118
   - 1.9. 持続表現、「ておく」 …… 119
   - 1.10. 意志・勧誘形の命令用法 …… 119
2. 文法分析の基本的な手順 …… 120
   - 2.1. 文法研究のタイプ …… 120
   - 2.2. 考察の基本手順―「推理」と「証拠探し」― …… 121
   - 2.3. 方言文法研究における「証拠探し」の重要性（1） …… 124
   - 2.4. 方言文法研究における「証拠探し」の重要性（2） …… 126
3. テーマの設定と分析 …… 128
   - 3.1. 富山県井波町方言の「命令形＋カ」 …… 128
   - 3.2. 問題発見と方針決定 …… 129
   - 3.3. 先行研究のチェック …… 129
   - 3.4. 分析 …… 130
   - 3.5. よりよい説明へ …… 132
4. 方言文法研究の意義 …… 134
5. 参考文献 …… 135

第7章　方言のしくみ　待遇表現 …… 139

1. 方言の待遇表現 …… 139
2. テーマの設定 …… 142
   - 2.1. テーマ設定の観点 …… 142
   - 2.2. 言語体系の観点から …… 142
   - 2.3. 言語運用の観点から …… 143
3. 調査の方法 …… 144
   - 3.1. 場面を構成する要素 …… 144
   - 3.2. 人物の設定 …… 145
   - 3.3. 状況の設定 …… 146

3.4． 話者の選定 ………………………………………………… 146
　　3.5． 滋賀県方言を例に …………………………………………… 147
　4． 分析の方法 ………………………………………………………… 148
　　4.1． リーグ戦式調査の結果 ……………………………………… 148
　　4.2． 人物カテゴリー設定調査の結果 …………………………… 151
　5． 参考文献 …………………………………………………………… 156

第8章　方言の分類 ……………………………………………… 159
　1． さまざまな方言 …………………………………………………… 159
　2． 方言分類の方法 …………………………………………………… 160
　3． 方言分類の実際 …………………………………………………… 162
　　3.1． 総合的分類 …………………………………………………… 162
　　3.2． 音韻による分類 ……………………………………………… 165
　　3.3． アクセントによる分類 ……………………………………… 167
　　3.4． 文法による分類 ……………………………………………… 168
　　3.5． 語彙による分類 ……………………………………………… 169
　　3.6． その他の分野 ………………………………………………… 171
　4． 参考文献 …………………………………………………………… 171

第9章　方言の歴史 ……………………………………………… 175
　1． 方言史の地理的構造 ……………………………………………… 175
　2． 方言史の方法 ……………………………………………………… 176
　　2.1． 文献学的方法 ………………………………………………… 177
　　2.2． 方言学的方法 ………………………………………………… 177
　3． 方言史のテーマ …………………………………………………… 186
　　3.1． 対象とする地域の設定 ……………………………………… 186
　　3.2． 対象とする言語事項の選定 ………………………………… 187
　　3.3． 方法論の選択 ………………………………………………… 187
　　3.4． 変化の要因への取り組み …………………………………… 188
　　3.5． 方言形成のモデル化 ………………………………………… 189
　4． 方言史の実際―「こそ」を例に― …………………………… 190
　　4.1． 現代共通語との対比 ………………………………………… 190
　　4.2． 歴史的中央語の保存 ………………………………………… 191
　　4.3． 方言独自の発達 ……………………………………………… 192

4.4．地理的分布 ………………………………………………… 194
　　4.5．比較方言学と方言地理学 ………………………………… 196
　　4.6．東西差成立の問題 ………………………………………… 196
　5．参考文献 ………………………………………………………… 197

第10章　現代の方言 …………………………………………… 201

　1．方言の衰退と共通語化 ………………………………………… 201
　　1.1．衰退の実態 ………………………………………………… 201
　　1.2．衰退の地域差 ……………………………………………… 203
　　1.3．衰退の場面差 ……………………………………………… 205
　　1.4．方言と共通語の使い分け ………………………………… 207
　　1.5．方言と共通語の中間の言語 ……………………………… 209
　2．生き残る方言・新しい方言 …………………………………… 211
　　2.1．気づかない方言 …………………………………………… 211
　　2.2．残存する伝統的方言形 …………………………………… 214
　　2.3．新方言 ……………………………………………………… 214
　3．方言意識 ………………………………………………………… 216
　4．方言と社会活動 ………………………………………………… 218
　5．新しい方言研究の視点 ………………………………………… 220
　6．参考文献 ………………………………………………………… 222

索　引 ………………………………………………………………… 227

第1章
方言と方言学の世界

1. 方言とは

　私たちが使用している日本語は決して単一なものではなく、さまざまな変異の複合体であると言ってよい。「方言」とは何か考えるために、そうしたことばのバリエーションの観察から始めてみよう。

1.1. 日本語のバリエーション

　まず、自分のことばを内省すると、会話に用いることばと、文章を書くときのことばはかならずしも同じではない。また、会話といっても、改まった場面とリラックスした場面とでは自ずと違いがあらわれる。例えば、書きことばではシオカライ（塩辛い）と言うが、話しことばではショッパイが普通だという人がいるだろう。さらに、友達同士のくだけた会話になると、ショッペーなどと言うこともあるにちがいない。このように、同じ1人の人間であっても、場面に応じていくつかの言い方を使い分けている。

　家族に目を向けてみよう。例えば、上のショッペーは男性である自分と父親は使うが、母親や妹は使わないことに気づくかもしれない。ことばの男女差の一端がそこに見えている。あるいは、自分がウロコ（鱗）、カボチャ（南瓜）と呼んでいるものを祖父母はコケラ、トーナスと言うなど、ことばの年齢差を体験する機会も多いはずである。

さらに、社会に視野を広げると、医者である友人は手術をオペと呼ぶなど一般の人が使用しない専門語をもっている。あるいは、大学の科目の「第二外国語」をニガイと言ったら、別の大学に通っている友人には理解してもらえず、この語が特定のキャンパス内でしか通じないことばであることに気がついたといったこともあるかもしれない。このような社会における集団差もことばのバリエーションの1つの姿である。

また、子供の頃、隣町の従兄弟とじゃんけんをしたら、その掛け声が違うので驚いた、というような話もよく耳にする。身近なところでことばの地域差を発見したわけである。そして、さらにさまざまな地方の人々と接触することで、例えば、捨てることを地域によってナゲルと言ったり、ウッチャルと言ったり、あるいはホカス、ウシツルと言うなど、全国にわたって地方独自の言い方があることがわかってくる。

1.2.「方言」の位置

前節では身近に観察できることばのバリエーションを見渡してみた。あらためて整理すれば次のような種類があることになる。

（1） 場面的変異（書きことば・話しことば、あらたまったことば・くだけたことばなど）
（2） 年齢的変異（古いことば・新しいことば、老人語・若者語など）
（3） 性別的変異（男性語・女性語）
（4） 集団的変異（専門語、職業語、隠語、キャンパスことばなど）
（5） 地理的変異

このうち、ことばの担い手の属性に関わる（2）〜（5）の変異を広い意味で「方言」と言うことがある。しかし、一般的には（5）の地理的変異、すなわちことばの地域差を指して「方言」と呼ぶのが普通である。これに対して、社会的変異としてまとめられる（2）の年齢的変異、（3）の性別的変異、（4）の集団的変異を「社会方言」と名づけることも行われている。その関係を示せば、以下のようになる。

≪日本語のバリエーション≫
 （a）場面的変異
 （b）属性的変異
  （b-1）社会的変異………「社会方言」⎫
   （b-1-1）年齢的変異   ｜
   （b-1-2）性別的変異   ｜ 広義の「方言」
   （b-1-3）集団的変異   ｜
  （b-2）地理的変異………狭義の「方言」⎭

　このようなバリエーションのうち、本書が対象とするのは基本的に狭義の方言、つまり地理的な意味での方言である。これは同時に、方言学を、ことばの地理的変異を研究対象に据える学問と規定することでもある。以下、単に「方言」と言えば、地理的変異を指すものとする。

　ただし、現実問題として、地理的変異と社会的変異・場面的変異とは全く独立しているのではなく、相互に関連し合っている。例えば、先の例のコケラ（鱗）は東日本の方言だが、同時に高年層のみが使用することばでもある。一方、ウロコは本来西日本の方言であるのに、若年層においては全国に広まっている。あるいは、最初の例で書きことばとして挙げたシオカライ（塩辛い）は、これを話しことばとして日常的に使用する地域も存在する。このように、地理的変異は、社会的変異や場面的変異と複雑に絡み合っている。したがって、方言について考察する場合、中心は地理的変異に置きながらも、社会的変異や場面的変異との関連を常に視野に入れておく必要がある。

1.3.　方言と共通語

　上では方言をことばの地理的変異と定義した。これは、次のページの図の太線の関係のように、A・B・C 3つの地方のことばが互いに異なる場合、それぞれのことばを相互に方言と呼ぶ、という意味である。例えば、かぼちゃのことを関東でトーナス、近畿でナンキン、九州でボーブラと言うとき、これら3語は方言の関係にあるということになる。

一方、図の点線の関係のように、日本語の基準となり全国で使用される「共通語」から見て、使用範囲が一部の地域に限られることばを方言とみなすとらえ方もある。具体的にはカボチャという共通語に対して、トーナス、ナンキン、ボーブラを方言と認めるのである。本来、方言とは前者のような地理的な関係に基づく存在であるはずだが、むしろ一般的には共通語と対比的に意識されることが多い。その結果、規範から外れるとか一地域にしか通じないなどといった理由で、方言がマイナスの評価を与えられることが過去にあった。

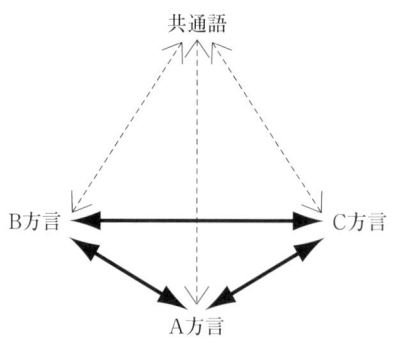

もっとも、方言と共通語とは密接な関係にあるので、そうした偏った価値観を排除すれば、研究面では共通語を視野に入れて方言を観察することは有意義である。そもそも、共通語の多くの部分は、方言と無関係に作られたものではなく、方言の中から具体的な要素が選ばれることで成立したものである。例えば、先に見たようにウロコ（鱗）は西日本方言としての地理的基盤を持つが、それが同時に共通語としての性格も担っている。

また、九州の一部で、値段を尋ねることばはドシコであるが、同じ地域で共通語と意識されているのはイクラではなく、ナンボであるという。ナンボは九州を含め西日本方言として広く使用されているため、そのような意識が生じたと考えられる。全国的に用いられる共通語（「全国共通語」ということがある）に対して、ナンボのように一定の範囲で共通語と同様の扱いを受けている方言を「地域共通語」と呼ぶことがある。方言と共通語とは対比的に把握される一方で、以上のように連続的な面のあることがわかる。

方言と共通語との関係は通時的な側面から見た場合、さらに重要さを増す。

まず、共通語が広まる現象を「共通語化」と呼ぶが、戦後この現象は方言の衰退と表裏一体となって進行した。また、現代では方言と共通語とがさまざまなかたちで混交した「中間方言」が作られており、方言と意識されにくい「気づかない方言」の中には、共通語と同形であるために共通語化を免れているものもある。あるいは、方言史上、近代の撲滅運動と最近の保護活動は、その方向は異なるが、いずれも共通語との対立の中で方言に生じたできごとと言える。したがって、これらの現象について考えるためには、方言だけを見ていても不十分であり、共通語との関係で方言を把握する視点が不可欠になってくる。

2. 方言の諸相と研究分野

　方言といっても日本語であり、言語であることに変わりはない。したがって、方言がことばとしての性格を基本的に備えていることは、まず注目しなければならない。同時に、方言は地理的存在であり、日本語史の産物でもある。地域の自然や文化を反映し、社会のいろいろな側面と結びついて使われていることも見逃すことができない事実である。
　ここでは、方言が見せるさまざまな様相を、その研究分野とともに紹介することにしよう。

2.1. 方言のしくみと分類

　先に、「しょっぱい」をショッペーと言う人がいることを述べた。しかし、この事実だけでは問題は「しょっぱい」という1つの単語の中で終わってしまう。そこで、もう少し注意して観察すると、このような人は「酸っぱい」もスッペーと言い、さらに、「甘い」もアメー、「辛い」もカレーと言うことがわかる。したがって、どうやら、味覚に関する語彙はみな末尾をエーと伸ばすように見えてくる。ところが、同じ味覚語彙でも、「渋い」はシベーとはならないなど例外もある。
　ここで、発想を変えて、味覚語彙以外にエーと伸す語はないか調べてみる

と、「高い」がタケー、「兄弟」がキョーデー、「貝」がケーとなるなど語の種類に関わらず、エーがあらわれることがわかった。そこで、これらの語に共通の特徴を探すと、いずれも末尾がアイという連母音をもつことに気づく。ここに至って、この現象は語彙上の問題ではなく音韻上の問題であり、連母音アイが融合し長母音エーを生じる現象、すなわち、［ai］＞［eː］として一般化することが可能になる。

　われわれが方言を見るときには、得てして個別の要素にのみ関心がいきがちである。しかし、上の例で明らかなように、方言も言語である以上、一定のしくみをもち、規則化して把握できる部分がある。個別の要素に興味をもつことは大切であるが、それだけでは方言の全体像に迫ることは難しい。関連する多くの要素を視野に入れ、ことばとしてのしくみや規則を発見していく作業の積み重ねが方言の全体像を明らかにすることにつながる。その成果は、ちょうど外国語の教科書や辞典を作るのと同じようなかたちで、各方言ごとに整備される必要がある。

　方言学の中で、このような課題に取り組む分野を「記述方言学」と呼んでいる（→第2〜7章）。記述方言学は音韻・アクセントや、活用に代表される文法の形態面で研究が進んでいるが、終助詞などのモダリティの文法や、語彙の分野は発展の途上である。談話や言語行動といった分野はまだ研究の入口に立ったばかりであり、そもそもどのような面に地域差が見られるのか探索しつつある段階と言える（→第10章）。

　記述方言学は、方言の言語としての側面を掘り下げるものであり、方言学の中でも最も基礎的な研究分野と言える。それだけに、日本語学一般や言語学、音声学など同じくことばを扱う学問の成果を取り入れることが必要になる。例えば、音韻面の記述にあたっては、機械を使った定量的な測定方法が導入されている。あるいは、文法面では、現代共通語文法で開拓された理論が方言の記述にも応用されつつある。

　ところで、各地方言の記述が進むと、それらの共通点と相違点を比較することにより、広範囲の方言の分類が可能になる。「日本の方言はいくつに分かれるか」といった興味は誰しもが抱くものであるが、記述方言学の発達が

そのような興味に答えてくれることになる。特に、隣接方言間の相違点に基づき、日本列島を区分けしていく研究を「方言区画論」と呼ぶ。これは日本の方言学にとって古くからのテーマであった。もちろん、方言の分類には方言区画論のほかにもいくつかの方法があり、コンピュータを使った統計的な手法も試みられている。ここでは、そのような方言区画論以外の方法も含め、方言の分類をテーマとする研究分野を広く指しうる用語として、「方言分類論」という名称を用いることにする（→第8章）。

2.2. 方言の分布と歴史

　私たちは深い郷土愛のあまり、自分の生活している土地の方言が他の方言と違う独特のものであると考えがちである。しかし、社会的に隔絶した土地でもないかぎり、その地域のことばは周りの地域へと伝わり、周りの地域のことばがその地域に流れ込んでくる。その結果、方言は孤立して存在するよりも、一定の地理的広がり、すなわち「分布」をもって存在するのが普通である。そして、時には、思いもかけない遠隔地の方言が、郷土の方言と一致することがある。

　例えば、青森の人たちが、「寒いバテ」とか「寒いバッテ」のように言うのは青森固有の方言（逆接の接続助詞）だと考えたとする。ところが、九州に旅行してみると、そこでも「寒いバッテ」「寒いバッテン」など同じような言い方をするのを聞いて耳を疑うかもしれない。逆に、鹿児島の人たちが、「寒いドン」という言い方が鹿児島方言特有のものだと思い込んでいるとしたら、「寒いドモ」のような類似の形式が東北の広い地域に使われていることを知り驚くに違いない。郷土の方言など限られた地域から観察をスタートさせる場合でも、全国に視野を広げることで、思わぬ所にその方言の仲間を発見できる可能性がある。

　このように、方言の分布を問題にする研究分野を「方言地理学」と呼んでいる。方言地理学では、一定の範囲の分布を調査によって明らかにし、「方言地図」を作製する。この方言地図は、方言地理学の成果の提示としての役目を担うと同時に、あとで述べるように歴史推定のための道具となったり、

自然や文化との関わりを考えるための資料となったりする。

　ところで、上の事例における、

　　○バテ・バッテ（青森）－バッテ・バッテン（九州）

　　○ドモ（東北地方）－ドン（鹿児島）

といった東西の対応は、それ自体は現代という共時面の現象である。しかし、次の興味として、なぜそのような遠隔地の一致が見られるのか、理由を知りたくなるに違いない。そして、その理由を明らかにする作業は、もはや現在にのみとどまることはできず、方言の通時面、すなわち歴史に踏み込んでいくことになる。上のような東西の対応の背景には、それを生み出した歴史が隠されているのであり、その解明は方言学にとって非常に興味深いテーマと言える。

　歴史と言えばその材料は文献資料というのが常識である。当然、方言の歴史を考えるときにも、文献は基本的な資料となる。ところが、中央語と違って、方言の場合には過去の方言で記された文献は極めて乏しく、文献だけを資料にしていては十分研究が進まないというハンディがある。そこで、過去の方言によらず、現代の方言を資料にして方言の歴史を推定する方法が工夫されている。その1つが上で触れた「方言地理学」であり、方言地図に浮かび上がった方言分布の配置具合から歴史を読み解く方法が工夫されている。また、記述方言学の成果をもとに、複数の方言体系の比較からそれらの系統関係を割り出す方法もあり、こちらは「比較方言学」と呼ばれている。この方言地理学と比較方言学の2つが、方言学における歴史研究の主要な方法である（→第9章）。

2.3. 方言と自然・文化

　北陸の五箇山方言では、コゴメイキ（粉雪）、ボタイキ（ぼたん雪）、ベチャイキ（水分を多く含んだ雪）、アカイキ（大陸の砂塵の混じった赤っぽい雪）といった雪の種類を含め、雪に関する語彙は21語を数える。これに対し、奄美の加計呂麻島方言ではユキ（雪）1語しか観察されない（林大監修・宮島達夫他編1982, p. 431）。このような語彙量の偏りには、その土地の風

土とそこで暮らす人間との関係が色濃く反映されている。すなわち、雪は南国育ちの人たちには馴染みが薄いが、北国で暮す人々にとっては生活にさまざまな影響を及ぼす冬の一大関心事であり、そうした興味が雪に関わる語彙を必然的に豊富にさせたと言える。

　雪に関連しては次のような事例もある。「霜焼け」のことをユキヤケ（雪焼け）と呼ぶ地域があるが、図1（柴田武1969別冊、p.p. 87-88）に見るように、その分布は降雪量の多い地域とほぼ重なる。雪の中での生活期間が長い地域では、「霜焼け」の原因は霜よりも雪の方が現実味があり、そうした生活体験がユキヤケという語の使用を支えていると考えられる。雪にまつわる事例ばかり紹介したが、南国特有の自然現象では雪の場合とは逆のことが予想されよう。このように、自然現象は方言の語彙体系や単語の分布に大き

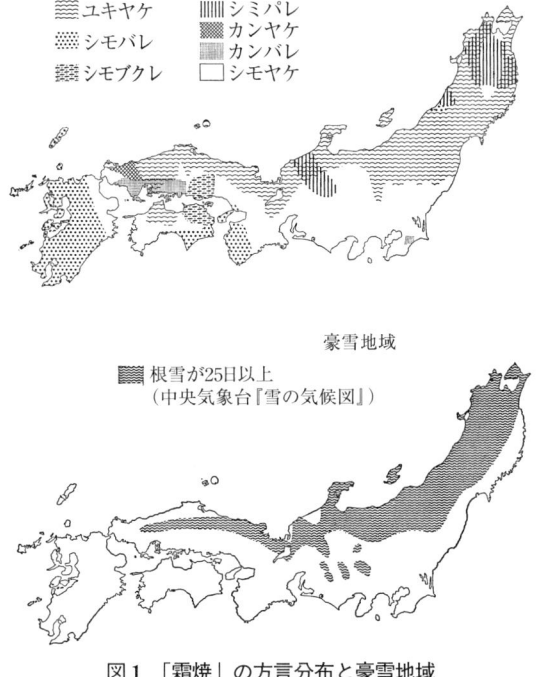

図1　「霜焼」の方言分布と豪雪地域

自然とともに文化も方言のあり方を規定する重要な要因である。農村には農業関係の語彙が発達し、漁村には漁業関係の語彙が発達する。生業の形態が語彙の異なりとして反映されるのは当然のことと言える。あるいは、社会的な制度の違いがことばの違いとなってあらわれることもある。例えば、待遇表現の運用には、集落内の家格という要素が影響する場合のあることが知られている。あるいは、お寺と檀家との結びつきの強い地域では、住職に対して特別の敬語を用いるということもある。

文化と方言との関わりについては次のような事例も興味深い。図2は信飛国境地帯における「あめんぼ」の方言を示したものだが、その分布は丸で囲った話者の子供時代の学区とよく一致していることがわかる（馬瀬良雄1992、p.324）。小動物や遊びの名前など、子供たちが日常的に興味を持つ分野のことばは、発生や普及が学校を中心とした子供たちの行動範囲の中に留まる傾向がある。最初にあげた「じゃんけんの掛け声」の地域差にも、このような要因が関係している可能性がある。

以上のように、地域の自然や文化を反映することばの世界を描き出すことは、記述方言学の1つの課題である。また、方言分布を規定する要因として、自然現象や文化現象との関連を明らかにすることは方言地理学の重要なテーマと言える。そして、このような方言以外の現象への注目は、方言学が言語研究の内部にとどまるのではなく、他のさまざまな研究分野と連繋することの必要性を示唆する。特に、地域文化の研究という点で共通する民俗学と方言学とは学史上も関連が深く、民具や習俗などと方言との関連が論じられている。

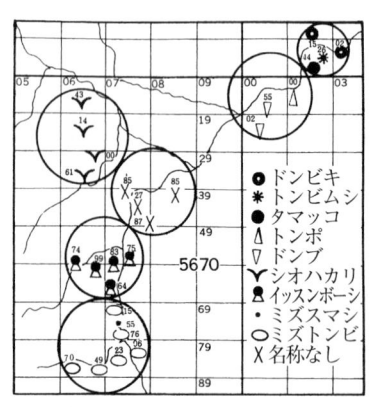

図2 「あめんぼ」の方言分布と学区
（〇が学区）

2.4. 社会の中の方言

　いわゆる方言とはことばの地理的変異を指すが、先に述べたように、広義の方言には年齢的変異や性別的変異、集団的変異などの社会的変異も含まれる。また、ことばには場面的変異も見られ、これらに力点を置く「社会方言学（社会言語学）」という研究分野もある。社会方言学は、狭義の方言学が等質だと仮定してきた一地域のことばが、実はそのような複雑な変異を内包していることに注目する。

　地理的変異が、実際には社会的変異や場面的変異と関わり合っていることはすでに触れたが、このことは現代における方言学の重要課題である共通語化についても言えることである。共通語化の研究においては、方言使用者の年齢や性別による違い、あるいは場面に応じた方言と共通語との使い分けが問題になっている。例えば、ある地域の高年層が方言を使用していたとしても、同じ地域の若年層は共通語を使っており、下の世代から上の世代に向けて方言の衰退・共通語の普及が進みつつあるという現象がよく観察される。また、くだけた場面では共通語化が遅れているように見えても、改まった場面では伝統的な方言が影をひそめ、共通語の形式が普通になっているといった状況も認められる。このように、狭い意味での方言を扱う場合にも、社会的変異や場面的変異への目配りは欠かせない。

　ところで、方言と社会との関係を考えるということは、以上のように方言の社会的バラエティを観察するだけでなく、社会のしくみや価値観が、方言のあり方にどう関わっているかを明らかにすることでもある。

　そのような立場からは、まず、社会構造と方言との関係が問題になる。農村型社会から都市型社会への移行、いわゆる都市化は方言を大きく変貌させている。都市に流入する他地域出身者の増加、通勤・通学圏の拡大、あるいはコンビニエンスストアや大型スーパーの進出による買物形態の変化などは、方言に共通語化をはじめとした重大な影響を及ぼしつつある。

　一方、方言が担う社会的役割も現代方言を考える際の重要な柱となる。というのも、現代の方言は共通語と使い分けられる一種のスタイルとしての性格が強く、思考内容の伝達という言語本来の機能よりも、対人関係上の効果

を期待して使用されることが多くなってきていると考えられるからである。共通語を話せる若者があえて方言をも使用するのはなぜなのか。商品化や教育・福祉での活用は方言に何が期待されているからなのか。言語政策が、方言撲滅から方言尊重へと近年大きく転換した背景にはどのような意図があるのか。例えば、このような疑問に答えることによって、現代方言の新しい機能が浮かび上がってくると思われる。このように、方言の社会的機能について考える分野を「方言機能論」と呼ぶことにする。

以上のように、社会と方言との関係をめぐる課題は多岐にわたる。その解明のためには、社会学や心理学、教育学、場合によっては経済学などさまざまな分野との提携が必要になる（→第10章）。

3. 方言の調べ方

方言と方言学の世界を一通り理解した人の中には、実際に方言を調査してみたいと思う人がいるにちがいない。ここでは、そのような人の参考になるように、方言の調査法を概説することにしたい。

3.1. 既存資料の利用

「方言調査」という用語がある。日本語史のための文献調査や現代語文法のための用例調査にそのような特別の用語がないのは、方言研究に占める「調査」の位置付けがいかに大きいかを物語るものである。たしかに方言研究には調査が不可欠と言える。

しかし、やみくもに調査を行う前に、とりかかろうとするテーマにとって既存の資料が使えないか、まず考えてみる必要がある。利用可能な資料があれば、あえて新たな調査を行う必要はないし、たとえ調査を行うにしても、どこまで研究が進んでいるかを把握し、そのうえで調査の企画を立てることが大切だからである。

既存資料の種類には、次のようなものがある。

（1）録音資料（録音テープ・レコード・CD、文字化資料など）

（2） 文献資料(民話、シナリオ、文学作品、古文書など)
（3） 研究資料(記述報告、方言集、方言地図など)

「録音資料」は実際の方言音声や会話を録音したテープやCDなどで、生きた方言に近い状態を耳にすることができる。これを文字に起こしたものを「文字化資料」と言う。また、会話を一定時間録音・文字化した資料を特に「談話資料」と呼び、談話分析をはじめさまざまな研究に利用されている。

「文献資料」は文学作品や記録の類で、方言が使われているものを指す。各地の民話や、地方を舞台にしたドラマのシナリオなどから方言を採集することができ、これは上記の文字化資料に準じたものとして扱うことができる。上代の『万葉集』東歌や近世の『東海道中膝栗毛』など、過去の文献の中にもそのような資料が存在し、歴史的研究に役立てることも可能である。ただし、これらはあくまでも創作であるという前提と、書くことによって口頭言語としての方言の姿がゆがめられている可能性に注意が必要である。

「研究資料」は特定の観点から方言を記録したものである。「録音資料」が方言を話されているままに保存したものであるのに対して、こちらは研究上の加工や分析を加えてある点が異なる。各地の記述報告は比較方言学や方言分類論などの資料として使うことができる。また、方言集のデータは方言語彙論だけでなく、地図に描くことによって方言地理学にも役立てうる。さらに、方言地図は方言地理学のほか、方言分類論の資料にもなりうる。

3.2. 調査方法の種類

明らかにしたい課題にとって既存の資料では不十分であるとき、新たな調査を行う必要が出てくる。方言調査には、さまざまな方法が工夫されており、方言について調べようとするには、この調査法を習得する必要がある。以下に、そのアウトラインを紹介しよう。

方言調査法には次のような種類がある。

  （a）内省調査
  （b）自然観察調査
  （c）調査票調査

　　　　(c-1)面接調査
　　　　(c-2)通信調査
　「内省調査」は調査者が自らのことばを内省し、記録する方法である。1人で調査者とインフォーマントの両方を演ずるので、質問意図の取り違えや調査時間の制約が起こらない。細かな用法の差を問題にする文法の調査や、時間のかかる使用語彙の網羅的記述などに有効である。ただし、調査者自身、その方言の典型的な話し手であることが条件になる。
　「自然観察調査」と「調査票調査」は、自分以外の人のことばを調べるものである。このうち、「自然観察調査」は方言話者同士の会話を、調査者の側からの特別な介入をせずに聴き取る方法を指す。挨拶表現や応答表現など会話に特徴的な要素や、付属語や基本語彙など使用頻度の高い要素の採集に有効である。その場で必要事項を書き取るだけでなく、会話の全体を録音し、文字化を行うことによって、方言の生きた記録を作成することもできる。
　これに対して、「調査票調査」は調査者から話者に質問を行うことで、方言についての情報を積極的に引き出そうとするものである。調査というと、普通この「調査票調査」を指す。この方法は、その名称からも明らかなとおり、目的に応じて一定の調査票を使用する。調査者は質問内容の世界を調査票の中に上手に体系化する必要があり、調査票の完成度が結果を大きく左右する。
　「調査票調査」には「面接調査」と「通信調査」とがある。「面接調査」は調査者が話者に面接し聴き取りを行うもので、最も一般的な調査法である。あらゆる分野の調査に、この方法は適用することができる。これに対して「通信調査」は、主に郵便を使って調査票を話者に送り、記入された調査票を回収する方法である。回答が話者任せになる点、複雑な質問内容には不向きであり、音声に関する項目にも利用しにくい。また、すべての調査票が回収されるわけではないことにも注意が必要である。しかし、広範囲を、短時間に、少ない費用で調査することが可能であり、方言地理学の分布調査などでは有効である。

以上にあげた調査法には、さまざまなバリエーションがありうる。例えば、「面接調査」といっても、調査者がいちいち口頭で質問せずに、話者にアンケートに記入してもらうという方法が考えられる。「通信調査」でも、依頼を直接話者に会って行ったり、逆に、回収を訪問して行うという方法もある。また、「通信調査」は郵便だけでなく、電話やインターネットなど新たな通信手段を使った方法も工夫されてよい。ただし、インターネットで不特定の回答者から情報を得るような場合、その回答者の方言話者としての適格性をどのように保証するかが重大な問題となる。

3.3. 調査の実際

　調査を実際どのように進めるべきか、手順を示せば次のようになる。
　　　（1）立案→（2）準備→（3）実施→（4）整理・分析
（1）立案
　まず、実施しようとする調査の計画を立てなければならない。そのとき、何を明らかにしたいのか目的意識を明確にもち、そのための最善の方法を検討する。調査結果のおおよその見通し、できれば仮説をもって調査に臨みたい。また、調査の規模に応じて、単独で調査するか、組織で調査するかを決める必要がある。安易な調査からはよい結果が期待できないが、調査期間や費用も考慮し、無理な計画を立てないようにすることも大切である。
（2）準備
　計画の輪郭が決ったら、準備にとりかかる。調査が成功するか否かは、計画の善し悪しと、準備の仕方にかかっていると言っても過言ではない。
　準備作業の中で、最も大きな比重を占めるのが「調査票」の作成である。調査票を作るためには、「調査項目」を設定し、その項目についてどのような「質問法」をとるか考える必要がある。調査項目のいちいちについて、その項目で何がわかるかを明確にし、無駄なく、一定の結論を導き出せるように選定することが求められる。項目の体系性にも配慮し、調査項目全体が、いわば1つの宇宙を形成するように設計したい。
　質問法には、語彙や音韻の調査で使われる「なぞなぞ式」、文法の調査で

多用される「共通語翻訳式」、アクセントの調査に向く「読み上げ式」などいくつかの方法があり、項目の性格に合わせて選択するのがよい。共通語化の激しい今日では、回答者がなかなか方言形式を思い出せない場合があるので、予想される方言形式を調査者の側から提示して確認するというやり方もある。

　調査票の作成は、しかし、初心者にはなかなか難しいものである。そんなときには、既存の調査票を参考にすることを勧める。公表されている調査報告書には、使用した調査票が掲載されている場合がある。例えば、方言地理学調査でお手本となるのが国立国語研究所（1966～74）や同（1989～刊行中）の調査票であり、それぞれ第1巻の解説書に掲げられている。語彙の記述調査では、平山輝男他編（1992～94）の調査票が参考になるだろう。

　話者の依頼も調査準備の重要な仕事である。郷里の方言を対象とするならば、調査者自身の祖父母など家族に相手になってもらうのがやりやすい。一方、知り合いのいない地域では、その土地の教育委員会などに話者の紹介を依頼することになる。特に、通信調査では、協力機関への依頼が欠かせない。方言地理学調査のように、多くの集落を調査するには、思い切って飛び込み式で適当な話者を探すという方法もある。一般に、その土地の生業を代表するような平均的な人に頼むが原則であるが、内省力の必要な文法関係の調査では、あえて教員の経験者を話者に選んだりする。

　録音器を整備したり、話者への謝礼の品を用意したり、あるいは交通機関や宿泊の手配をすることも準備作業の一環である。

（3）実施

　準備が整えば、いよいよ調査の実施である。臨地調査では、調査地域に足を踏み入れるときの期待と緊張感を味わうことができる。調査とは、話者と調査者との信頼関係に基づき、調査者の側が話者の側から教えてもらう行為であることを忘れてはいけない。礼儀をつくすことはもちろんのこと、話者の名前や住所・在外歴などについて尋ねる「フェイスシート」の記入にあたっては、プライバシーに十分配慮する必要がある。

　調査はつねに成功するとは限らない。うまくいかなかった場合には、その

原因を反省し、次に活かすように努めなければならない。問題が調査項目や質問文、あるいは仮説の妥当性にあることがはっきりした場合には、それらに修正を加え再度調査を行うとよい。また、そのような失敗の中から、次の調査の新たなテーマが見つかることもある。もっとも、広範囲の地域や多数の話者を調べる場合、現実的には再調査が困難な場合が多く、それだけに念入りな準備が求められる。また、調査項目や質問文の途中変更は結果の不統一を招く恐れがあるので注意が必要である。

（4）整理・分析

　調査が終わったら、まず話者や協力機関へ礼状を送ることを忘れてはいけない。その後で整理にとりかかる。調査資料は、記述調査のように、1人の話者について豊富に得られる場合や、方言地理学調査や社会方言学調査のように、多くの地点、多くの人から集まる場合がある。後者では、調査地点や話者についてのデータを最初に整理する必要がある。

　内容の整理はすでに分析の第一歩であるから、分析の方法に応じて進めることになる。整理の途中で結果が次第に浮かび上がってくるのは楽しいものである。一方、調査漏れや記入の誤りなどが見つかり、補充調査の必要が出てくることもある。新たな調査テーマのヒントも、整理の過程で得られることがある。

　ひととおりの整理が済んだら、分析の腕をふるう番である。分析の方法は次の章以降に任せることにしよう。

4. 参考文献

　方言と方言学の世界を本書でおおまかに理解した人は、さらに専門的な研究書に進むとよい。

　飯豊毅一他編（1982〜1986）は方言学に関する講座で、方法論を含めた概論と各地方言の解説とから成っている。地域ごとの方言については、県別に編集された平山輝男他編（1997〜刊行中）もわかりやすく説明している。

　研究論文を検索するには、日本方言研究会編（1990）の「文献目録」が便

利だが、その後の論文については、国立国語研究所の『国語年鑑』（秀英出版、大日本図書）で探す必要がある。国語学会と国立国語研究所が共同で作成したデータベース「国語学研究文献総索引データ」を利用する方法もある。手っ取り早く各地の主要な研究論文が見たい人は、井上史雄他編（1994～2001）が役に立つ。

　方言集については、各地の方言集の情報を集大成した徳川宗賢監修・尚学図書編（1989）という膨大な資料がある。平山輝男他編（1992～94）も基本的な語彙について全国の方言を網羅する。談話資料にどのようなものがあるかは、井上文子（1999）を見るとよい。国立国語研究所（2001～刊行中）の成果も公表されつつある。

　調査方法については詳細な研究書はまだ出ていないので、吉田則夫（1984）、田原広史（1991）あたりをまず参考にしてはどうだろうか。調査票の作成に関してはすでに記した。

　これまで、日本において方言がどのように研究されてきたかを知りたい場合には、日本方言研究会編（1990）の「論文編」が便利である。徳川宗賢（1981）も方言研究史を整理している。一方、これからの方言学が進むべき道を模索したものが日本方言研究会編（2002）であり、若い人たちに取り組んでほしい課題が豊富に示されている。

文献

飯豊毅一・日野資純・佐藤亮一編（1982～1986）『講座方言学』全10巻、国書刊行会
井上文子（1999）「談話資料による方言研究」真田信治編『展望現代の方言』白帝社
井上史雄他編（1994～2001）『日本列島方言叢書』全35巻、ゆまに書房
国立国語研究所（1966～74）『日本言語地図』全6巻、大蔵省印刷局（→国立印刷局）
国立国語研究所（1989～刊行中）『方言文法全国地図』全6巻予定、大蔵省印刷局（→国立印刷局）
国立国語研究所（2001～刊行中）『全国方言談話データベース　日本のふるさとことば集成』全20巻予定、国書刊行会
柴田武（1969）『言語地理学の方法』筑摩書房

田原広史（1991）「データの収集と処理」徳川宗賢・真田信治編『新・方言学を学ぶ人のために』世界思想社
徳川宗賢（1981）『日本語の世界 8 言葉・西と東』中央公論社
徳川宗賢監修・尚学図書編（1989）『日本方言大辞典』全 3 巻、小学館
日本方言研究会編（1990）『日本方言研究の歩み 論文編・文献目録』角川書店
日本方言研究会編（2002）『21 世紀の方言学』国書刊行会
林大監修・宮島達夫他編（1982）『図説日本語』角川書店
平山輝男他編（1992～94）『現代日本語方言大辞典』全 9 巻、明治書院
平山輝男他編（1997～刊行中）『日本のことばシリーズ』全 48 巻予定、明治書院
馬瀬良雄（1992）『言語地理学研究』桜楓社
吉田則夫（1984）「方言調査法」飯豊毅一他編『講座方言学』2、国書刊行会

第2章
方言のしくみ
音韻

1. 方言の音韻

1.1. ことばを聞く

　図1は、人間の声道から発せられたある語の音声波形である。私たちの耳は、空気中を伝わる図1のような波から言語情報を聞き取って、コミュニケーションを成立させている。

　私たちの耳には、生まれた時からさまざまな音が飛び込んできているが、成長の過程で、どの音が意味ある情報を含み、含んでいないのはどれかを学ぶ。意味のある音の中でも、特に、人間の声道によって発せられたものを「ことば（音声）」と呼んで、単なる音とは区別する。

　声道から発せられた音を、聞き手がことばとして認識するには、話し手と聞き手の間に約束を取り付けておく必要がある。例えば図1の波形を日本語話者が聞くと「藁」と認識するが、英語話者が聞くと「water」と認識する。ある音をどう聞くかは、その人の属す社会集団によって違っていることがわかる。このようにことばとは、ある特定の社会集団内で交わされた約束事であり、個人が社会集団に属すということは、その個人がその社会で生活するのに必要な情報を得るための耳を持つということである。

　ことばは声道によって作られ、空気中を伝わるものであるから、話し手に

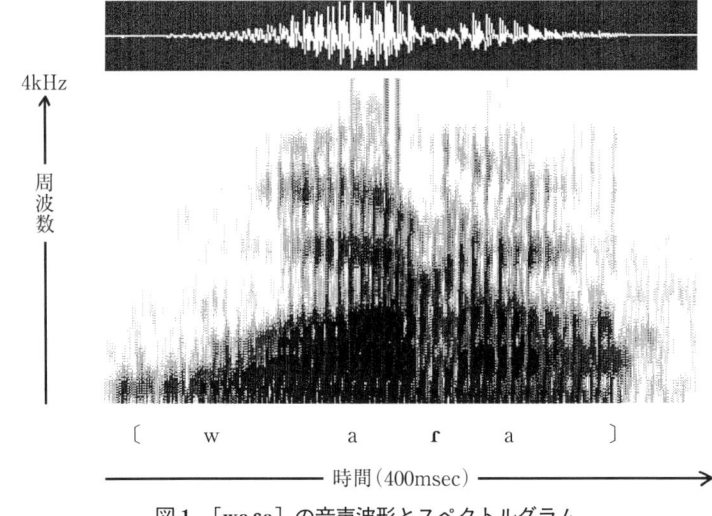
図1 ［waɾa］の音声波形とスペクトルグラム

よって、また、同一人物の声道から発せられた音ですら、そのたびごとに違った波形となって実現される。しかしそれにもかかわらず、コミュニケーションが成立するのは、発話ごとに違う音声を、人間は同一集団内で約束された有意味な単位に抽象化して認識しているからである。

　このような、ある音をことばとして認識するために、特定の社会集団内で抽象化された概念（約束事）を音韻と呼ぶ。また言語形成期とは、特定の社会集団の音韻を身につける（発する・聞く）ための訓練の時期のことであり、研究者によって幅はあるが、おおむね6歳くらいまでには基礎の部分は完成すると言われている（大久保愛・長沢邦子1999）。これ以降、私たちは未知の音を耳にしたとき、それぞれが獲得した音韻にあてはめてその音を聞くこととなる。このように、実際に声道から発せられた音声と、コミュニケーションのために抽象化させた音韻とでは情報の質が違うため、言語学（方言学）では、音声は［　］に入れ、また音韻は/　/で囲って区別する。

　ここに東北方言（南奥方言）の音［tɕi］/ci/が、何という音に聞こえるかを二つの異なる方言帯に所属する人たちに答えてもらった実験結果がある

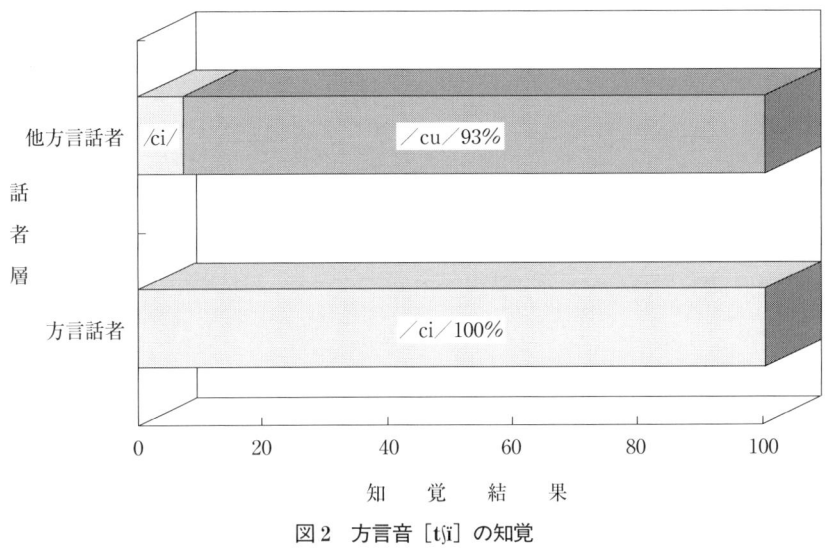

図2　方言音 [tʃi] の知覚

（図2、佐藤和之1985）。一方は東北方言とは違う音韻体系をもつ人たちであり、他方は南奥方言の音韻体系を持つ人たちである。実験で用いたのと同じ音韻体系を持つ人たちは、全員がこの音を/ci/と聞いたが、異なる音韻体系を持つ人たちで/ci/と聞いたのは7％だけで、それ以外の人たちは一様に/cu/（93％）と聞いていた。東北の方言にはチとツの区別がなく、「口」も「靴」も同じに聞こえると言われる所以がここにある。

　調査する側に立つとき、私たちは、往々にして共通語（≒東京方言）と比べて、「この方言にはある音節が欠けている」とか、「ある音同士の区別がない」というような報告をすることがある。しかし実は、音色が共通語のそれとは違っているだけで、その方言にとってのその音は、その方言本来の音韻体系に合致しているということがよくある。それぞれの耳は、それぞれの人が所属する社会集団によって作られているということを理解するとき、方言を知ろうとする私たちは、自分の言語形成期に獲得した耳とは違う、その対象となる言語（方言）の耳で聞き取ろうとする姿勢が大切である。

　ある著名な調査者は雑誌『国語学』に発表した論文で次のように内省し

た。「あの論文は当地へ着任早々まとめたものであったので、いま2年後にふり返ってみると、いくつか不十分な点が目につくようになった。―中略―まず、母音音素として/'a//'u//'e//'o/の4種のみを立て、/'i/を立てなかったのは不十分だったと思う。―中略―それぞれ別々の音素/'i//'e/に該当するとみなしうるであろう。なお話手の意識としても、はっきり区別していることが認められた」(日野資純 1958) 2年間をその社会集団の中で生活することによって、生来のものとは違う、もう一つの耳を獲得したことを報告した件である。

1.2. 音韻研究の役割

未知の言語に接したとき、我々は次々にあらわれては消えてゆく音の連続の中から、幾度もあらわれる同じ音のかたまりを探そうとする。

　キンナモコゴサイダッケベ
　キンナワコゴサイネッケ
　キンナワアソゴサイダ
　アシタモコゴサクッカ
　アシタワアソゴサング

言語には分節性という特徴があるため、私たちは比較学習することによって、意味のありそうなかたまり（語・形態素）に分けて聞き取れるようになる。この作業の結果、キンナモコゴサイダッケベは、キンナ・モ・コゴ・サ・イダ・ケ・べという7つの意味のありそうな単位を見つけ出すことに成功する。

やがて私たちは、コゴやアソゴやソゴなどの使われ方から、コゴは、コ・ゴの2つの音のかたまり(拍)から、アソゴは、ア・ソ・ゴの3つの音のかたまりから成立していることを学習するし、さらにコやゴは/k//g//o/という拍を構成する音の単位（音素）から成立していることを学ぶ。音素が組み合わされて拍ができ、単独の拍（例えば「胃」や「絵」など）や複数の拍が連続して意味を担ったかたまり(語)が成立していることから、音素を語を構成する最小単位（音韻論的最小単位）と呼ぶことがある。このように、ある言

語の音韻体系を把握することは、その言語を知る、言い換えるなら、未知の言語の語彙体系や文法構造を理解するための第一歩となる。

　例えば米を貯蔵しておく蔵をコメグラと言うが、米蔵の構成要素、米と蔵はそれぞれコメ、クラであり、いずれも清音である。語単独では清音のこれらが、結合して1つの語（複合名詞）になるとき、後接語の語頭がクラからグラへと濁音化するような現象を連濁と言っている。味噌蔵、酒蔵、穴蔵なども同じである。それでは、なぜ連濁は生じるのか。音声学では、この現象を次のように解き明かす。

　米と蔵が連濁を起こさずに複合語となった場合の音連続［komekɯra］を有声音(有)か無声音(無)かで分類してみると「無有有有無有有有」となる。蔵の［k］は有声音［e］と［ɯ］に挟まれている。語中の［k］は無声子音であり、前後の音と同じ有声という特徴を持とうとして有声化したと考えることができる。同じ特徴を持つことによって発話の安定を保とうとするのである。東北の方言ではこの傾向が著しく、共通語では［aka］（赤）［itai］（痛い）［tsɯtʃi］（土）のように無声である語中の［k］［t］［tʃ］が、［aga］［ĭdaï］［tsüdʒĭ］と、有声音になっていると説明できる。無声音であることが自然な人々が「濁って聞こえる」と言うのにはこのような事情がある。連濁とは、音声学的には無声子音が母音（有声音）に挟まれることによって生じる有声化という同化現象と説明できる。

　また、音韻という概念を理解すると、動詞の使われ方を次のように説明することも可能となる。例えば動詞「書く」は、「書かない・書きます・書く・書くとき・書けば・書け・書こう」と活用する。視点を変えてこのことを音韻論的に整理してみる。例えば「書く」が活用するときの音構造は、kak-anai・kak-imasu・kak-u・kak-utoki・kak-eba・kak-e・kak-ooとなっていて、一定の音連続/kak/（語幹）のあることがわかる。さらに日本語の動詞には、「書く」のように語幹が子音で終わるものと、「見る」(mi-nai・mi-masu・mi-ru・mi-rutoki・mi-reba・mi-ro・mi-joo）のように母音で終わるものの2種類があることに気づく。また、kak-uの活用部分やmi-ruの語幹部分に注目してみると、kak-uの活用部分は、a・i・

u・e・o（五段）のいずれかからはじまっていて、一方、mi-ru の語幹は i（一段）で終わっている。こういったことから、日本語には、子音語幹動詞と母音語幹動詞とに整理できるという特徴のあることや、語幹や活用部分の音韻特徴から、五段動詞や一段動詞のように整理できるといった特徴を見いだすことができる。

　この特徴を理解すると、例えば津軽方言で使われる「浮ぎね・浮ぎした・浮ぐ・浮ぐずぎ・浮げば・浮ぎろ」は、次のように整理できる。これらそれぞれの音構造は、ug-ine・ug-isita・ug-u・ug-uzugi・ug-eba・ug-iro となっていることから、語幹は/ug/であること、活用部分は i・u・e ではじまっていることから三段活用と呼べること、また、この活用の伝統的な語幹は/ugi-/であり、もともとは ugi-ne・ugi-sita・ugi-ru・ugi-ruzugi・ugi-reba・ugi-ro と一段で活用していたところに、共通語の影響（uk-anai・uk-imasu・uk-u・uk-utoki・uk-eba・uk-e）を受けて三段活用になった、というような整理を簡単にすることができるようになる。

　このように、音韻という概念や音声学の知識を駆使すると、音韻事象だけでなく、方言にあらわれるさまざまな言語事象や言語変化の要因を客観的かつ容易に説明できるようになる。これは、もともと音素という概念が人間の声道から発せられる音から帰納されたものであり、音環境の違いなどによる調音の複雑さを簡素化しようとする人間の生得的な性質（言語の経済性）を利用しているからである。

1.3.　方言音韻の研究

　方言の音韻を研究する目的の一つとして、地域性のある音声特徴を抽出することがあげられる。例えばそれは、開合の区別の有無であったり、四つ仮名の区別の有無であったりである。ときには、かつての中央語にあったとされる古の音を現代の方言音の中に見いだしたり（古音音価との同定作業）、その地理的な分布状況から、中央語の辿った歴史を再構築しようとするときに役立てられる。文献では知り得ない日本語の歴史的な言語情報を、現代諸方言に見いだそうとするのである。

第 2 章　方言のしくみ　音韻　27

表 1　昭和 30 年代の津軽方言の拍体系表

a	i	u	e	o	ε	ja	ju		jo	wa	wε
ka	ki	ku	ke	ko	kε	kja	kju		kjo	kwa	
ga	gi	gu	ge	go	gε	gja	gju		gjo	gwa	
ŋa	ŋi	ŋu	ŋe	ŋo	ŋε	ŋja	ŋju		ŋjo	ŋwa	
sa	si	—	se	so	sε	sja	sju	sje	sjo		
za	zi	—	ze	zo	zε	zja	zju	zje	zjo		
ta			te	to	tε						
	ci	—				cja	cju		cjo		
da			de	do	dε						
na	ni	nu	ne	no	nε	nja	nju		njo		
ha	hi	hu	he	ho	hε	hja	hju	hju	hjo		
pa	pi	pu	pe	po	pε	pja	pju		pjo		
ba	bi	bu	be	bo	bε	bja	bju		bjo		
ma	mi	mu	me	mo	mε	mja	mju		mjo		
ra	ri	ru	re	ro	rε	rja	rju		rjo		
			N		Q		—				

(日野資純 1958 をもとに作成)

　表 1 は昭和 30 年代の津軽方言の拍体系表である。この体系表から、例えばこの時代の津軽方言には/su//zu//cu/や/R/の拍のなかったことがわかる。もう少し具体的に記すと、例えば「寿司」と「獅子」や「知事」と「地図」、「口」と「靴」、「籤」と「屑」、「戸」と「十」といった語同士の区別がなかったことを意味している。

　そこで現代の地域社会の言語生活を観察してみると、共通語が普及したことで、それぞれの地域だけの特徴的な音韻事象は認められなくなっているという現状があった。「獅子」や「寿司」の音声に地域的な特徴はあっても、音韻としての/si/と/su/の区別はあるということであり、その意味で日本語は平準化したといえる。

　いま平準化という言い方をしたが、こういう言い方ができるのは、単にある時代の記録があるからでなく、同一記号による同時代の記録が複数残されていて、互いに比較ができるようになっているからである。方言音韻の研究にはこのような、日本語音の歴史的変遷を知ることとは別に、ある時代にお

けるある地域の音韻体系を正確に記録しておくという役割もある。これは、将来の日本語研究のために、新しい音韻の獲得を含めた現代諸方言の音韻的諸相を記録しておくという作業である。

　また、音韻論的な区別はないにしても、音声に地域性が認められるならば、単に音韻へと捨象してしまうのでなく、実音声に沿った実体研究も進められるべきである。近年では音声を定量化して分析する手法も確立されており（荒井隆行・菅原勉 1996）、言語研究者による音声研究の必要性やその成果への信頼性は工学系の研究者からも認められ、参考文献として引用されることも多くなっている。音声の応用研究にはまた、音声自動認識装置の開発や脳障害、構音障害に対するリハビリ（スピーチセラピスト）への応用といった役割もある。音声言語教育という視野に立てば、目で見たり、手で触れたりすることのできない話しことば（方言や共通語を含めた日本各地で話されることば）を客観的な資料によって説明していく教育の方法は、国語教育のみならず日本語教育においても、特に強く求められている（松崎寛 2001）。

　現代の地域社会は構成員の多様化が進んでおり、地域のことばは、さまざまな人に使いやすく通じやすい表現や発音へと変容している。方言音韻の研究は、そのような社会的変容を把握できる実体研究としての方法論を生み出し続けてきた。実体研究とは、実際に使われている話しことばの変容を具体的にとらえ分析できるという意味である。このような方言音韻の研究だからこそ、その方法論は先述したような、いろいろな分野で発展できる可能性を秘めたものとなる。今後はこれまでの、そういった基礎研究をさらに発展させた応用研究としての展開が期待される。

2. テーマの設定

　話題の焦点を絞って、日本語方言の/si/と/su/を例に考えてみよう。ある方言の「寿司」の発音が「獅子」の音に似て聞こえたとしよう。まずは、自分の興味を引いたこの事実を問題意識（何が知りたいのか）と研究目標（こ

のテーマでは、どこまでを明らかにしようとするのか）に分けて明文化してみる。もし、この段階での明文化が難しければ、それはまだ個人の中で、その興味が研究課題として成立していないことを意味する。研究課題とは、問題意識と研究目標とが研究者の中で明文化されたもののことである（佐藤和之 1986）。

　興味を引いた事実が、すでに研究課題として成立しているのであれば、そのときは、課題解決のために焦点を絞って集められた項目によって調査がなされることとなる。「寿司」と「獅子」を例にすれば、「シ」と「ス」、「チ」と「ツ」、「ジ」と「ズ」などを含んだ複数の語について調査し、これら音の区別の有無や地域差、世代差、性差といったことについて調べてみることになる。

　一方、興味ある事実が研究課題としてまだ成立していないのであれば、対象となる方言がどのような言語的特徴を持っているのかを知るための調査からなされなければならない。フィールドに入って、たくさんの「不思議」や「なぜ」を集めるのであり、それによって得られた「不思議」や「なぜ」は、やがて、それぞれが問題意識となり研究課題として成立していくことになる。多くの場合、その方言にとっての集団的規則性を見つけ出せるように作られた調査票（音韻調査票）が用意される。調査票を用いるのは、一定の聞き方によって音素を客観的に認定し、音韻体系を構築するための素材を集めようとするためである。このようにして集められた音から構築された音韻体系を複数の地域や世代、あるいは複数の時代（この場合文献からの再構築ということになる）で比較してみると、そこには研究課題として十分な、さまざまの音声事象が浮き出てくるはずである。

3．調査の方法

3.1．公平な記述

　いま複数の地域や世代という言い方をしたが、それでは、いずれの方言に

も公平な記述とはどのような表記法なのだろうか。いろいろな言語の音声を書きあらわすには、国際音声学協会（International Phonetic Association）が定めた国際音声字母（International Phonetic Alphabet）を用いることが望ましい。IPAはアルファベットをできるだけ使うようにしているため、学習する者にとって、記号を新たに学ぶ煩雑さから解放されるし、またワープロでの打ち出しに際しても、多くの外字をわざわざ作る必要がないといった利点がある。もし不足の記号があったときには、例えばmやcを180度回転させて［ɯ］や［ɔ］を作り出すといった工夫もできるし、http://www.arts.gla.ac.uk/IPA/ipafonts.html や http://www.sil.org/computing/fonts/encore-ipa.html からはフォントをダウンロードすることもできる（牧野武彦 2002）。

　IPAの表記法や記号については、音声学のいずれの概説書でも詳しいのでここでは触れないが、例えば大西雅雄（1970）や城生佰太郎（1982）、服部四郎（1984）、小泉保（1996）のものは詳細であり、よい参考となる。

　方言の音声をどこまで詳しく書きあらわすかは、その研究者の研究課題の立て方によるが、方言音声の記述にはIPAを簡略化した表記法（簡略表記）によることが研究者間の了解事項となっている。例えば人名の浜田さんと山田さん、それぞれの第1音節の母音は同じアでありながら、音声としては［hɑ］と［ja］で異なった母音が相当している。仮に両音を書き分けようとしても、仮名やローマ字にはそのための記号が用意されていない。しかしIPAにはそのための記号があり、上記［　］内でのように書き分けることができる。他方、コミュニケーションの手段としての音声という視点に立ってみると、仮に［hamadasaɴ］や［jɑmadasaɴ］と呼んだとしても、日本語の「ア」では米語の［hʌt］（小屋）［hɑt］（暑い）［hæt］（帽子）のような意味にかかわる対立をなすことはないため、「ア」をこれ以上細かに書き分ける必要はないとの考えがある。日本の諸方言を書き記すのに、IPAほど多くの記号は必要ないとする考え方である。これは精密表記自体が、無限の音（パロール）をいくつかの記号（ラング）に統合してしまっているのだから、精密か簡略かで論議されていることは、その度合いの違いを論じている

にすぎないとの考えによる。

　中には、日本の方言は仮名だけでも十分に書きあらわせるとの立場もある。しかし例えば「本箱」「本学」「本棚」を仮名で書いてみると、ホンバコ・ホンガク・ホンダナであり、2拍目の音は全て同一の仮名ンで書きあらわす。一方、それぞれの「ン」の調音姿態を音声学的に観察してみると、「本箱」では［hombako］と両唇を閉じて「ン」を作り出し、「本学」では［hoŋŋaku］と舌背と軟口蓋の閉鎖によって作り出している。また［hondana］では舌先が口蓋前寄り、もしくは上の前歯の付け根後方に接することによって「本棚」の「ン」を作り出している。このように、日本語では［m］［ŋ］［n］の異なる3音を一つの記号「ン」で書いているのであり、仮名は日本語の音声を十分に書きあらわしているわけではない。まして、日本各地の方言のさまざまな音を書きあらわすには不十分であり、日本語用に簡略化したIPA表記が望ましいという考えは、このような理由による。

　それでは、そのためにはどのような記号が必要なのか。現代日本の諸方言を書きあらわすには、表2に示しただけの記号を知れば大体は間に合うのではないかと考えられている。この表は1996年に修正されたIPA（1993年改訂版）を日本語用に簡略化したものであり、縦枠には調音様式（Manner of Articulation）が、また横枠には調音位置（Place of Articulation）が配列されており、口腔内のそれぞれの音の調音様式や調音位置と一致するように描かれている。また同一枠内左側には無声音を、右側には有声音を配しており、各単音それぞれの弁別特徴（distinctive feature）が相互に把握できるようにもなっている。

　ちなみに単音とは、実際に調音された音連続のうち、意味を違わせることのできる実音声としての最小単位のことであり、音素のように抽象化されていないため、単音を忠実に書こうとすればするほど、表記する記号の数は増えることになる。また、一つの音素に複数の単音が相当することもある。具体的な表記の仕方は、大石初太郎・上村幸雄編（1975）所収の「各地方言のテキスト」がよい参考となろう。またいちいちの音の説明は、音声学や国語学の概説書（「音声・音韻」の項）に詳しいので、複数の概説書のそれらを

表2　国際音声字母

		両唇	歯茎	後部歯茎	そり舌	硬口蓋	軟口蓋	口蓋垂	咽頭	声門
子音	破裂音	p　b	t　d		ʈ　ɖ		k　g			ʔ
	鼻音	m	n			ɲ	ŋ	ɴ		
	はじき音		ɾ							
	摩擦音	ɸ	s　z	ʃ　ʒ	ʂ　ʐ	ç				h
	接近音					j	w			

		前舌　中舌　奥舌		事項	例	事項	例
母音	狭母音	i　ɨ　ü　ɯ	補助記号	破擦音	ts, dz など	有気化	p → pʻ　pʰ
	半狭母音	e　　　　o		中舌化	ɯ → ü (ʉ)	広めの母音	e → e̞
				口蓋化	t → tʲ	狭めの母音	e → e̝　ẹ
	半広母音	ɛ　　　　ɔ		鼻音化	a → ã	前寄りの母音	e → e̟　ȩ
		æ		有声化	t → d̥	後寄りの母音	e → e̠
	広母音	a		無声化	i → i̥	長音	a → aː
				唇音化	k → kʷ	半長音	a → aˑ

(1996年修正版をもとに方言音用に一部改訂)

読み比べて欲しい。日本語の記述法について、より詳しく説明している参考書として川上蓁（1977）と藤原与一（1993）の2冊を記す。

3.2. 自分の発音を知る

　研究者としての耳を作るためにも、自分の音がどのように作られているかを知ることは大切である。いま記したように、音声記号は人間の声道に合わせて、それぞれの記号が配されていることより、生理学的な知識と話者としての内省を一致させながら把握しておくと記号の理解が容易となる（佐藤和之2001）。

　先に「本」の「ン」には3種の音のあることを記したが、そのことをよりよく理解するためには、「本箱・本学・本棚」のそれぞれを「ホン」まで言いかけてやめ、言いかけたそれぞれの「ン」に「ア」を付けて発音してみるという方法がある。「マ・ガ・ナ」という違った音になったはずである。

　例えばその音の調音位置を確認するためには、その音の口の構えをして息

を吸い込んでみる。「葉」や「屁」「帆」の/h/では喉の奥に寒さを感じるが、「火」では硬口蓋が寒い。また「麩」では唇に寒さを感じる。それぞれの子音はその寒さを感じた位置で調音されていることを意味しており、/h/にも3種の音があることになる。また同時に口腔内に寒さを感じたということは、その音が口音であることや摩擦音であるといった情報も同時に知ることができる。

例えばその音が有声か無声かを知るには両方の耳（外耳孔）に小指をいれて発音してみる。声が頭に響けば有声音であり、響かなければ無声音である。このように、いろいろな方法で自分の音を生理学的に把握する方法を知っていると、自分が持たない音と接したときも、その音の聞こえに自分の音を似せて発音することができ、正しいその方言の調音姿態を知ることができるようになる。すなわち、より適切な記号をその未知の音に与えることが可能となる。アクセントも含めた音声・音韻の研究は、まず自分で音を発してみることである。

3.3. 質問の方法

音素をどう認定するかは後に詳述することとして、調査項目はある単音が他の単音と対立をなすかを確かめられるように設定することが基本である。「他の単音と対立をなす」とは、語として成立している音連続の、ある単音を入れ替えると違う意味になるかどうかということである。例えば［a］と［i］の対立を確かめるためには、次のような2つの質問が用意される。

問1　季節です。夏の次は…？
問2　寒いときに口や鼻から白い湯気が出ますが、あれを何と言いますか？

これらへの回答は［aki］と［iki］であり、ここで設定した対立する単音［a］と［i］は第1音節の対立によって確かめることができる。

問3　魚を釣るときに糸につけるものです。水にぷかぷかと浮いています。
問4　列車の止まるところです。昔は停車場とも言いました。

問5　岸の反対の言い方です。岸から離れた海の遠くの方を…？

これらからは [ɯki] [eki] [oki] の回答が得られる。合わせて /a, i, u, e, o/、5つの母音音素を認めることができる。

　方言を対象とした調査では、いずれの地方を調査しても、またいずれの世代を調査しても、音素数が著しく違ったり、極端に特徴的な音素ばかりからなるということは現代日本語の状況からして考え難い。そう考えると、現代日本語の方言音韻の調査は、実際には、ある地域や世代に特徴的な音声事象を報告するため、もしくはある音声事象の原因解明のために行われるということが主体となる。音韻の体系についていえば、おおむね日本語として予想される体系表（拍表）が事前に仮設され、その仮設した体系表から認められない拍を削除し、新たに認められた拍を追加するといった作業が行われることとなる。

　そこで、話題を特徴的な音声事象に移して少し具体的に考えてみよう。例えば先に触れたチとツの音について知りたいと思うときは、拍としてのチとツが同一の音環境内で対立するような項目を設定する。

　　問6　母親が赤ん坊に飲ませるもの。胸から出るミルクのことを…？
　　問7　春になると雪が消えて、下から茶色い何がでてきますか？
　　問8　人間の体の一部です。目・耳・鼻、それからここは？（口の実物を示す）
　　問9　履き物です。下駄ではなく…（靴の絵を示す）

これらへの回答「乳・土・口・靴」から、それぞれの子音や母音の調音状況を表記したり、話者の弁別意識を観察したり、また /ci/ と /cu/ の区別の有無を確かめたりといった作業が行われることになる。

　これまでの設問例を見ながら、なぜ質問文が「なぞなぞ」になっているのかや、なぜ紙に書いた字を相手に読んでもらわないのかなど、疑問に思ったことも多いはずである。次に、このことについて考えてみる。音韻調査の場合、絵や身振りを交えた「なぞなぞ式」によって尋ねることが常である。それは、相手がもっている日常の話しことばの表現（潜在的表現）を自然に聞き出そうとするためである。文字を読んだ発話は、話しことばの表現でな

く、読みことばの表現となってしまうし、何よりも話しことばは日常の生活から身につけてきた表現であるのに対し、文字はある年齢になってから、評価と共に教育によって与えられた表現である。文字を読んだ音韻調査の回答は不適切とされる所以がここにある。さらにまた、話しことばだからといって「それでは寿司のことを、この辺では何といいますか？」のように、調査者の側から回答の語を発してならないことはもちろんである。

　方言を知りたいというと、相手は「蛙」を「ビッキ」というとか「牛」を「ベゴ」というような、語彙を尋ねに来たと思ってしまうことが多い。そこに、「胃」や「絵」、「獅子」や「煤」といった、共通語と同じ語形を求める質問、しかも「なぞなぞ」で聞きはじめるのだから、相手が戸惑ってしまうのは当然である。このような場面を和らげる意味で、相手に「当たり前のことばの自然な音が聞きたい」ということを事前に理解してもらうのがいいようである。他の調査でもそうであるが、とくに音韻の調査では、フェイスシートから聞きはじめることは厳禁である。突然の訪問者から、名前や住所、生年月日、学歴、職歴、居住歴などを矢継ぎ早に聞かれたら、私たちだって躊躇し、戸惑ってしまうことは多言を要しない。できるだけ調査者と被調査者という関係を作らないよう心がけることが第一である。

3.4. 話者の選び方

　調査にあたっては話者の協力が必要になる。調査者の質問に答えてくれる話者を被調査者やインフォーマント（informant）と呼ぶ。どんな人が被調査者として適切かは、研究課題の立て方によって違う。もし伝統的なその土地の発音を求めるのなら、

- その土地で生まれて育ったこと
- 生まれてから、これまでに10年以上よその土地で過ごしたことがないこと
- 両親共にその土地か近隣の出身であること
- できれば配偶者もそこの土地か近隣の出身であること
- 70歳以上であること

・総入れ歯でなく、自分の歯であること

といった条件を満たす話者に尋ねることが望ましい。気をつけるべきは、研究目的の条件に合わない話者を、せっかく教えてもらったからといって分析の対象にしたり、さまざまな属性の人たちを混在させながら、ある社会集団の代表のように処理してしまうことである。また、共通語が普及した今となっては、「かつては、こう言ったはずだ」という伝統的な方言音声と「かつての音声とは違うが、今、この地方で特徴的」とされる典型的な方言音声とは区別して考えるべきである。

4. 分析の方法

4.1. 解釈のしかた

集められた音声は、調査語を選定する段階で特定の単音同士が対立をなすように設定されていることはすでに述べた。対立をなした単音はそれぞれを音素とし、対立をなさなかったものはいずれも、ある音素の異音として認定することになる。先に5つの母音音素を認定するための調査項目（問1〜問5）を紹介したが、さらに次のような項目も用いて母音音素の認定は行われる。

問10 夏にブーンと飛んできてチクリと刺す虫。刺されると痒くなる。（絵を示す）
問11 松や杉、梅といったものをまとめて何と言いますか？ 草でなく…？
問12 数字です。1・2・3…7・8、その次は？
問13 猫や犬といった動物の体に生えているものを何と言いますか？
問14 あさりやしじみ、はまぐりなどをひっくるめて何と言いますか？
問15 犬や猫の赤ちゃんを何と言いますか。親ではなく…？

これらは子音に後続する母音音素にはどのようなものがあるのかを知るための項目である。先の設問は母音が単独であらわれた場合の音素を知るためのもので、それらへの回答と合わせながら音素と音素の数を確定していくので

ある。もし問10からの回答が［ka］［ki］［kɯ］［ke］［kɛ］［ko］だったとすると、母音が入れ替わることによってそれぞれに異なる意味の語になっていることから、この方言には母音音素が6種あることになる。このような場合、母音が単独であらわれたときも［ɛ］になるのかどうかを、例えば

 問16 人に会った時に「おはよう」や「こんにちは」などと声をかけることを何といいますか？

という問への回答（挨拶）によって確かめることも必要である。

 また例えば、母音単独音素の調査において「列車の止まる場所（駅）」を尋ねたら［ĭkį］と答え、「寒いときの白い湯気（息）」への回答と同じだったとする。すなわち、この方言にはイとエの区別がない可能性があることになり、その場合には次のような設問によって母音単独音素/i/と/e/の確定作業を行うこととなる。

 問17 食べた物を消化するところ。ここにあります。（お腹を指す）
 問18 物の形や姿を紙などに描いたもののこと。写真ではなく…？
 問19 お腹の薬です。にがくて…。熊の何とか
 問20 ひしゃくや鎌の持つところです。（柄の絵を示す）
 問21 果物です。夏のはじめに出るこの赤いものは？（苺の絵を示す）
 問22 長野県は信州、それでは新潟県の別の言い方は？
 問23 川魚です。鮒よりも大きい。5月にはこれを象ったのぼりをあげます。（鯉の絵を示す）
 問24 話しや歌を歌うときに喉から出る音のことを何と言いますか？

問17から問20までの期待された回答はそれぞれ「胃・絵・胆・柄」であり、両音が単独で発話されたときのイとエの区別について知ろうとしたものである。問21（苺）と問22（越後）は「息」や「駅」と同じく語頭に両音がきた場合の区別を知るための項目であり、問23（鯉）と問24（声）は語中尾にきた場合の区別の有無を知るためのものである。

 さて、日本語の「ン」には3種類の単音のあることを先に述べた。そこで、規則性をさがすために「ン」の付く語をもう少し集めてみることにする。「金箔」（［kimpaku］）「暖房」（［dambo:］）「玄米」（［gemmai］）「金

額」([kiŋŋakɯ])「観光」([kaŋko:])「神田」([kanda])「官邸」([kante:])などなど。それぞれの「ン」([m][ŋ][n])の後に続く単音に注目してみると、ある規則のあることに気づく。[m]となるのは[p][b][m]の前だけで、[k]や[ŋ]、[t]や[d]の前で[m]になる語例はない。[ŋ]や[n]もまた同じ傾向にある。[ŋ]となるのは[ŋ]や[k]の前だけで、[m][p][b]や[t][d]の前で[ŋ]となる語例はない。[n]になるのは[t]や[d]の前だけである。

　このような場合、3種の単音は同一の音素に属すと考えて、1つの音素/N/を認めることになる。「このような場合」をもう少し説明すると、音声的に似通った特徴、今の場合は鼻音という共通の特徴を有する複数の単音が、互いに異なる音環境の中にしかあらわれないとき、それら単音は同一の音素に属すと考え、また同一の音素に属す単音は相補分布をなすと考えるのである。

4.2. ŋ は音素か異音か

　『日本言語地図』第1巻に収められている第1図と第2図を見比べてみて欲しい。兵庫県よりも東の地域に現れている[ŋ]を/g/の異音とするか、それとも独立した音素/ŋ/として認めるべきかが問題となりそうなことに気付く。東日本の各地では一般に、語頭は[g]、語中では[ŋ]という相補分布をなすため、両音を/g/の異音と考え、音素/ŋ/は認めないとする説が有力である。しかし、例えば高齢者たちの話す東北方言でこのことを考えてみると、次のような解釈も可能となる。

　　問25　秋の果物です。甘い物や渋いものがあります。（柿の絵を示す）
　　問26　海にすんでいて足が10本あります。干すとするめになります。（烏賊の絵を示す）
　　問27　玄関や金庫の戸が開けられないように、何を閉めるといいますか？（鍵の絵を示す）
　　問28　栗の実を包んでいる刺のある皮のこと。（毬の絵を示す）

問25と問26の回答は[kagï]と[ïga]である。一方、問27と問28の回

答は［kaŋï］と［ïŋa］であり、［g］と［ŋ］は音韻論的対立をなしている。すなわち東北方言での/ŋ/は/g/と対立する音素として存在すると考えることもできるのである。

4.3. 津軽方言を例に

　先の表1では、昭和30年代の津軽方言の拍体系を示した。そこでここでは、平成の20代と80代の話者が使う津軽方言から音素を確定し、それらを組み合わせた平成の拍体系を構築してみたい。そしてそれを用いて、津軽方言の音韻はこの40年でどう変化したのかについて考えてみる。平成の音素の種類と数は次の通り。
　・母音音素（6）／a, i, u, e, ε, o／
　・子音音素(14)／k, g, ŋ, s, z, t, c, d, n, h, p, b, m, r／
　・半母音音素（2）／j, w／
　・特殊音素（3）／N, Q, R／
拍の構造には次の5型が認められた。
　・母音（胃、絵など）
　・子音＋母音（蚊、木など）
　・半母音＋母音（矢、輪など）
　・子音＋半母音＋母音（茶、百の1拍目など）
　・特殊拍（新聞の2・4拍目、中学校の2・4・6拍目など）
これらの拍を体系として示すと次のページの表3のようになる。

　表1と表3の比較から、津軽方言の音韻について気づくことは、次のようなことである。①平成の老年層の体系を見てみると、40年たっても昭和30年代に欠けていた/su//cu//zu/の拍は未だ欠けたままである。②しかし、共通語に比べて聞こえは短く感じるものの、長音の音素/R/は認められるようになっていた。③また、若年層では/su//cu//zu//R/だけでなく/ti/（［tï］）や/di/（［dï］）、/tu/（［tü］）といった、日本語が本来持ち合わせていなかった新しい拍をも獲得していた。/ti//tu//di/が若い世代に定着したこ

表3 平成の津軽方言の拍体系表

a	i	u	e	o	ɛ	ja	ju		jo	wa	wɛ
ka	ki	ku	ke	ko	kɛ	kja	kju		kjo	(kwa)	
ga	gi	gu	ge	go	gɛ	gja	gju		gjo	(gwa)	
ŋa	ŋi	ŋu	ŋe	ŋo	ŋɛ	ŋja	ŋju		ŋjo	(ŋwa)	
sa	si	⟨su⟩	se	so	sɛ	sja	sju	sje	sjo		
za	zi	⟨zu⟩	ze	zo	zɛ	zja	zju	zje	zjo		
ta	⟨ti⟩	⟨tu⟩	te	to	tɛ						
	ci	⟨cu⟩				cja	cju		cjo		
da	⟨di⟩		de	do	dɛ						
na	ni	nu	ne	no	nɛ	nja	nju		njo		
ha	hi	hu	he	ho	hɛ	hja	hju	hju	hjo		
pa	pi	pu	pe	po	pɛ	⟨pja⟩	⟨pju⟩		pjo		
ba	bi	bu	be	bo	bɛ	bja	⟨bju⟩		bjo		
ma	mi	mu	me	mo	mɛ	⟨mja⟩	⟨mju⟩		mjo		
ra	ri	ru	re	ro	rɛ	rja	rju		rjo		
N			Q		R						

⟨ ⟩で囲んだものは老年層で認められなかった拍
( )で囲んだものは若年層で認められなかった拍

とについては、英語教育や外来語の影響が大きいと考えられる。これらは[tïʃʃüͅ]/tiQsju/「ティッシュ」、[tï:baggüͅ]/tiʀbaQgu/「ティーバッグ」、[ʃï:dï:]/siʀdiʀ/「CD」、[tüde:]/tudeʀ/「トゥデー」といった回答によって確かめることができる。しかし確かに音韻としては/ti/や/di/であるものの、英語の/t/や/d/に比べると破裂が弱かったり、中舌化した母音であったり、促音や長音の持続時間が共通語のそれに比べると短いなど、音声としては方言的な特徴を色濃く残したものとなっている。また、これらの音韻を獲得したからといって、そのことがそのまま[tïketto]「チケット」や[türï:]「(クリスマス)ツリー」に変わったというわけでなく、これらはそれぞれ[tʃïketto]、[tsürï:]と発音されていた。

体系表の比較に戻ろう。④若年層では一方で、/kwa//gwa//ŋwa/の拍(合拗音)を失っており、同層で合拗音を有している話者は皆無であった。もちろん、平成の老年層話者がこれらの音を全て保持しているわけではないが、それでも半数近くはこれら合拗音のいずれかを使っていた(佐藤和之

1984)。これらの音韻については、次のような項目から確かめることができる。

　　問29　家から火が出て燃えることを何と言いますか？
　　問30　舟の向きを変える装置のことを何と言いますか？

問29の回答は「火事」/kwazi/であり、問30は「舵」/kazi/である。両語の弁別意識を「先に聞いた『家が燃えること』と『舟の装置』とで、言ったときの感じは同じですか？」のような聞き方をして、区別の意識を確かめてみることも大切である。合拗音の有無を確かめるためには、

　　問31　夏に冷やして食べる果物です。子供の頭くらいで、中が赤い‥
　　　　　（西瓜の絵を示す）
　　問32　一月一日のことを他の言い方にすると…？
　　問33　一月の初め頃のことで、餅をよく食べる時期のこと。もういくつ
　　　　　寝ると…？

といった項目もある。これらの回答はそれぞれ「西瓜」「元日」「正月」である。

　つぎに⑤拗音/pja, pju, bju, mja, mju/についてであるが、老年層ではこれらを一音節で発音することは難しいようであった。仮に無理して発音をしてもらう、例えば文字に書いた「ぴゃ・ぴゅ・びゅ…」を読んでもらうと、[pĭja][pĭjü][bĭjü]と、2音節に発音する傾向にあった。すなわち老年層はこれらの拍を有していないことになる。

5.　調査票の作成

　まずはその方言の音素を確定する必要がある。ついで、それぞれの音素に所属する音声の特徴を記述したり、拍の体系（音韻体系）を構築したりする。このことが音韻研究の第一歩となり、次第に
　・ある方言における音相互の関係を対照してみる
　・ある方言を用いているさまざまな世代と比較してみる
　・ある方言と他方言（現代共通語を含む）とを比較してみる

・A方言とかつての中央語とを対照し、日本語音の史的変遷を再構築してみる

といった比較・対照研究へと広がっていく。

　それには研究課題を見いだすために、また研究課題解決のために、自分なりの音韻調査票を作ってみることである。調査票を使う最大の利点は、聞き漏らすことなく体系的に知るべきことを把握できる点にある。さらに調査票を用いると、複数の方言に対して、また複数の話者に対して常に一定の聞き方ができるようになるため、調査結果の均一性が保証されやすいという利点もある。また、個人での調査には限界があり、場合によっては他の調査者による調査結果と対比させて研究をすすめることもあり得る。その場合、調査項目が違うため、対等の比較研究ができないということも起こり得る。そうならないためには、自分の研究課題に対し先行研究ではどのような方法で、どのような項目が使われて調査がなされたのかを吟味しておくことである。先行研究と共通の項目が使えれば、比較研究の幅は大いに広がることとなる。

　それでは、公にされている（参考にできる）調査票にはどのようなものがあるのか。例えば『日本言語地図』第1巻付録の『日本言語地図解説』がある。これには調査票が資料として収められており、その中の音韻項目はよい参考となる。また探索的研究に適した調査票として、井上史雄氏（東京外国語大学）たちによる『全国音韻面接調査票』（科研費調査票）があるし、日本語の音声特徴を把握するための項目を知るには『方言音声調査票』（弘前大学人文学部社会言語学研究室）がある。東北方言に特徴的な音韻については『東北方言音韻調査票　付：音韻調査語例索引』（東北大学文学部国語学研究室）が体系的に把握できるようになっている。四つ仮名については、久野マリ子氏（國學院大學）たちの『四つ仮名の音声』（科研費報告書）がある。四つ仮名の音声（カセット）と共に示された調査項目には音声記号も付与されており、四つ仮名の聞き取りや表記の訓練にも役立つ。これらはいずれも公にされたものであり、それらを参考に自分の研究課題に沿った調査票を作ることができる。なお、これらの中には一般には手に入りにくいものも

あるので、もし、研究室や図書館にない場合は、直接、作成者に問い合わせてみるとよい。

　全国的視野に立った比較研究のために、またどのような調査項目によって、その結論に至ったのかを明らかにする意味でも、今後の報告書では調査項目や調査票を公表することが望ましい。そのことによって後継研究は発展的な広がりを見せるはずである。

6. 録音の手引き

　音韻の調査は、その土地のことばの音声的な違いを聞き取ろうとするため、必然的に録音機を多用することになる。しかし、ほとんどの人にとって、録音されることは日常ない経験であるから、被調査者にとっては著しい緊張を強いられることとなる。一方で、音韻の調査には、語彙や文法の調査よりも自然な発話が得られるような配慮が求められており、調査環境にはさまざまに留意すべき点が生じてくる。ここでは、調査者たちが共通理解している録音のための留意事項について触れる。

- 被調査者の選定にあたっては声の質に注意を要する。発音が不明瞭な人や総入れ歯の人は音韻の調査には馴染まない。
- 静かな環境づくりに留意する。自動車の騒音や人の声、時計の音などにも注意をはらう必要がある。
- テープは調査を始める前に終端まで早送りをし、再度初めまで巻き戻してから（風通し）使う。
- 録音はステレオ録音を原則とする。マイクはタイピン型とし、右側入力用を被調査者の襟元（口元から20センチ前後）に、左側入力用は調査者の襟元にセットする。
- 録音するにあたり、VUメーターの針が常に0VU付近を指すよう、入力レベルを調整する。
- テープを録音機にセットしたら、テープカウンターを〈000〉にする。〈010〉くらいまで空送りしてから録音を始める。

- 録音の頭には○調査年月日○被調査者名○調査地○調査者名といった簡単なフェイスシート情報を自分の声で録音する。
- テープの終端近くまで録音したら、早めにＢ面または、新しいテープに替えて収録する。

ネクタイピン型のマイクを使ってステレオ録音する理由は、話者にマイクを意識させないといった配慮からであり、また調査時における調査者のあいづちなどが、話者の声に重なったとしても、分析のときに話者側のチャンネルだけで聞けば、問題は解決されるといった理由による。近年頻繁に行われる音響学的な分析に耐えうる録音でも、この方法がとられている。

7. 参考文献

音声にかかわる事象に興味をもつと、たくさんの術語を知ることになる。それは、音声についての研究が言語学以外の分野でもさまざまになされているからである。例えば音声の特徴を知ろうとするだけでも、①生成器官によって作られた音声が、②空気中を伝わり、③聴覚で聞き取られるという視点からの研究方法が考えられる。

１つ目は話し手の発声方法に注目するものである。ある音声を発するには、各発声器官や調音器官がどのように機能し関わり合っているのかを生理学的に観察したり、調音の様子を音声学的記号によって記述して考えようとする方法である（生理音声学・調音音声学）。２つ目は空気中を伝わる音声の物理的性質に着目した方法（音響音声学）で、話し手の口から発せられた音声を、音響エネルギーという電気的信号として処理しようというものである。次に、聞き手の耳に伝わった音声は聴覚器官や大脳の知覚野を刺激し、ことばとして認知される。この音響エネルギーをことばとして認知する過程を生理学的、あるいは電気的に捉えようとするのが３つ目である。この３番目の方法には、電気的な信号をことばとしてどう認知するのか、という音韻論的な考察方法も含まれる。いずれにしても、音声を理解するにはいま述べたような生理学的、音響学的、言語学的、認知心理学的な知識を必要とする

し、少なくとも言語音を作り出す（生成）ための機構（器官）を知識として把握しておくことは大切である。

　もし音声の生理的・物理的性質について詳しく知りたいと思ったら、大泉充郎（1972）や三浦種敏（1980）のものが音声の生成と認識についての知識を与えてくれる。これらが専門的すぎて難しいと感じたときはP. Ladefoged（1976）のものがわかりやすい。方言だけに限らない、言語学的な音声と音韻についての概説書として、小泉保（1996）や M. Schubiger（1982）、窪薗晴夫（1999）のものが術語も丁寧に説明してありわかりやすい。古典的かつ専門的なものとして服部四郎（1951）の『音声学』がある。1984 年に再版されたものには同氏が吹き込んだ聞き取り訓練用のテープも添付されている。また、聞き取った後の音韻論的な解釈の方法についても服部四郎（1979）のものが詳しい。

　方言の音声と音韻に特化して知りたいと思ったときは、大石初太郎・上村幸雄（1975）のものが全国の方言を記述的に網羅していて親切である。同書の巻末には、東北から沖縄までの 11 地点の方言を IPA を使って記述しており、方言音声の記述のしかたという立場からもお薦めである。また同書に収めてある加藤正信（1975）のものは、方言音声の記述のしかたから解釈の方法までを丁寧に説明してあり、方言の音韻を研究するのによい手引きとなる。各地方言の音韻をさらに詳しく知りたいときは飯豊毅一他（1982〜1986）を参考にするとよい。同系の書に東条操監修（1961）があるが、刊行が 1961 年ということもあり、蔵書にしている図書館や研究室が少ないという問題点がある。しかし同書には、大正から昭和にかけての方言音韻の実態や評価が記されており、かつての各地方言の音韻を知るうえで貴重な文献となっている。両講座を比較してみるだけでも、各地方言の音韻の推移を知ることができておもしろい。

　調査方法について知りたいときは、『月刊言語』（大修館書店）が 2001 年 1 月から 12 回に亘って連載した「方言研究への招待」が最新の方法論を伝えていてよい独習書になる。また、古典になってしまったが、加藤正信（1969）や愛宕八郎康隆（1969）、都竹通年雄（1969）の書いたものは調査に

対する姿勢を伝えており、そこでの本質はいまも変わらない。現代の調査用にアレンジするための基礎文献として読んでみるとよい。現代の方言研究では大量の人数を調査し、計量的に処理するものが多くなってきた。サンプリングのしかたや分析の方法など、言語資料を統計的に処理することについては、まだ今後の課題とすべきことが多い。しかし、統計的にことばを処理しようとするのであれば雑誌『日本語学』の2001年4月臨時増刊号『日本語の計量研究法』が文系研究者用に書かれていて親切である。

　いま、ここまでに記してきたものは、方言の音声に興味をもった人たちが、その興味を目に見える形で記録し、分析しようとしたときの手助けとなるようにまとめたものである。もし、今回のものが導入となり、生きていることばの実体を知りたいと思ったときは、参考文献として紹介した先行論文や研究書を頼りに、自分で実際に調査してみることを薦めたい。自分のことばを内省するだけでもさまざまな発見があるはずである。ことばは、それぞれの社会が必要としている物や求めている概念の代替表現である。だから地域社会やさまざまな人々をことばによって理解しようとすることは、奥が深くておもしろいと思う。日本方言研究会（2002）は、学界の新知見と今後の100年で解決すべき方言学の行方が示されている。それらを道標に、その先にある日本語の未来を探求してみてはどうだろうか。

文献
愛宕八郎康隆（1969）「方言の臨地調査法」平井昌夫・徳川宗賢編『方言研究のすべて』
　　至文堂
天沼寧・大坪一夫・水谷修（1978）『日本語音声学』くろしお出版
荒井隆行・菅原勉監訳（1996）『音声の音響分析』海文堂
飯豊毅一・日野資純・佐藤亮一編（1982〜1986）『講座方言学』全10巻、国書刊行会
井上史雄（1984）「音韻研究法」飯豊毅一他編『講座方言学2 方言研究法』国書刊行会
井上史雄（1987）『全国音韻面接調査票』（文部省科研費：日本語音声の地域差・世代差の
　　音韻論的音響学的研究）
大石初太郎・上村幸雄編（1975）『方言と標準語』筑摩書房

大泉充郎監修（1972）『音声科学』東京大学出版会
大久保愛・長沢邦子編著（1999）『保育言葉の実際』建帛社
大西雅雄（1970）『音声表記法要覧』
加藤正信（1969）「音韻について」平井昌夫・徳川宗賢編『方言研究のすべて』至文堂
加藤正信（1975）「方言の音声とアクセント」大石初太郎・上村幸雄編『方言と標準語』筑摩書房
川上蓁（1977）『日本語音声概説』おうふう
城戸健一（1986）『音声の合成と認識』オーム社
久野マリ子・久野眞・大野眞男・杉村孝夫（1991）『四つ仮名の音声』（文部省科研費：日本語諸方言における四つ仮名体系から二つ仮名体系への変化課程に関する研究）
窪薗晴夫（1999）『日本語の音声』岩波書店
小泉保（1996）『音声学入門』大学書林（カセットテープ別売）
国立国語研究所編（1966〜1974）『日本言語地図』大蔵省印刷局（→国立印刷局）
国立国語研究所編（1966）『日本言語地図解説』（『日本言語地図』第 1 巻付録）大蔵省印刷局（→国立印刷局）
佐藤和之（1984）「方言の音声と音韻」加藤正信編『新しい方言研究』至文堂
佐藤和之（1985）「東北方言に対する方言話者と標準語話者の知覚傾向と識別能力―南奥方言のイ段音とエ段音を具体例として」『山形女子短期大学紀要』17
佐藤和之（1986）「方言音韻の「実験的研究」試論」『方言研究年報』29、和泉書院
佐藤和之（2001）「日本語音声の生成と音響特徴」城生佰太郎編『日本語教育シリーズ 3 コンピュータ音声学』おうふう
城生佰太郎（1982）『音声学』アポロン音楽工業（カセットテープ付き）
田中真一・窪薗晴夫（1999）『日本語の発音教室』くろしお出版（CD 付き）
都竹通年雄（1969）「方言録音資料の作り方」平井昌夫・徳川宗賢編『方言研究のすべて』至文堂
東条操監修・遠藤嘉基他編（1961）『方言学講座』全 4 巻、東京堂出版
東北大学文学部国語学研究室編（1961 初版）『東北方言音韻調査票　付：音韻調査語例索引』東北大学文学部国語学研究室
日本音声言語医学会編（1979）『声の検査法』医歯薬出版株式会社
服部四郎（1951 初版、1984 再版）『音声学』岩波書店（再版はカセットテープ付き）
服部四郎（1979）『新版音韻論と正書法』大修館書店

日野資純（1958）「青森方言管見」『国語学』34
平山輝男編著（1982）『北奥方言基礎語彙の総合的研究』桜楓社
弘前大学人文学部社会言語学研究室編（1984）『方言音声調査票』弘前大学人文学部社会
　　言語学研究室
藤原与一（1993）『実用音声学』武蔵野書院
牧野武彦（2002）「IPAとは何か」『月刊言語』31-11
松崎　寛（2001）「日本語の音声教育」『コンピュータ音声学』おうふう
三浦種敏監修（1980）『新版　聴覚と音声』電子通信学会
B. Malmberg 著・大橋保夫訳（1976）『音声学』白水社
M. Schubiger 著・小泉保訳（1982）『新版音声学入門』大修館書店
P. Ladefoged 著・佐久間章訳（1976）『音響音声学』大修館書店
『月刊言語』（2001.1〜12）連載「方言研究への招待」
『日本語学』〈臨時増刊号〉（2001.4）『日本語の計量研究法』

第3章
方言のしくみ
アクセント・イントネーション

1. 方言のアクセント・イントネーション

1.1. アクセント・イントネーションとは

　発音上の最も小さな単位は音節である。音節をいくつか組み合わせると単語ができ、単語をいくつか組み合わせると文ができる。ただし、音節や単語をただ並べただけでは自然な発音にはならない。例えば「朝から雨が降っている」と言うときに、音節を羅列して「ア-サ-カ-ラ-ア-メ-ガ-フッ-テ-イ-ル」のように発音したとしたら、機械的で不自然な発音になってしまう。これをなめらかにつなぐ役割を果たしているのが、アクセントやイントネーションといった音調の要素である。

　日本語諸方言ではアクセントもイントネーションも声の高低（ピッチ）によって行われる。では、アクセントとイントネーションの違いは何かというと、アクセントは単語を作るときに音節同士をつなぐ働きをする音調、イントネーションは文を作るときに話し手の表現意図や感情などをあらわす働きをする音調といった違いがある。言い換えれば、それぞれの単語が持つ、ある決まった音調（これを型と呼ぶ）がアクセントであり、句（句とはひとまとまりに発音される音調的単位をさす。詳しくは川上蓁1995参照）や文末に現れる音調がイントネーションである。これを図示してみよう。

図1　音韻・音調からみた文の構造

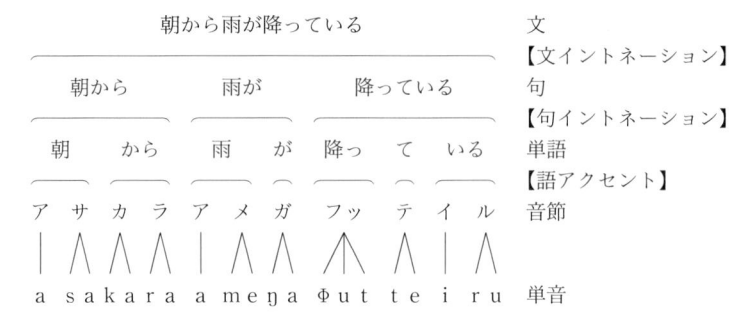

```
   朝から雨が降っている              文
                               【文イントネーション】
  朝から   雨が    降っている       句
                               【句イントネーション】
  朝  から  雨  が  降って  いる      単語
                               【語アクセント】
  ア サ カ ラ ア メ ガ フッ テ イ ル   音節
  | ∧ ∧ ∧ | ∧ ∧ | ∧ | ∧
  a sakara ameŋa ɸut te i ru        単音
```

1.2. 方言アクセントのタイプ

　単語が持つ、ある決まった音調（型）がアクセントであると述べたが、諸方言の中には語の長さが長くなるに従って型の数も増加するような方言もあれば、語の長さに関係なく型の数が常にn箇（nの数値は方言によって異なる）に決まっているような方言もある。また、単語に一定の型がなく、同じ単語が時によっていろいろな型で発音される方言もあり、方言によってアクセントのタイプが異なる。それぞれ、多型アクセント、N型アクセント、無型アクセントという。

図2

```
┌一定の型がある ┌長さにより型の数が増加する……………多型アクセント
│            └長さに関係なく型の数がn個である……N型アクセント
└一定の型がない………………………………………………無型アクセント
```

　無型アクセントは従来、一型アクセント・無アクセントなどのように呼ばれてきた。しかし、一型アクセントという名称は、n＝1のN型アクセント（宮崎県都城方言など）に対して使用するのがよいし、また、無アクセントという名称もアクセントが無いという誤解をまねきやすい。よって、ここでは無型アクセントという名称を使用したい。

1.3. アクセントの類別語彙表

多型またはN型アクセント方言において、たくさんの単語を型ごとに整理していくと、同じアクセントを持つ単語のグループができる。それぞれの方言でこのような同アクセント語グループを作り、方言間で比較すると、型の数や種類は方言によって違いがあるのに、単語グループの構成員には違いがないという現象が見られる。例えば図3では、A方言で同じアクセントを持つ〔a, b, c, d〕という単語グループは、B方言でも同じアクセントのグループを作っている。〔e, f, g, h〕、〔i, j, k, l〕も同じように、A方言で同じアクセントを持つ語はB方言でも同じアクセントを持っている。

図3　アクセントの類別語彙の対応例

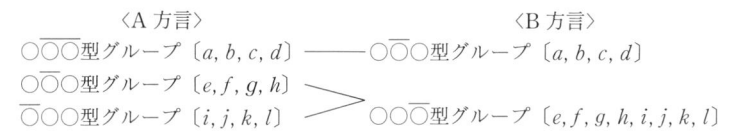

```
        〈A方言〉                         〈B方言〉
 ̄○○型グループ〔a, b, c, d〕────○○ ̄型グループ〔a, b, c, d〕
○ ̄○型グループ〔e, f, g, h〕
 ̄○○型グループ〔i, j, k, l〕  ────○○ ̄型グループ〔e, f, g, h, i, j, k, l〕
```

金田一春彦（1937）はこのことに注目して、現代諸方言と平安時代末のアクセント資料を基に、基本的な名詞・動詞・形容詞の同アクセント語グループ表を作成した。それが表1に示したアクセント類別語彙表である。類別語彙表はどの方言にも適用できるように、なるべく型の数の多い方言に合わせて作られている。そのため、多くの方言ではいくつかの類同士に統合が起きている。

1.4. 比較方言学とアクセント系譜論

ところで、単語グループの構成員がどの方言でも変わらないという現象は、いったい何を意味するのだろうか。もう一度図3を見てみよう。もし、A方言とB方言がaからlまでの12の語に対してそれぞれ独自にアクセントをつけたとしたら、12語のグループ分けが図3のようにきれいに対応する可能性は極めて低いだろう。つまり、図3は両方言が共通の祖Xから生まれたということを示している。では、Xはどのようなものだったかというと、

表1 アクセント類別語彙表

一拍名詞	1類	柄 蚊 子 血 戸 帆 実 身……
	2類	名 葉 日 藻 矢……
	3類	絵 尾 木 粉 酢 田 手 菜 荷 根 野 火 穂 目 湯……
二拍名詞	1類	飴 梅 牛 顔 風 金(かね) 壁 釜 口 酒 竹 鳥 庭 鼻 端 水 虫……
	2類	石 歌 音 型 紙 川 鞍 旅 夏 橋 肘 昼 冬 胸 町 村 雪……
	3類	足 泡 池 犬 馬 鬼 髪 草 靴 島 月 年 波 蚤 花 耳 山……
	4類	粟 息 糸 稲 海 帯 笠 肩 鎌 今日 空 種 中 箸 船 松 麦……
	5類	雨 秋 井戸 樋 蔭 黍 蜘蛛 声 琴 猿 鶴 露 春 蛇 窓 婿……
動詞	1類	売る 買う 聞く 着る 寝る 為る 上がる 当たる 洗う 開ける 植える…
	2類	合う 打つ 書く 見る 出る 来る 下がる 余る 動く 閉める 建てる……
形容詞	1類	赤い 浅い 厚い 荒い 薄い 遅い 重い 堅い 軽い 暗い 遠い……
	2類	青い 暑い 黒い 寒い 白い 狭い 高い 近い 強い 長い 早い……

（1）　XはA方言に近いアクセントを持っていた。B方言では後に変化が起きた。

（2）　XはB方言に近いアクセントを持っていた。A方言では後に変化が起きた。

（3）　XはA方言ともB方言とも異なるアクセントを持っていた。両方言で後に変化が起きた。

のいずれかである。このうち可能性が高いのは(1)か(3)である。なぜなら、(1)の場合、B方言に起きた変化は〔e,f,g,h〕と〔i,j,k,l〕の2つのグループが統合するという変化だが、(2)の場合、A方言に起きた変化は〔e,f,g,h,i,j,k,l〕が〔e,f,g,h〕と〔i,j,k,l〕の2つのグループに分離するという変化だからである。一般に単語グループの統合は起こりやすいが分離は特別な理由がない限り起こりにくい。(3)はXがA方言と同じか、またはそれ以上に細かい区別を持っていた場合に成り立つ。

このように、2つ以上の方言間に対応関係があるとき、これらの方言同士を比較すると、それぞれの方言の伝播過程や変化過程を明らかにすることが

できる。このような研究を比較方言学という。

　比較方言学の手法を全国の方言に適用すると、全国の方言アクセントの伝播の過程を明らかにすることができる。服部四郎（1931～1933）、徳川宗賢（1993）、金田一春彦（1962、1974、1975）、奥村三雄（1990）の研究によると、日本語諸方言のアクセントは1つの祖に端を発し、複雑な体系から単純な体系へと変化を繰り返しながら次々と分派していったというような系譜にまとめることができるという。現在、最も祖形に近い形を残しているのは近畿や四国のアクセント、最も祖形から遠く変化の激しいのは九州や東北のアクセント、中間的なのが関東や中国のアクセントである。これはいわゆる逆周圏型の分布をしている。

　このような系譜論に対しては、無型アクセントこそが日本語の祖であって、各地で型を獲得していくという変化が起こって現在に至ったという山口幸洋（1998）の反論がある。また、高起式・低起式といったトーンの観点からみると、周辺部の方がむしろ古い姿を残しているという木部暢子（2000）の反論もある。

1.5. イントネーションの種類

　イントネーションの種類をその位置により分類すると、（1）句頭のイントネーション、（2）句末のイントネーション、（3）句連続のイントネーション、（4）文末のイントネーションの4種に分類できる。

　（1）句頭のイントネーション：東京方言では上昇が句の始まりをあらわす。場合によっては「トンデモナイ」「トンデモナイ」「トンデモナイ」「トンデモナイ」のように上昇の位置がさまざまに現れることがある。これらは感情的意味をあらわしている。このようなものが句頭のイントネーションである（川上蓁1995）。

　（2）句末のイントネーション：「コレニツイテワ　コノヨーニ」のような句末の急上昇、「ワレワレワア　コンカイノオ」のような学生のアジ音調、「ダカラー　ワタシガー」のような尻上がり音調、「ヤマダサン╱ッテユーヒトガ（山田さん？っていう人が）」のような半疑問音調、北陸の「ソレデ

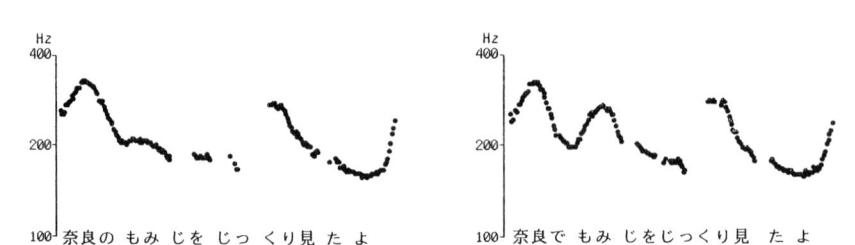

図4 文構造の違いによるイントネーションの差（郡史郎1992より）

奈良の もみ じを じっ くり見 た よ

奈良で もみ じをじっくり見 た よ

エエ」のようなゆすり音調などがあげられる。これらは感情をあらわすというよりも、発言がまだ続くことの意志表示に使われることが多い。またこれらの音調は、ある社会的イメージと結びつく場合がある。例えば、尻上がり音調は幼さ・乱暴さなどのイメージと結びつくという（井上史雄1994）。

（3）句連続のイントネーション：文の構造によって句頭イントネーションの立て直し方が異なるような現象が挙げられる。例えば、図4の2つの文における「モミジ」は第1音節目の高まりの度合いが異なる。

（4）文末のイントネーション：文末の上昇が質問をあらわし、下降が断定をあらわすといった現象や、文末の音調が丁寧さや訴えの強さなどをあらわすといった現象が挙げられる。また、「ネ」「ヨ」などの文末詞のイントネーションも重要な問題である。

2. テーマの設定

2.1. アクセント体系

どのようなテーマを選ぶにしても、まずはその方言のアクセント体系を明らかにしておかなければならない。体系を明らかにするということは、体系を構成している要素（型の種類）の数と各構成要素を区別する特徴（弁別特徴）を明らかにするということである。例えば東京方言の3拍名詞には、以下の4語に代表されるような型があり、それぞれは下がり目の位置を異にし

ている。

　　　サク̄ラ（桜）　オト̄コ⌝（男）　コ̄コ̄ロ（心）　カ̄ブト（兜）

「桜」と「男」は助詞をつけると、サクラガ、オトコガのようになり、「男」には最終拍に下がり目があることが分かる。一方、上がり目の方は東京方言では型の区別に何ら関係していない。その証拠に、連体詞「この」を付けると上がり目は簡単に消えてしまう。1.5で述べたように、上がり目は句頭をあらわす。

　　　コ̄ノサクラ　コ̄ノオトコ⌝　コ̄ノココロ　コ̄ノカブト

以上から、東京方言の3拍名詞には4種類の型があり、弁別特徴は「下がり目があるかないか、あるとすればどこにあるか」であると記述することができる。下がり目（厳密にいうと次を下げる働きをするもの）を核と呼び、⌝の記号であらわす。他の拍数の語も同じようにして整理すると、以下のような体系が得られる。

　　図5　東京方言のアクセント体系
　　　ハ　　（葉）　　ハナ　　（鼻）　　サクラ　　（桜）　　トモダチ　　（友達）
　　　ハ⌝　（歯）　　ハナ⌝　（花）　　オトコ⌝　（男）　　イモート⌝　（妹）
　　　　　　　　　　アメ⌝　（雨）　　ココロ⌝　（心）　　ミズウ⌝ミ　（湖）
　　　　　　　　　　　　　　　　　　カ⌝ブト　（兜）　　アサ⌝ガオ　（朝顔）
　　　　　　　　　　　　　　　　　　　　　　　　　　　　ネ⌝ーサン　（姉さん）

2.2.　アクセントの類別体系

体系が明らかになったら、次は各型に所属する単語を明らかにする。表1の類別語彙表の各類がその方言でどのように統合しているかを類別体系といい、これにより各型の所属語彙を示すことができる。例えば東京方言の2拍名詞には3つの型があるが、それぞれの型に属する語彙は、

　　図6
　　　○○　　　型＝鼻・飴・梅・枝……（1類）
　　　○○⌝　　型＝歌・音・釜・川……（2類）　　花・泡・池・色・馬……（3類）
　　　○⌝○　　型＝糸・稲・笠・肩……（4類）　　雨・井戸・桶・蔭………（5類）

のようになっており、類別体系は「1類／2・3類／4・5類」である。類別

体系を明らかにすることは、先に述べたように他の方言と比較する上で重要である。

2.3. アクセントと音節構造

　アクセントの単位がモーラかシラブルかもアクセント体系を明らかにする上で重要である。先の東京方言の例では拍（モーラ）を単位として型の種類を考えたが、方言によってはシラブルを単位として型の種類を考えなければならない場合がある。また、数える単位がモーラであっても、アクセントを担う単位がシラブルであることもある。例えば、東京方言では次に示すように、外来語の多くが後ろから3拍目に核を持つ。

　　　テ￣レビ　ラ￣ジオ　トラ￣ブル　スト￣レス　テロ￣リスト　アカ￣デミズム

ところが、後ろから3拍目が特殊拍の場合には核が前へ移動する。

　　　エ￣レベーター　スポ￣ンサー　サ￣ッカー　ナ￣イロン

前部要素の末尾に核を持つ複合語でも、そこが特殊拍の場合には核が前へ移動する。

　　　タ￣イヘーヨー（太平洋）　タイ￣セーヨー（大西洋）
　　　〈cf.〉インド￣ヨー（インド洋）
　　　ニ￣ホンカイ（日本海）　シラ￣ヌイカイ（不知火海）
　　　〈cf.〉カス￣ピカイ（カスピ海）

このように、東京方言では特殊拍が核を担うことがない。つまりアクセントを担う単位がシラブルなのである。ちなみに、京都方言では特殊拍も核を担うことができ、アクセントを担う単位がモーラである。

　　　オ￣ーカゼ（大風）：オー￣カワ（大川）：オー￣シマ（大島）
　　　ソ￣ンナラ（それなら）：ソン￣チョー（村長）：ウンメ￣ー（運命）
　　　カ￣イヌシ（飼い主）：カイ￣ガイ（海外）：カイケ￣ー（会計）

2.4. 複合語のアクセント

　長い単語のアクセントを明らかにする際には複合語のアクセント規則の解明が必要になってくる。複合語のアクセントは多くの場合、前部要素・後部

要素の音節数および前部要素・後部要素の原アクセントによって整理することが可能である（具体例は 4.2 に示す）。

2.5. 助詞・助動詞のアクセント

1.2 で、東京方言の「桜が」「男が」のアクセントを挙げ、助詞「が」が名詞のアクセントにしたがうタイプであるのを見たが、すべての助詞が「が」のようになるわけではない。例えば、東京方言の「だけ」は名詞の核を消すタイプだし（「だけ」には名詞の核を生かすタイプもある）、「の」は末尾の核のみを消し他の核を生かすタイプである。

　　だけ：　サクラダケ　オトコダケ　ココロダケ　カブトダケ
　　　　　（サクラダケ　オトコダケ　ココロダケ　カブトダケ）
　　の　：　サクラノ　オトコノ　ココロノ　カブトノ

2.6. 方言アクセントの変化

以上はアクセントを静態として捉えたときのテーマだが、アクセントを動態として捉えるならば、アクセント変化を取り扱うことになる。

近年の最も大きな変化と言えば、やはり共通語アクセントの影響による方言アクセントの変化である。共通語の影響を受けたとき、変化しやすいのはどの部分か、その結果アクセント体系がどう変化したか、影響の受け方に地域差が見られか、見られるとすればどのような差か、などがテーマになる。

また、方言アクセントと共通語アクセントのバイリンガル現象が各地で起きていることを考えると、方言アクセントと共通語アクセントの使い分けの実態報告とその分析も大きなテーマの 1 つになる。使い分けの要因としては、年齢、性別、場面、地域、話者の言語意識、共通語の運用能力、等々さまざまな要因が考えられる。

2.7. 方言イントネーションの研究

方言アクセントの研究が大変進んでいるのに対し、方言イントネーションの研究はあまり進んでいない。その理由は、イントネーションが表現意図や

感情といった客観化しにくい内容をあらわす音調であるため、方法論がまだ確立していないことによる。例えば、文末のイントネーションにどのような種類があるかの記述でさえ、国立国語研究所（1960）の5種類説〔平調・昇調1・昇調2・降調・⓪型類〕をはじめとし、6種類説〔上昇・小上昇・下降・小下降・降昇・昇降〕、4種類説〔上昇・小上昇・下降・降昇〕、3種類説〔上昇・下降・平板〕、2種類説〔上昇・下降〕の諸説が並立している（国広哲弥1992）。

　最近は、イントネーションの機能を文の命題内容との関係、あるいは文末詞の固有の意味との関係で捉えようとする研究が増えてきた（音声文法研究会編1997、1999、2001）（杉藤美代子監修1997a、1997b）。イントネーションは語形式に対して補助的にかぶさる要素だから、当然、語形式の持つ意味と矛盾しない形でかぶさるはずである。方言イントネーションの研究にも、このような視点が必要である。

3．調査の方法

3.1．アクセント調査票

　まず、調査票の基本的な部分はアクセント類別語彙表を基準とし、この中から各類の単語をまんべんなく選んで作成する。ただし、類別語彙表には4拍以上の和語、漢語、外来語、副詞などが含まれていないから、これらを補う必要がある。その際には上野善道（1983）、中井幸比古（2001）などが参考になる。

　調査語彙は多いに越したことはないが、調査時間の関係で単語数を絞らなければならない。この作業は次の二段階で行うとよい。まず、最初はアクセント体系・類別体系を明らかにすることを目的として、300単語くらいの調査票を作成する。これは1時間半くらいの調査時間で調査できる分量である。体系が明らかになったら、次にテーマに沿った調査票を作成する。さらに調査の機会があれば、順次調査語彙を増やしていく。

調査語の並べ方には、類別語彙表順、五十音順、意味分野別などがあるが、どれも一長一短である。類別語彙表順はアクセント体系や類別体系を考えるのに便利だが、同じ型の語が続くため、話者が前の語につられてずっと同じ調子で発音してしまう危険性がある。五十音順だとこのような危険は防げる。五十音順の場合、「雨」と「飴」のようなミニマルペアが前後に並ぶことになるが、敏感な話者だとアクセントの微妙な違いに気づいて、アクセントに興味を持ってくれることがある。そうなると調査は大変うまくいく。ただし、意味の脈絡なしに語彙が続くので、調査が単調になりやすい。意味分野別の場合は話者が調査語彙をイメージしやすく、自然な発話が出やすいという利点があるが、ともすれば俚言形や表現法の方に話者の興味がいきがちで、アクセント調査としては効率が悪くなる。

3.2. アクセントの調査方法

　方言調査というと、一般の人はまず俚言の調査をイメージする。しかし、アクセント調査ではむしろ俚言形でない語形を尋ねることが多いから、最初にこの調査はアクセントの調査であること、従って強いて俚言形を思い出す必要はないことを話者に説明しておく方がよい。そうでないと、話者が俚言形を思い出そうとして手間取ったり、共通語と同じ語形の場合は発音してくれなかったりする。

　調査方法には、話者に調査票を見せて方言アクセントで読んでもらう読み上げ方式、共通語で尋ねて方言で発音してもらう共通語質問方式、絵やなぞなぞで質問するなぞなぞ方式、自然観察方式などがある。自然なアクセントがあらわれるという点では自然観察方式となぞなぞ方式が優れているが、どちらも膨大な時間がかかる（佐藤2000になぞなぞ方式に対する疑問があげられている）。共通語質問方式は手っ取り早いが、質問者のアクセントにつられる可能性がある。読み上げ方式は勘のいい話者には効率的だが、一般には棒読みになる恐れがある。結局、最初は共通語質問方式で調査をはじめて、敏感な話者だと思ったら読み上げ方式に移行するのがよいかもしれない。

もちろん、テーマによっても調査の方式が変わる。文章朗読の音調というテーマなら当然読み上げ方式になるし、方言アクセントと共通語アクセントの使い分けというテーマなら自然観察方式になる。

また、談話研究を除き、複数の話者を相手にした調査は避けた方がよい。数人の声が重なるとあとで分析がしにくくなるし、調査のときにお互いが譲り合って、回答がスムーズにいかないことがある。

3.3. 話者

アクセントの場合、語彙や文法と違って50歳くらいの人でも80歳の人と同じ体系を持っていることがある。また逆に、80歳の人でも調査となると方言アクセントが出ない人もいる。従って、年齢にとらわれず、発音が明瞭で内省力に富み、調査の際に方言アクセントの特徴がよく出せる人を探すのがよい。

3.4. イントネーションの調査方法

アクセントと違ってイントネーションは内省が難しいから、読み上げ方式や共通語質問方式では自然な発話が出てこない。従って、自然観察方式が主となる。研究者が自身の内省を用いることもあるが、これはあくまで一話者のサンプルにすぎない。やはりそれを裏付けるための自然談話資料をなるべく多く集める必要がある。

4. 分析の方法

4.1. アクセント体系の分析例

ここでは京都方言と鹿児島方言を取り上げ、アクセント体系の分析を試みることにしよう。まず、京都方言について。最初に3拍名詞のアクセントを見ると、京都方言には、

　　サクラ（桜）　フタリ（二人）　ココロ（心）　ウサギ（兎）　カブト（兜）

の5つの型がある。これをもし核だけで記述しようとすると、

　　　サクラ　フタ￢リ　コ￢コロ　ウサギ　カブ￢ト

となり、「桜」と「兎」、「二人」と「兜」が区別できなくなってしまう。5つの型を区別するには、核以外の弁別特徴が必要である。そこで上の5語をよく観察すると、「桜」と「二人」では最初から核の位置まで高いのに、「兎」と「兜」では最初が低く、核のある拍のみ高くなっている。このことから、京都方言では核の位置に加えて、〈語が高く始まるか低く始まるか〉が弁別特徴として働いていることが分かる。高く始まる型を高起式、低く始まる型を低起式と呼ぶ（上野1988以降、平進式、上昇式と呼ぶこともある）。ちなみに、高起式と低起式は連体詞「この」のあとでも変わることがない。

　　　コノサクラ　コノココロ　コノフタリ　コノウサギ　コノカブト

　また、低起式無核の「兎」は後ろに別の語が続くと高い部分が後ろに送られる。低起式無核にとって上がり目は弁別特徴ではないことが分かる。

　　　ウサギ　ウサギガ　ウサギスキ（兎好き）　ウサギガスキ（兎が好き）

　以下に京都方言のアクセント体系を挙げておく。なお高起式を「┐で、低起式を└ であらわす。

図7　京都方言のアクセント体系

┌ハー　（葉）	┌ハナ　　（鼻）	┌サクラ　　（桜）	┌イモート　　（妹）
┌ハ￢ー（歯）	┌ハ￢ナ（花）	┌フタ￢リ（二人）	┌カミナ￢リ（雷）
		┌コ￢コロ（心）	┌イキ￢オイ（勢い）
			┌ア￢サガオ（朝顔）
└ヒー　（火）	└カサ　　（傘）	└ウサギ　　（兎）	└ニンジン　　（人参）
	└アメ￢（雨）	└カブ￢ト（兜）	└アマグ￢リ（甘栗）
			└コン￢バン（今晩）

　次に、鹿児島方言について。鹿児島方言では各音節数の単語に、それぞれ以下の2種類の型しかあらわれない（鹿児島方言はシラブルをアクセントの単位とする）。

　　　ハー（葉）　ハナ（鼻）　サクラ（桜）　コシカケ（椅子）　アバラボネ（あばら骨）
　　　ハ（歯）　ハナ（花）　オトコ（男）　アサガオ（朝顔）　ムラサッイロ（紫色）

つまりn＝2のN型アクセント、二型アクセントである。では弁別特徴は

何かというと、鹿児島方言では下がり目の位置が固定的でなく、助詞が接続すると高い部分がどんどん後ろへ移動する。したがって、東京方言のような核ではうまく説明ができない。

　　桜：サク￣ラガ　　サクラ￣カラ　　サクラカ￣ラモ　　サクラカラ￣デモ
　　男：オトコ￣ガ　　オトコカ￣ラ　　オトコカラ￣モ　　オトコカラデ￣モ

ただし、移動のしかたには法則性があり、「桜」は常に句の最後から2音節目が高く、「男」は常に句の最後の1音節が高くなっている。このことから、鹿児島方言における弁別特徴は、最後から2音節目が高い句を作るか、最後の1音節が高い句を作るか、であると記述することができる。前者をA型、後者をB型と呼ぶ。N型アクセントでは長さに関係なく型の数が決まっているので、下降の位置をわざわざ拍（または音節）ごとに指定する必要がない。したがって、アクセント記号も音節ではなく句全体に対して付けることになる。以下に鹿児島方言のアクセント体系を挙げておこう。和田実 (1962) にならって、A型に｀の記号をつけてあらわす。

図8　鹿児島方言のアクセント体系

　A型　｀ハ（葉）　｀ハナ（鼻）　｀サクラ（桜）　｀コシカケ（椅子）
　B型　　ハ（歯）　　ハナ（花）　　オトコ（男）　　アサガオ（朝顔）

4.2.　複合名詞のアクセントの分析例

東京方言を例にとって、複合名詞のアクセント規則を考えてみよう。便宜上、複合語の前部要素を x、後部要素を y であらわすことにする。東京方言では y が3拍の複合名詞が最も規則的なので、まずこれから見ることにしよう。最初にアクセント例を挙げる。

　　メ￣＋シ￣ルシ→メジ￣ルシ（目印）　　ハル＋カス￣ミ→ハルガ￣スミ（春霞）
　　ハ￣＋コタ￣エ→ハゴ￣タエ（歯応え）　ホメル＋コト￣バ→ホメ￣コトバ（誉詞）
　　キ＋ココ￣ロ→キゴ￣コロ（気心）　　　マタ＋イト￣コ→マタ￣イトコ（又従兄）
　　テツ＋カブト→テツ￣カブト（鉄兜）　　ヤナギ＋カ￣レイ→ヤナギ￣ガレイ（柳鰈）

これによると、y が3拍の複合語では x・y の原アクセントに関係なく、すべて y の第1拍目に核がきている。ここから「y が3拍の複合語は y の第1拍目に核を持つ」という規則を立てることができる。

次に、yが4拍以上の複合名詞のアクセントを見てみよう。

　オト̄コ⌉＋ト̄モダチ→オ̄トコトモダチ（男友達）
　ア̄ト＋カ̄タズケ→ア̄トカタズケ（後片付け）
　キ̄ュー＋シ̄ョーガツ→キ̄ューショーガツ（旧正月）

yが4拍以上の場合にも「yの第1拍目に核がくる」と言えそうだが、次のような例がある。

　チ̄ョーセン＋ア̄サ̄ガオ→チ̄ョーセンア̄サガオ（朝鮮朝顔）
　コ̄ーザン＋シ̄ョ̄クブツ→コ̄ーザンショ̄クブツ（高山植物）
　イ̄セ＋モ̄ノ̄ガタリ→イ̄セモノ̄ガタリ（伊勢物語）

これらはyの原アクセントが「ア̄サ̄ガオ」「シ̄ョ̄クブツ」「モ̄ノ̄ガタリ」のように中高型の語ばかりである。つまり「yが4拍以上の中高型のときには、yの原アクセントの核が生きる」のである。

　yが2拍以下の場合はかなり複雑である。普通、xが無核型のときは、

　ト̄＋ク̄チ→ト̄グチ（戸口）　　ヒ̄＋カ̄ゲ→ヒ̄カゲ（日陰）
　ミ̄ズ＋ク̄サ→ミ̄ズクサ（水草）　ハ̄ナ＋イ̄キ→ハ̄ナイキ（鼻息）

のように複合語も無核型になり、xが有核型のときには、

　メ̄⌉＋カ̄ゴ→メ̄カゴ（目篭）　　ナ̄⌉＋タ̄ネ→ナ̄タネ（菜種）
　ア̄サ＋カ̄オ→ア̄サガオ（朝顔）　ア̄メ＋カ̄サ→ア̄マガサ（雨傘）

のように有核型になる場合が多いが、

　ミ̄ズ＋ウ̄ミ→ミ̄ズウミ（湖）
　ハ̄ル＋ア̄メ→ハ̄ルサメ（春雨）　キ̄ヌ＋イ̄ト→キ̄ヌイト（絹糸）

のような例もあって、一筋縄ではいかない。詳しくは金田一監修（2001）、上野善道（1997）を参照されたい。

　複合名詞のアクセントでもう1つ重要なのは、語の構造とアクセントの関係である。例えば、「コ̄ーハクマンジュー（紅白饅頭）」と「コ̄ーハクウタガッセン（紅白歌合戦）」とでは同じ「紅白～」でもアクセントが異なる。これは次のページに示したように語構造が違っているからである（佐藤大和1993）（窪薗晴夫1995）。

図9

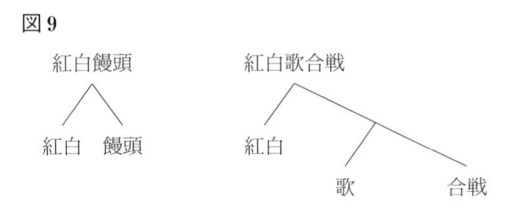

```
    紅白饅頭              紅白歌合戦
     ╱ ╲              ╱   |   ╲
  紅白  饅頭         紅白        ╲
                          歌     合戦
```

4.3. 助動詞のアクセントの分析例

「せる（使役）」「ます（丁寧）」「だろう（推量）」を例にとり、助動詞の文法的性格とそのアクセントとの関係について見ていこう。アクセント例は東京方言のものである。

最初に、この3つの助動詞が無核型動詞「行く」と有核型動詞「読む」に接続した場合にどのようなアクセントになるかをあげておこう。

　　行く：イク　イカセル　イキマス　イクダロー
　　読む：ヨム　ヨマセル　ヨミマス　ヨムダロー

まず、「せる」は「行く」に接続したときと「読む」に接続したときとでアクセントが一定しないように見えるが、見方を変えて「行かせる」「読ませる」をひとまとまりとして見てみると、以下に示す4拍動詞のアクセントパターンに一致することが分かる。

　　4拍動詞無核型：オクレル（遅れる）　ハジメル（始める）
　　4拍動詞有核型：アツメル（集める）　シラベル（調べる）

つまり「せる」はそれ自身には一定したアクセントがなく、前接する動詞とひとまとまりになってはじめて一語としてのアクセントを持つのである。アクセント面から言えば、独立した一つの単語というよりも、使役動詞を作る語尾的性質が強いということになる。

次に、「ます」はどちらの動詞に続いても〜マスのようなアクセントになることから、マ˥スという独自のアクセントを持つと言えそうである。しかし、有核型「読む」に接続したときには前部要素の動詞の核が消え、この点で複合語の後部要素とよく似ているので、アクセント的独立性はそう高くないと見なければならない。

ヨミ+マス→ヨミマス(読みます)〈cf.〉アメ+カサ→アマガサ(雨傘)

最後に、「だろう」は無核型に続くと〜ダロー、有核型に続くと〜ダローのようなアクセントを持つ。「だろう」は前接語のアクセントから独立して、常にダロ⌐ーのようなアクセントを持つわけである。「読むだろう」では「だろう」のアクセントが弱まって、ヨムダローのようになることもあるが、これは自然下降のイントネーションがかぶさるためである。

このように、従来等しく助動詞とされてきた三つの語も、アクセントから見るとそれぞれ性質を異にしている。この違いは、実は文法研究の分野で言われている特徴とかなり似通っている。例えば、時枝誠記(1950)では使役の「せる」が助動詞ではなく動詞の接尾語として取り扱われているし、仁田義雄・益岡隆志編(1989)によると、推量の「だろう」は話し手の態度に関する表現、いわゆるモダリティをあらわす点で、事柄・事態に関する表現の「ない」や「た」とは大きく文法的性質を異にする。このような両者の類似は、語の持つ文法的性格がアクセントに反映されたために生じたと考えることができる。アクセント研究と文法研究の接点を探るのも面白いテーマである。

4.4. 文末イントネーションの分析例

鹿児島方言の質問文を例にして、文末イントネーションと文末詞の関係を整理してみたい。ここでは質問をあらわす文末詞「カ」を取り上げる。まず、「カ」にかぶさるイントネーションを以下に示してみよう。なお、上昇を↗で、下降を↘であらわす。

  (a1)　アシタワ　ヤスンカ↗(明日は休みか?)
  (a2)　アシタワ　ヤスンカ↘(明日は休みか?)
  (b1)　モ　スンダカ↗(もう済んだか?)
  (b2)　モ　スンダカ↘(もう済んだか?)

鹿児島方言の「カ」は上昇・下降の2種類の音調を取ることができる。どちらの場合も質問をあらわすが、上昇の場合は丁寧で配慮のある質問、または回答要求の強い質問、下降の場合は普通の質問となる。上昇・下降の2つ

のイントネーションは、同じ文型にかぶさり、明らかに異なる2種類の表現意図をあらわすので、この2つを文末のイントネーションとして認めることにする。もちろん、上昇・下降は「カ」だけでなく、いろいろな文末詞にかぶさり、2種類の異なる表現意図をあらわす。

　　（c1）　アシタワ　ヤスンナ↗（明日は休みですか？）：丁寧または強
　　　　　　い回答要求の質問
　　（c2）　アシタワ　ヤスンナ↘（明日は休みですか？）：普通の質問
　　（d1）　モ　スンダド↗（もう済んだよ）：丁寧または強い訴え掛け
　　（d2）　モ　スンダド↘（もう済んだよ）：普通の訴え掛け

　さて、注目したいのは鹿児島方言の「カ」が上昇でも下降でも質問文になる点である。言うまでもなく、東京方言の「カ」は上昇のときにしか質問文にならない。

　　（e1）　東京方言：明日は休みですか↗（質問）
　　（e2）　東京方言：明日は休みですか↘（納得）

　両方言の違いは、表面的には下降で質問をあらわすか否かといった違いのように見えるが、これには文末詞「カ」の意味が深く関係している。つまり、鹿児島方言の「カ」はそれ自体が質問の意味を持ち、そのためイントネーションにかかわらず質問文を作ることが出来るのだが、東京方言の「カ」はそれ自体には質問の意味がない、したがって上昇のイントネーションの助けを借りなければ質問をあらわさないのである。では、東京方言の「カ」の意味は何かというと、「自分の責任では判定がつきかねること」（渡辺実1971）というのがイントネーションとの関連からいって、最も適切な意味説明であると思われる。

　　（f1）　鹿児島方言の「カ」：聞き手に対する質問。
　　（f2）　東京方言の「カ」：自分の責任では判定がつきかねること。

　東京方言でも（あるいは英語でも）、質問をあらわす語形式が文に備わっていれば下降でも質問をあらわす（森山卓郎1989）が、鹿児島方言の「カ」はそれと同じことなのである。

　　（g1）　東京方言：誰ですか↗（質問）

（g2）　東京方言：誰ですか↘（質問）

　その文が質問文であることが語形式によってあらわされるか、それともイントネーションによってあらわされるかは、方言により差がある。鹿児島方言は語形式によってあらわされる方言で、以下のような文末詞がゼロで上昇によって質問を表す文は不自然である。

　　（h1）　鹿児島方言：*アヤ　フジサン↗（あれは富士山？）

　逆に東京方言はイントネーションによってあらわされる方言で、文末詞がゼロでも上昇によって質問文であることが示される。

　　（h2）　東京方言：あれは富士山↗（あれは富士山？）

　イントネーションと文末詞とがあわさって効果的な表現を作る点ではどの方言も同じだが、方言によって文末詞の意味や機能が異なるため、イントネーションのシステムもそれにあわせて異なってくるのである。

5.　参考文献

　アクセント・イントネーションについてさらに詳しく知りたい場合は、以下に挙げる文献を参照してほしい。

　アクセント体系については、柴田武（1955）、和田実（1962）、上野善道（1977）、木部暢子（2002）に代表的な方言のアクセント体系の詳しい記述がある。イントネーションについては、イントネーションの原理も含めて、川上蓁（1995）、杉藤美代子監修（1997a、1997b）が参考になる。アクセントの歴史的研究や系譜研究を行う場合には、金田一春彦（1974、1975）、徳川宗賢（1993）、奥村三雄（1990）、添田建治郎（1996）は必読。また、早田輝洋（1998）は日本を越えた大きな視点でアクセントを捉えたもので、日本語にとらわれず、広い視野を身に付けるためには最適の文献である。

文献

井上史雄（1994）「『尻あがり』イントネーションの社会言語学」佐藤喜代治編『国語論究』4、明治書院

上野善道（1977）「日本語のアクセント」大野晋・柴田武編『岩波講座日本語』5、岩波書店

上野善道・新田哲夫（1983）「金沢方言の5モーラ名詞のアクセント資料」『金沢大学日本海域研究所報告』15

上野善道（1988）「下降式アクセントの意味するもの」『東京大学言語学論集 '88』

上野善道（1997）「複合名詞から見た日本語諸方言のアクセント」杉藤美代子監修『アクセント・イントネーション・リズムとポーズ』三省堂

奥村三雄（1990）『方言国語史研究』東京堂出版

音声文法研究会編（1997、1999、2001）『文法と音声』Ⅰ・Ⅱ・Ⅲ、くろしお出版

川上蓁（1995）『日本語アクセント論集』汲古書院

木部暢子（2000）『西南部九州二型アクセントの研究』勉誠出版

木部暢子（2002）「方言のアクセント」江端義雄編『朝倉日本語講座』10、朝倉書店

金田一春彦（1937）「現代諸方言の比較から観た平安朝アクセント」『方言』7-6

金田一春彦（1962）「方言と方言学」国語学会編『方言学概説』武蔵野書店

金田一春彦（1974）『国語アクセントの史的研究』塙書房

金田一春彦（1975）『日本の方言』教育出版

金田一春彦監修（2001）『新明解日本語アクセント辞典』三省堂

窪薗晴夫（1995）『語形成と音節構造』くろしお出版

国広哲弥編（1992）「日本語音調の表記法」科研費重点領域「日本語音声」報告書『日本語イントネーションの実態と分析』

郡史郎（1992）「プロソディーの自律性」『月刊言語』21-8

国立国語研究所（1960）『話しことばの文型（1）』秀英出版（→大日本図書）

佐藤亮一（2000）「方言の調査法に関する一考察」『玉藻』36

佐藤大和（1989）「複合語におけるアクセント規則と連濁規則」杉藤美代子編『講座日本語と日本語教育』2、明治書院

柴田武（1955）「日本語のアクセント体系」『国語学』21

杉藤美代子監修（1997 a）『諸方言のアクセントとイントネーション』三省堂

杉藤美代子監修（1997 b）『アクセント・イントネーション・リズムとポーズ』三省堂

添田建治郎（1996）『日本語アクセント史の諸問題』武蔵野書院

時枝誠記（1950）『日本文法口語篇』岩波書店

徳川宗賢（1993）『方言地理学の展開』ひつじ書房

中井幸比古（1986、1987、1988）「現代京都方言のアクセント資料(1)(2)(3)」東京外国語大学アジア・アフリカ言語研究所『アジア・アフリカ文法研究』15、16、17

仁田義雄・益岡隆志編（1989）『日本語のモダリティ』くろしお出版

服部四郎（1931～1933）「国語諸方言のアクセント概観(一)～(六)」『方言』創刊号～3-6

早田輝洋（1999）『音調のタイポロジー』大修館書店

森山卓郎（1989）「文の意味とイントネーション」宮地裕編『講座日本語と日本語教育』1、明治書院

山口幸洋（1998）『日本語方言一型アクセントの研究』ひつじ書房

渡辺実（1971）『国語構文論』塙書房

和田実（1962）「アクセント」国語学会編『方言学概説』武蔵野書院

第4章

方言のしくみ
語彙

1. 方言の語彙

1.1. 語と語彙
　1つの具体的な例から話をおこそう。
　我々は森羅万象の中から概念としての「明日」を切り出している。つまり切れ目なく流れている時（とき）を分節し、「本日の夜11時59分59秒の1秒後の時点から24時間の時」を認識している。そしてその概念に［アシタ］というレッテル（語形）を貼りつけている。概念と語形とが結びつけられているのである。このような、概念と語形とのつながりが1つの社会の共有物になっていれば［アシタ］と言っただけでその概念が伝わる。
　このとき、この語形はアシタでなければならないということはない。現在の日本の社会での決まり事として、その概念に対してこの語形が貼りつけられているにすぎない。概念と語形とはこのように非必然的（恣意的）に結びつけられている。そのようにして結びつけられているものが「語」である。
　ところで、アシタはそれのみで存在しているのではない。同じように24時間の時を表現するオトトイ・キノー・キョー・アサッテなどとともに、この場合、明確な物理的な尺度によってきざまれた時系列を表現する一連の語の1つとして存在する。このように、言語外的（ときに言語内的にも）な範

疇によってひとまとまりになってしまうような語のまとまりのことを「語彙」と呼ぶ。範疇のとらえ方によって、日本語の語彙・基礎語彙・共通語語彙・方言語彙・生活語彙・時をあらわす語彙・温度形容詞語彙・動詞語彙・アクセント類別語彙などのように、広狭あらゆる見方、表現が可能である。

範疇の見方によっては、語彙をただ単語のリストとみることも可能であろうが、語彙を構成するそれぞれの語の持つ意味・概念がお互いに似通ったり反発しあったりしながら、それぞれの語が存在していると考えるのが構造的な語彙の見方である。

1.2. 方言の語・語の意味

方言には共通語にはない語が存在する。そういう独特の語はどのようにして存在するのかを考えてみよう。

語は先に見たごとく概念と語形とが恣意的に結びつけられたものであるから、方言に独特の語が存在するというのは、方言社会の側に

　A、（独特の概念のもととなる）独特の森羅万象がある

　B、独特の概念がある

　C、独特の語形がある

の3通りの原因が考えられる。

その方言社会で古くから農作業のために使っている独特の民具を指し示す語は共通語には存在しないであろう。物そのものが存在しなければ概念化されることもなくそれを表現する語形もない。これはAの場合である。

一方、同じ森羅万象が存在していても、方言での森羅万象の切り出し方と共通語での森羅万象の切り出し方とは違う。共通語の世界では概念として認識されていないものが方言社会では概念化されていたりする。高知県で［ヒッカガミ］で表現されている「ひざの裏側のくぼんでいる所」を、現在共通語の世界の話者たちは（日常語のレベルでは）概念化していない。その身体部位を、そこにそうあるものとしてみてはいないのである。逆に言えば高知県には独特の概念が存在する。このように方言社会で独特の概念が切り出され、それに語形が貼りつけられていれば、その語は方言独特の語と位置づけ

られる。こういうものがBの例である。

　Cの類型に分類されるものがもっとも多いと考えられる。同じ森羅万象が存在し、それが同じように概念化されていても、方言独特の語形（俚言）で表現されるものである。共通語で［カンタンダ（簡単だ）］で表現される概念を広島市では［ミヤスイ］ということがあり、［スネル（拗ねる）］で表現される概念を、同じく広島市で［ハブテル］ということがある。

　共通語にはない独特の語について考えてきたが、方言には共通語と同じ語形をしていながら、その担う意味が共通語と違っている、微妙にずれていると思われるもの（義訛語＝音の部分ではなく意味（義）の部分が訛っているととらえる）の存在に気づくことがある。例えば、愛媛県松山市では「食事を充分に食べ満腹になった」ようすを示すとき、［アー、ハラ　フトッタ］と表現し、高知市では［アー、ハラ　ハッタ］、香川県高松市では［オナカガ　オキタ］のように表現する。フトル・ハル・オキルはそれぞれ共通語にも存在し「太る」「張る」「起きる」として使用されているが、ともに先のような場面では使用されない。一方、これらの地域では「まるまるとフトッた赤ん坊」「胸をハッて歩きなさい」「自分でオキれます」のように共通語と同じような場面でそれらが使われている例も見つかる。これらの方言語形の担っている意味は、共通語におけるそれぞれの語形の担っている意味よりも少し広いということができる。

　先にBの類型について考えたが、上の例はそれではない。Bは森羅万象から切り出すか切り出さないかが問題になるのであり、これらの例は森羅万象を切り出すときの広狭が問題となっている。共通語では狭く切り出したがこれらの方言では広く切り出しているのである。先にCの類型に分類されるものとして広島市のミヤスイ・ハブテルをあげたが、このように考えてくると、カンタンダ（簡単だ）で表現される概念とミヤスイで表現されている概念とが、またスネル（拗ねる）で表現される概念とハブテルで表現されている概念とが完全に一致しているのかどうか精査しなければならないことに気づく。

　ミヤスイ・ハブテルでは共通語でのレッテルと方言でのレッテルが明確に

違っておりその存在に気づきやすいが、フトル・ハル・オキルではレッテルがたまたま共通語のレッテルと一致していることから、方言と共通語の間にあのような差のあることが気づかれにくい。日本の各地域では『○○県○○地方方言辞典』のような書物が多数刊行されている。そういう書物には、○○県の○○地方にこういう語形があり、それはこういう意味であると書いてある。しかしながら、それらの多くは方言独特の語形（俚言）とその共通語訳が掲載されているにすぎず、語形と意味とのつながりのようすが共通語でのようすと微妙に違っていることはほとんど書かれていない。フトル・ハル・オキルなどに至っては、これらが共通語にも存在する語形であることから、先のような意味・用法の微妙な違いが認識されず、項目としてあげられていないことすらある。

　語形において共通語と著しい差のあるものの典型的な一覧表が、各地のみやげものとしての「方言のれん」「方言番付」である。語形が共通語と一致するかしないかが、方言を方言たらしめているのはひとつの事実であろうが、方言研究が「方言のれん」の作成に終わってはならない。むしろそれぞれの語形が担っている意味の部分の研究、つまり概念の研究・森羅万象の切り出され方の研究が重要である。語形はそれを可能にする手がかりにすぎない。

1.3. 民俗語彙・生活語彙

　方言語彙の研究の中には、先に見たA・Bの類型に注目する研究も多い。
　共通語の世界では、四周から吹いてくる風について、台風などのときその強さについて多少頓着することはあっても、その風がどの方角から吹いてくる風なのかについて頓着することはほとんどないであろう。しかしながら、風に対してきわめて敏感な漁業社会では［マジ］［コチ］［アナジ］など豊富な風位語が存在することが多い。人々は生きていくために自然を、また自然現象をこまかく分節し、それぞれの概念に語形を貼りつけ、ことばとしてそれを運用しているのである。これなどは、それを語として単独でみようとするのではなく、方位という360度を見渡すことができる明確な物理的な尺度

の中にそれらを置き、その風の性質・状態をも加えたうえで「風位語彙」として全体的な記述が求められる分野である。

　この社会では、さらに潮流、魚名、星座名などについて共通語とは比較にならないくらい豊かな語彙の世界を持っている。農業社会・山村社会においても同じようなことがいえ、先に述べたさまざまな民具に関する名称や田・畑の形状、土の状態、土質、水路のようす、害虫、害鳥、益鳥、植物の生育状況、雑草の種類、下草の状態、山の形状などと、実に豊かである。これらは、農村語彙・山村語彙としてまとめることができよう。

　このような特殊な語彙の世界は、職業によるだけではなく気候や民俗などにも大きく関係する。雪国においてはさまざまな雪に関する名称が多い。季節や降り方、雪の種類、すぐ消えてしまう雪と春まで残る雪、積もり方、融け方、シャーベット状の雪、雪の後のぬかるみ、雪の吹き溜まり、轍（わだち）のようす、雪の中での生活などを指し示す語形である。一方、南九州・沖縄など雪と接触することの少ない地域ではこれに類する語彙は貧弱であることが予想される。

　このような方言語彙の研究は、名詞の羅列に終わってしまうことも多く、また言語学というよりも民俗学・文化人類学に近づいていくことが多い分野なのであるが、森羅万象からなぜそのような独特の概念を切り出さなければならないのか、また、切り出され方の粗い部分と細かい部分のありようなどを考えていくと、方言社会の生活や文化、さらに方言生活者の価値観・世界観までを見通すことが可能となる。

1.4.　語彙体系

　語彙という術語は、もともと構造・体系という意味が内包されている術語であると見たいが、先に見たように単なる単語のリストという見方も可能である。そこで、語彙を構成している語を他の語との有機的なつながりの中で見ようとする立場を鮮明に表現しようとして「語彙体系」という術語が使用されることがある。

　ところで、方言を構成している諸要素の、そのお互いの関係を有機的に記

述しようというのが「記述方言学」である。その学問は音声・音韻部門で大きな成果をおさめたが語彙の部門では発展しなかった。多くても数十の構成要素しか持たず、その構成要素の外延がはっきりしている（このようすを、「閉じられた体系」と呼ぶ）音韻体系と、その構成要素が数千・数万におよび、外延がはっきりしていない（開かれた体系）語彙体系との差は研究の進展のうえにも厳然として存在してきたのである。

　構成要素が多い・外延がはっきりしていないのが語彙体系であるなら、その記述方言学的分析のため、構成要素を少なくし、また外延をはっきりさせれてやればよいではないか。開かれた体系を「閉じる」のである。具体的には、お互いに似た意味を持つであろう「語の集合」（部分体系）を人為的に措定し、それらの語形が表現する「意味の張り合い関係」を記述するのである。このような方法でまず各部分体系の記述を行い、その結果を積み重ねていくことができれば、将来的には方言語彙体系の全般的な記述も可能になるはずである。語彙の記述的研究ではそのような作業仮説に従い、方言語彙体系だけではなく共通語の語彙体系の記述的研究もなされている。最も小さい部分体系は一組の類義語である。アガル（上がる）とノボル（登る）とはどのように意味領域が違っているのか、モリ（森）とハヤシ（林）との決定的な違いは何かなど多くの成果が残されてきている。

　このようにすれば、方言語彙体系の全般的な記述の、その基礎的な作業と位置づけられる「1つの部分体系の意味の記述的研究」が可能となるのである。

1.5. 語の分布・語彙の分布

　先のミヤスイ・ハブテルは広島市を中心としてどの程度まで広がっているのであろうか、カンタンダ（〜ジャ）・スネルという語形とどの地域で接触しているのであろうか。松山市のフトル・高知市のハル・高松市のオキルは、同じ四国の中でどのような勢力範囲を確保しているのであろうか、それぞれの県境付近ではどのようになっているのであろうか。それらが方言である限り、その語がどの程度の地域的な広がりを持っているのかを知りたいと

いうのは基本的な問（とい）である。それに答えるためには語の分布図が必要になる。

　語の分布図を作成する「方言地理学」は、共時的な記述研究を目的とするものではなく、最終的に通時的な歴史研究をめざす学問であるが、この方法を用いれば先の疑問は解ける。それだけでなく、この学問が本領とする分布図の解釈という作業によってミヤスイとカンタンダ（〜ジャ）、ハブテルとスネル、さらに周辺部に存在するそれぞれの意味を表現する他の俚言との衝突・改変のようすがわかり、また、フトル・ハル・オキルが四国内で勢力範囲を分担しあいながらも、それぞれが共通語化の波に洗われはじめていることが判明する。

　先に「時をあらわす語彙」を見た。24時間の時を表現する語をオトトイ・キノー・キョー・アシタ・アサッテのように並べ、物理的な尺度によってきざまれた時系列を表現する語彙体系として見ることが可能であると述べたのであった。では「アサッテの翌日」、さらに「アサッテの翌々日」は何と言うであろうか。西日本の多くの方はシアサッテ・ゴアサッテというであろう。東京都の一部の人はシアサッテ・ヤノアサッテと続くであろうし、関東一帯、および北海道の一部の人はヤノアサッテ・シアサッテと答えるに違いない。

　西日本では「アサッテの翌日」が今日から数えて4日後であることから「四・アサッテ」と考えシアサッテを使うのであろうか。その次の日は「五・アサッテ」と考えたのであろうか。東日本にはシアサッテ・ヤノアサッテという言い方があるが、それが東京都の一部と関東一帯とでずれている。このようなずれはどのようにして生まれたのであろうか、西日本に分布するシアサッテの位置づけに問題がありそうだが……。

　1つの語だけを取り出して考えていたのでは見えてこないものが、上のように語彙というレベルで考え、さらにこの場合「アサッテの翌日」と「アサッテの翌々日」に関する2枚の分布図を比較することによって、語の構成や語（語彙）の変化をより深く考えることができる。語と他の語との有機的なつながりとその歴史が見えはじめるのである。

2. テーマの設定

ここでは、1.2 でとりあげた「語のレベルでの意味記述」に関して、また 1.4 でとりあげた「語彙の一部分体系の意味記述」に関して見ておく。「民俗語彙・生活語彙」に関しては、さまざまな興味深い分野について多少の例をあげたのでここでは省略する。あれがすべてではない。他にも多くの分野が存在する。自分で探すのもまた楽しいであろう。その際、語の羅列に終わらず、ぜひ方言社会の生活や文化、方言生活者の価値観・世界観まで見通して欲しいと思う。「語・語彙の分布」に関しては、第 8 章と第 9 章で述べるので省略に従う。

2.1. 語のレベルでの意味記述

方言社会に独特の語形（俚言）がある C の類型について考えよう。俚言の意味を正確に把握するにはどのようにしたらよいであろうか。

そのような研究のためには、まず俚言を見つけよう。「方言のれん」からでもよい。「方言のれん」にはその語形の意味が書いてある。その意味の書かれようにまず疑問を持とう。また、あなた自身が方言生活者なら、あなたの持っている俚言を共通語に翻訳してみよう。その訳語ではたして充分かを考えてみよう。さらに話者にお願いして、彼の持つ俚言を共通語に翻訳してもらおう。彼は充分な翻訳ができたというであろうか。もどかしさを口に出しはしないだろうか。

俚言の意味は対応する共通語の意味とまったく同一であることは少ない。微妙な意味のずれが「方言のれん」における意味の記述をしらじらしくさせ、それを共通語に翻訳してみたあなたに充分でないと思わせる。またそれは、共通語に翻訳した話者をしてもどかしさを口に出させるのである。よく「方言は微妙なニュアンスを伝えることができる」などと言われる背後にはそのような事実がかくされているに違いないのである。3.1 では、このようにして出発した俚言の分析例として、山陽地方と高知県に分布していると思われるミテルという語をとりあげ、この語の意味を明確にしていこう。

2.2. 語彙の一部分体系の意味記述

方言語彙の一部分体系における意味の張り合い関係を記述してみよう。

そのような研究のためには、まず1つの部分体系をみつけよう。アツイ・サムイ・ツメタイ……など温度の高低をあらわしている形容詞群（温度形容詞）、ヒロイ・セマイ・ナガイ・コマカイ……など次元を表現している形容詞群（次元形容詞）、タベル・ノム・シャブル……など飲食に関わる動詞群（飲食動詞）、タク・ニル・ユガク・アブル……など火と熱とに関わる動詞群（火熱動詞）等、いろいろな部分体系がすぐに見つかるはずである。それぞれの群の中に、ヌクイ（温度形容詞）・ミゾイ（次元形容詞）・ハム（飲食動詞）・ヨマス（火熱動詞）など、1つでも俚言が入っていると分析はおもしろくなる。すべてが共通語と同じなら、共通語の分析と同じ結論を得ることになりかねず方言の記述としておもしろくない。語形の特異なものはここで有効になる。3.2では、このようにして出発した方言語彙体系の分析例として、カツグ・ニナウ・オウ……など、重力に抗して物を支え持つという共通の特徴を持つ「支持動詞」という部分体系をとりあげよう。近畿・中国・四国では、この集合の中にカクという俚言が含まれる。この地域の支持動詞体系を分析すれば、共通語の体系とは違ったようすが見えてくるにちがいない。

3. 調査・分析の方法

3.1. 「ミテル」に関する調査・分析

高知市ではミテルという動詞が次のように使用される。

　　［砂糖ガ　ミテテシモータ］
　　［電池ガ　ミテタキ　コーテコイ］

ミテルを使用する話者にこれを翻訳してもらうと、

　　「砂糖がなくなってしまった。」
　　「電池がなくなったから、買って来い。」

となる。ミテルは「なくなる」と翻訳されるのである。では共通語で「なくなる」と表現される文脈はすべてミテルで代用可能なのであろうか。辞書で「なくなる」を調べてみよう。ある辞書には次のような記述がある。

1　【無くなる】それまであったものが無い状態になる
　　イ　見つからなくなる。「本が二冊なくなった」
　　ロ　尽きる。「時間がなくなる」
2　【亡くなる】
　　イ　「死ぬ」の婉曲な言い方。
　　ロ　滅びる。

『岩波国語辞典　第三版』による

　1のイ・ロにはその使用例が掲載されている。これにミテルを代入してみよう。

　　［本ガ　二冊　ミテタ］
　　［時間ガ　ミテル］

この例を話者に示すと、2つの文脈とも使わない・使えないという判定が下った。ここで「なくなる」とミテルとは意味が同一ではなく、ずれているらしいという推測が成り立つ。この辞書には2に関して使用例があがっていない。自分たちでその記述にあうような用例を作りあげ、話者の判定を仰いでもよいのだが、筆者のよく使用する『外国人のための基本語用例辞典』（文化庁　1971）を見ておこう。それには「なくなる」について次のような用例があげられている（……ア　などは筆者が付した）。

1　無い状態になる。
　　○　無くなった物をみんなでさがした。……………………………ア
　　○　あの規則が無くなったのでずいぶん仕事が楽になりましたね。…イ
　　○　小さい物だから無くなりやすい。………………………………ウ
　　○　米も水も無くなりかけていた。…………………………………エ
2　死ぬ。

| ○　母は私が三歳のとき亡くなりました。……………………オ
| ○　父が戦争で亡くなってからもう十年になります。……………カ

　これらの文脈にミテルを代入した文章を用意し話者の判定を仰ぐと、ウ・エの一部をのぞいて、すべて使えないという判定が返ってきた。ミテルはかなり意味領域が狭いようである。このようにして、ミテルの意味は次第に絞られてくる。このようなことを繰り返し、あらゆる辞書の中から「なくなる」の用例をさがし、それにミテルを代入し話者の判定結果を待とう。実際の調査に何冊もの辞書を持って行くわけにはいかないから、方言語彙集での記述や予備調査で得た知識をもとにしながらあらゆる辞書にあたり、この場合「なくなる」の用例を取り出しそれを整理・分類したもの（「意味の場の鳥瞰図」とでも呼ぶべき枠組み）を作成しそれを調査票として持参するのである。

　調査しようとしている俚言の意味が対応している共通語の意味よりも狭い場合、それはわりと簡単に作成できるが、俚言の意味が共通語の意味より広い場合や、多少のズレがある場合には該当する意味の周辺部を、別の共通語形の意味領域にまで広げて調査票を作成しておかねばならない。例えば、

　　［私ワ　コオーテ　コンピューターナンカ　ヨーツツカン］
　　　（私は、怖くてコンピュータなど、触ることができない。）
　　［坂道ワ　コゲンキ　自転車　ツイテキタ］
　　　（坂道では漕げないから、自転車を押してきた。）

のように、高知市方言の［ツツク］は、共通語の［触る］にも翻訳可能である。また［ツク］は［突く］だけでなく共通語の［押す］にも翻訳可能である。このような場合、辞書で「つつく」・「突く」だけでなく「触る」や「押す」の用例をも調査し、それを「意味の場の鳥瞰図」に反映させておかねばならない。予備調査でそのあたりの情報を充分に聞き出し、意味領域を充分に広げた調査票を作っておかねばならないのである。その鳥瞰図のそれぞれの例文に当該の俚言を代入できるかどうか。できるものとできないものとを竣別していくならば、その俚言の意味はおのずから浮かびあがってくるに違

いない。

　鳥瞰図に並ぶ各項目に○・×で答えてもらうアンケートのような調査方法では、以上の作業のみで結果を出さねばならないが、臨地面接調査の場合にはさらに手がある。話者は鳥瞰図に並ぶ各項目に○・×のみで答えることは少ない。その例文に関していろいろなことを言ってくれる。先の例で「ウ・エの一部をのぞいて」と書いたのはそういう情報が得られたことを示している。先の話者は、ウに関して

　　●「小さい物」というのが「消しゴム」みたいな物ならミテルが使える。

また、エに関して

　　●米はミテルと言えるが、水はミテルとは言いにくい。だけど、桶に汲んであった水を、小さな洗面器などで汲み出しながら少しずつ使い、その結果として桶の水がなくなったときには「桶の水がミテタ」と言える。

と内省してくれたのである。この内省のことばに、すでにこの語の意味が語られている。ミテルは「なくなる」と翻訳できる語であるが、その「なくなり方」に条件がついているのである。それは「少しずつ使い、その結果としてなくなる」ときなのである。

　確認してみよう。ミテルが使えたのは、砂糖・電池・米・消しゴム・桶に汲んであった水であった。これらすべては「少しずつ使い、その結果としてなくなる」場面を想定できる物であり、ミテルが使えなかった、本・時間・あとからさがすことができる物・規則・（単なる）小さい物・（一般的に）水、また母・父は「少しずつ使い、その結果としてなくなる」場面を想定できない。わずかこれだけの調査でミテルの意味を推定することができた。ここまでくれば、

　　●お店の、ある品物が次から次に売れてしまい、無くなりかけたら「モースグ　ミテルキ　仕入レチョカナ　イカン（もうすぐ無くなるから、仕入れておかねばならない）」と言えますか。

　　●「本ガミテル」ことはないけど、ノートなら、書くところが次第に無くなっていったことを意識して「ノートガ　ミテタ」と言えますか。

などと、確認のためにこのような質問をすることもできる。さきの記述が正

しいなら、話者はこれらの質問にすべて「YES」と答えてくれるはずである（実際そう答えてくれた！）。以上は高知市の若年層（大学生）の調査結果である。

人間が亡くなることに関して、上の話者・上のような文脈（母・父）ではミテルが使用されなかったが、「おくやみ」のことばとして、
　　　「コノタビワ　ミテラレマシタ　ソーデ……」
という言い方があるという情報を高知市の老年層話者から得た。これは、さきの辞書の記述「「死ぬ」の婉曲な言い方。」に該当するようである。

若年層から記述されるミテルは「少しずつ使い、その結果としてなくなる」であった。老年層のミテルもそれとつながりがあるはずであるから、人の命を考えた場合、天寿をまっとうして亡くなった（天から与えられた命を少しずつ使い、その結果として亡くなった）場合には使えるが、事故などで（命を少しずつ使ったのではなく）急に亡くなった場合には使えないのではないかという推測が成り立つ。そのことに関して調査すると、一部の人たちは、やはり事故などの場合は使えないという。しかし、そのような場合にもそれを使うという人もいた。

思うに、事故死の場合も、それが天寿だったのだとあきらめたい心理、またそういってなぐさめたい心理を考えれば「おくやみ」のことばとしてミテルが使用されることも可能なのであろう。また、これが1つの「挨拶ことば」として（本来の意味が薄くなって）慣用的に使われているのかもしれない。大学生でこれがでてこなかったのは、生活経験に乏しく、そういう大人の社交的な世界での言いまわしをいまだ習得していないのであろうと推察するのである。

このようにして、高知市に存在する俚言ミテルは、得られた使われ方すべてを納得させるかたちで記述が完了する。話者との対話の進行にしたがって対応していけば、持参した調査票を全部埋めなくても記述は可能である。残ってしまった調査項目は、臨機応変に言いかえ、先に見たような確認のための調査項目として利用することもできる（「ミテル」の詳細については高橋顕志・川合由美 1981 を参照）。

3.2. 「支持動詞」に関する調査・分析

　ここでは「部分体系の意味の記述的研究」の1つの例として、カツグ・ニナウ・オウ……など、重力に抗して物を支え持つという共通の特徴を持つ「支持動詞」という部分体系をとりあげる。

　先にミテルの意味を記述するために「意味の場の鳥瞰図」を作成しておくと述べた。1つの部分体系を記述しようという場合にもそれと同じ作業が必要である。想定しておかなければならない「意味の場」は先の例と比較にならないくらい広い。

　さて、「支持動詞」の場合、意味の場を「絵」で表現することができる。調査に「絵」を使用することができるのである。例えば『図案・カット集』のような書物から、人が重力に抗して物を支え持っている絵をすべて抜き出し、それを話者に見てもらいながら、ひとつひとつの動作をどういう動詞で表現するかを聞き出すことが可能なのである。しかし『図案・カット集』に出てこない支持のしかたがもし考えられれば、そのような絵を何らかの方法で用意しておかなければならない。頭の上に物を載せて運ぶいわゆる頭上運搬、背中に背負った篭を額（ひたい）にかけた紐で支えるという支持・運搬の方法、いずれも今日の日本では見ることもなくなったが、地域によってはつい最近まで存在した。彼の方言語彙体系にはその存在が反映しているかもしれない。可能な限り広く準備しておく必要がある。結果的に不必要となったものをあとで捨てることはできるが、必要であるべきものが準備されていなければ、精神的・肉体的、また金銭的にもつらい再調査が必要になる。

　このようにして準備された一群の「絵」（図参照）を話者に見てもらいながら、絵にあらわされているひとつひとつの動作をどういう動詞で表現するかを聞き出していくのである。愛媛県松山市での調査結果を示しておこう。ここでは、次のような支持動詞が出現する。そして、それぞれが使用できる絵の番号は以下の通りであった。

　　　　　　カツグ　　1.3.4.9.13.15.16.17.18.
　　　　　　カタグ　　1.3.4.9.13.15.16.17.18.
　　　　　　オウ　　　7.8.9.

第 4 章 方言のしくみ 語彙　85

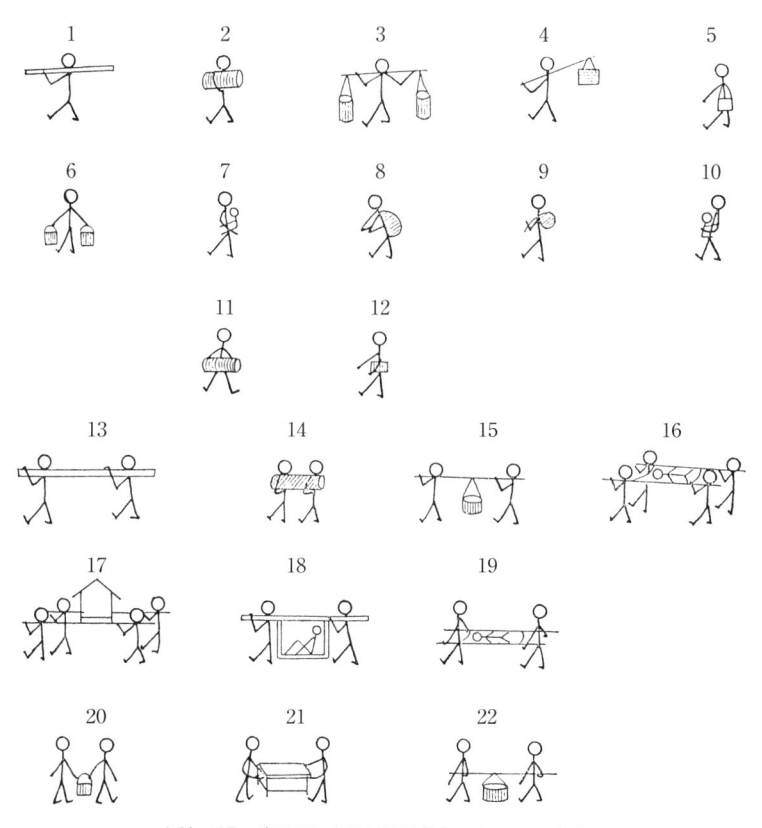

支持の場の鳥瞰図（平山輝男他編 1992〜94 より）

```
カルウ      4.8.9.
ニナウ      3.15.22.
サゲル      3.4.5.6.15.20.22
ダク        2.10.14.
カカエル    2.11.12.14.
ウズム      11.21
カク        13.14.15.16.17.18.19.20.21.22.
```

　共通語と同じ語形が出現しているがそれは問題にはならない。たまたま方言語形と共通語語形とが一致しているだけのことであり、共通語と一致する

からといってそれを排除する理由はまったくない。1枚の絵を表現するのに複数の語形が出現しているがそれも問題にはならない。1枚の絵でも焦点の置きどころによって違った動詞で表現できることを示しており、われわれの言語がそれだけ豊かなことを示している。

　この回答結果と、調査の際話者が語ってくれたそれぞれの語に対する内省の結果から、この方言では次のような軸が意味領域を分け、それの組み合わせによって使用される動詞が決定されていることが判明する。

　　　　支え持つための身体部位はどこか
　　　　　　　肩　　　　　　　　　　カツグ・カタグ
　　　　　　　背中　　　　　　　　　オウ
　　　　　　　肩から背中にかけて　　カルウ
　　　　　　　腕　　　　　　　　　　ダク・カカエル
　　　　　　　両腕　　　　　　　　　ウズム
　　　　支え持つために道具を使用するか否か
　　　　　　　天秤棒、あるいは類似品の使用　　ニナウ
　　　　支え持つ物を大切に思っているかいないか
　　　　　　　大切な物と思っている場合　　　　オウ・ダク
　　　　　　　大切な物と思っていない場合　　　カルウ・カカエル
　　　　支え持つときの様態
　　　　　　　支え持つ支点の下方遠くに物の重心がくる場合　　サゲル
　　　　支え持つ物の重さ
　　　　　　　重い場合　　　　　　　ウズム
　　　　語の新・旧
　　　　　　　古くからの語　　　　　カタグ・カルウ・ウズム
　　　　　　　最近の語　　　　　　　カツグ・カカエル

　さらには、動作主が2人以上なら、肩・背中・手のどこで支えていようが、支えるために道具を使用していようがいまいが、また、大切な物であろうがそうでない物であろうが、そのようなことにはまったくおかまいなく使用されるカクという特徴的な動詞が存在し使用されている。この方言には、

支え持つ人は1人かそれとも2人以上か
という軸が意味領域を分ける軸として存在し、それは先に見た軸に優先されることが多いと見ることができる。このようにして愛媛県松山市での支持動詞体系の大まかな枠組みは記述される。結果をどのように表現していくのかという問題が残されているが、ここまでくれば先が見えてきている。

　1つの語形が表現しうる意味領域の広がりと、別の語形が表現しうる意味領域の広がりとがどのような軸で分けられているのか、重複することがあるとすればどのような姿で重複しているのか、軸と軸とはどのように組み合わされるのか、どの軸が優先されるのか、それらが充分に解けたとき記述は完了する。森羅万象が意味に細分化されているようすが見極められるのである。

　松山市にはモツという広い意味を持った支持動詞も存在する。それは上のすべての絵（「所持」の場面）で使用することが可能である。それだけでなく、それは、

　　　アノ人ワ　家オ　モットル　（あの人は家を持っている。）

のような「所有」という意味領域にまで広がっており、さらに、

　　　〜トユー　希望オ　モットル（〜という希望を持っている。）
　　　モッテ生マレタ　性格　　　（持って生まれた性格）
　　　〇〇先生ニ　モッテモロータ（〇〇先生に受け持ってもらった。）
　　　ソノ金　ワシガ　モッチャロ（そのお金、私が負担してあげよう。）

のような抽象的・比喩的な表現もまた可能である。このような意味領域の広い語形の実態、またここに見られるような、用法の二次的な広がりも興味深い課題である。

　このような調査の話者は、お年寄りである必要はない。方言・俚言の使用者であれば50歳代くらいの方が良い。言語感覚が鋭く内省が効き、それを気楽に口に出してくれるような方が最適である。もしあなたが方言生活者なら、以上の作業を「調査」という形ではなく「内省」で明らかにすることも可能である（「支持動詞」の詳細については高橋顕志1977を参照）。

以上、方言の語・語彙の記述的研究の分野において、「語のレベルでの意味記述」「語彙の一部分体系の意味記述」としてその実践の一端を示した。しかし、いずれにしろ、これらの分野の研究は緒についたばかりで、調査・分析の方法が確然と方式化されているのではない。逆に言えば初学者の大胆な試みが許される余地は充分にある。各自の努力と工夫とにより新たな地平がさらに開かれることが期待されている分野なのである。

4. 参考文献

　ここでは方言に限らず、この分野で参考になりそうな文献を紹介する。

　まず、日本方言研究会編（1978）・佐藤喜代治編（1982）の中の豊富な実践例を読みながら、語・語彙・語彙体系とは何かを考えていこう。柴田武（1988）にも魅力的な実践例がある。語彙の一部分体系についての研究を唱導した国広哲弥（1967）という古典的名著もある。

　民俗語彙に関しては柳田国男をはじめとする民俗学分野に多くの文献があり、柳田の監修になる民俗学研究所（1955～56）は書籍の性格上、事項の羅列となってはいるが、ここはこの国の民俗とそれを表現してきたことばの宝庫である。生活語彙の世界を追求したものに、室山敏昭の一連の著作（1987、1998）があり生活とことば・ことばと文化・ことばと人間社会についての深い洞察がある。室山敏昭編（2000）には、その実践例も並ぶ。

　語の分布に関しては、国立国語研究所（1966～74）を最大の成果としながら各地の方言分布図集が多く存在し、新しい試みとしてインターネットホームページにも大量の方言分布図が存在する。

　語・語彙体系の分析に関して、柴田武編（1979）には、最小の部分体系たる類義語の意味分析の実践例が多く並ぶ。一般向けの雑誌に連載したものをまとめたもので読みやすい。かつ、さまざまな方法を学ぶのには最適。続編もある。

　具体的な調査にあたって、本論で述べている「意味の場の鳥瞰図」を作成するためには、各種辞典にくまなくあたるほか、類義の表現を探すために国

立国語研究所（1964）が必須である。調査文例を探したければ、国立国語研究所（1972a、1972b）や平山輝男他編（1992〜94）の中から探してみよう。前者には文学作品からの文脈が、後者には口頭言語からの文脈が豊富に記述されている。いずれも実際の使用例がそのまま書かれており、調査のために研究者が作り上げる例文にはない自然さがある。

　この分野の日本における研究史は、少し古くなるが久野マリ子（1990）に詳しい。

文献

国広哲弥（1967）『構造的意味論』三省堂
久野マリ子（1990）「語彙」日本方言研究会編『日本方言研究の歩み　論文編』角川書店
国立国語研究所（1964）『分類語彙表』秀英出版（→大日本図書）
国立国語研究所（1966〜74）『日本言語地図』全6巻、大蔵省印刷局（→国立印刷局）
国立国語研究所（1972a）『動詞の意味用法の記述的研究』秀英出版（→大日本図書）
国立国語研究所（1972b）『形容詞の意味用法の記述的研究』秀英出版（→大日本図書）
佐藤喜代治編（1982）『講座日本語の語彙8 方言の語彙』明治書院
柴田武（1979）『ことばの意味―辞書に書いてないこと』平凡社選書
柴田武（1988）『語彙論の方法』三省堂
髙橋顕志（1977）「四国諸方言における支持動詞カクについて―語彙による比較方言学の試み―」『都大論究』14、東京都立大学国語国文学会
髙橋顕志・川合由美（1981）「中・四国における俚言の意味とその分布―"ミテル"を中心に―」『日本方言研究会　第32回　研究発表会　発表原稿集』日本方言研究会
日本方言研究会編（1978）『日本方言の語彙』三省堂
平山輝男他編（1992〜94）『現代日本語方言大辞典』全9巻、明治書院
文化庁（1971）『外国人のための基本語用例辞典』
民俗学研究所（1955〜56）『綜合日本民俗語彙』全5巻、平凡社
室山敏昭（1987）『生活語彙の基礎的研究』和泉書院
室山敏昭（1998）『生活語彙の構造と地域文化―文化言語学序説―』和泉書院
室山敏昭編（2000）『方言語彙論の方法』和泉書院

第5章
方言のしくみ
文法（形態）

1. 方言の文法

　本章では、方言の文法を扱うにあたって、基本的にどのようなことを考えておくべきか、そして具体的にはどのような方法があるのかを述べる。ここでは特に文法の形態的側面に光をあて、動詞活用の記述を事例としてとりあげる。文法の意味的側面については、助詞・助動詞の記述を中心に第6章で扱う。

　ここでは、方言の文法を明らかにするための一般論から話をはじめよう。

1.1. 方言には文法がある

　まず、方言には文法があるということを知って欲しい。もし、方言というものが、くずれたことば、誤った言い方、といった理解をしている場合は、方言に文法があるということ自体が矛盾したことのように思われるかもしれないからだ。

　方言は、地域に固有の言語である。言語であるからには、そこに種々の側面にわたって体系が存在している。文法はその一部であり、そこには「しくみ」としての体系がある。

　いくつか例を挙げよう。

　長野県諏訪方言で、「行くだろう」に相当する言い方を行クラと言う。こ

れで理解されるのは、「だろう」に相当するのはラだということだ。それでは、「机だろう」に相当する言い方はどうか。机ラと言いそうに予想される。しかし、この方言では、机ラという言い方はしない。「机だろう」に相当する言い方は、机ズラである。一方で、「行くだろう」に相当する言い方には行クズラもある。さらに行クラと行クズラには意味の異なりがある。

　山形県鶴岡方言では、「東京へ行く」と言う時の「へ」に相当する部分はサで表現する。「ここにある」と言う時の「に」もサである。「見に行く」の「に」もサである。しかし、「大人になる」と言う時の「に」に相当する部分はない。大人ナルと言うだけである。

　八丈島方言では、「取る時」と言う時の「取る」に相当する部分は、トロのように言う。この方言では、「春」をハロとか、「鶴」をツロと言うことはない。ゆえに「取る」をトロと言うのは音声・音韻の問題ではない。そして、単に「取る」と言い切る時はトロワと言う。また、「取ると言う」のように伝聞をあらわす時はトルテイワのように言う。共通語で「取る」としか言わないところを、トロ・トロワ・トルのように使い分けているわけである。

　これらは、文法のしくみの一部分である。しくみというのを体系とも言ったりする。それぞれの方言にはしっかりとした文法体系がある。だからこそ、いま記したように、各方言で、このような言い方はしない、とか、このようにしか言わない、といったことがある。まず、この点をよく理解しておこう。

1.2.　基本的な考え方

　ここで、以下の解説を読み進めるにあたって、理解しておいてほしい用語や背景にある基本的な考え方を示すことにする。
（１）　文法とは何か
　文法とは、先の例からも理解されるように、簡単に言えば、ことばの用い方である。もう少し正確に言えば、いろいろな表現をどう用いるか、また、伝えたい内容をどのようにあらわすか、といったことのきまりとも言える。

(2) 表現と内容、実質と形式

　言語の構造については、以下のような考え方に立っている。先にも述べたように方言も言語であるから、一般的な構造は変わらない。

　一般に言語は、「表現」と「内容」からなるものとして話を進める。文法と言った時のブンポーなり buNpoR なり bumpoo なりの形に関わる側面を「表現」とする。そして、文法とは何かをここまでいろいろ説明してきたが、そのような意味に関わる側面を「内容」とする。いわゆるソシュールの能記／所記などに平行して理解してよい。

　次に、「実質」と「形式」を分ける。「実質」は、ありのままの実態としての言語であり、「形式」は、それを分析的にとらえたものである。こちらもパロール／ラングに平行して理解してよい。

　上記の「表現」にも「内容」にも「実質」と「形式」があると考える。そして、「記述」とは、基本的に「実質」を「形式」としてとらえることである。ゆえに、「記述」は、ただ「記録」するということではない。例えば、方言の談話を録音して文字化する、ということだけでは記述したことにはならない。さまざまな方法で実質をとらえ、そこから形式に至るよう分析を行い、体系をとらえることによって、はじめて記述したことになる。

(3) 文法の記述

　以上のようなことから、文法を研究するということは、文法的内容と表現との結びつきを明らかにし、それらの持つきまりとしての「形式」をとらえるということになる。そして、この表現と内容は固く結びついて連合しており、別々に考えることはできない。

　しかし、考えてみるとそれぞれの性質は相当に異なっている。端的に言えば、表現は、具体性を帯びているのに対し、内容の方は抽象的である。そのようなことから、体系をとらえるにあたっても、おのずとアプローチのしかたが異なってくる。そこで、当面、表現面からは、表現の体系をとらえ、内容面からは、内容の体系をとらえるという方法をとることになる。

　とはいっても、これは、あくまでも「当面」の措置である。上記のとおり、それぞれの面は連合しているわけで、別々に考えるとしても、ひとつの

側面の記述で終らせるのはあるべき姿ではない。本来は両側面をきちんと結びつけて整理すべきである。

　また、実際問題として、次のようなことがある。表現を分析するにしても、結局、何を内容として持っているか明らかにせざるをえないから、内容面に立ち入っていることは明らかである。内容面を分析するにしても、表現面に異なりがあるとか、当該の表現がない、といったふうに分析していくわけだから、表現面を参照していることになる。

　話がやや抽象的になったので、少し具体的な例を示そう。

　近畿中央部方言には「結果の状態」という内容をあらわす「〜タール」という表現がある。アスペクトといわれる文法範疇に関わるものである。例えば、「壁に写真が貼ッタール」「床に小銭が落チタール」のように用いる。

　ところで、表現面から形式化すると、「知る」は「貼る」と同じに、「起きる」は「落ちる」と同じに分類される（いわゆる〜段活用を考えるとよい）。そうすると、それぞれ、知ッタール・起キタールと言いそうであるが、実際にはそのような言い方はできない。この場合、どうして言えないのかを説明するためには、それぞれの動詞が持つ文法的内容面の分析が必要である。

　その一方で、そもそも「貼る」や「落ちる」が「結果の状態」をあらわす時にどのような表現をとるか、少なくともタールとどのように結びついてどんな形になるのか、といったことは表現面からの分析が求められるわけである。

　このように、表現と内容のどちらかの側面のみが重要だというようなことはない。ゆえに、どちらかの側面に重点を置いた研究を、それでは不十分だとして批判することは可能であるが、どちらかのみを進めるべきだという議論は成り立たないのである。

2．テーマの設定

　方言の文法を研究をしようという時にどのようにテーマを設定するかを考えてみよう。

2.1. 問題点の整理

　まずは、問題点の輪郭をはっきりさせよう。はじめからそれが明確なことはあまりなく、たいていは漠然としているものである。そのような出発点では、共通語との簡単な対照から入るのが、一般に有効である。
（1）内容を規準に対照する

　まずは、内容を規準に対照してみよう。

　①　共通語にない文法的内容の区別が方言に見られる場合

　先に触れた例で言えば、長野県諏訪方言のズラ／ラがあたる。

共通語	～だろう	
諏訪方言	～ズラ	～ラ

　このような場合、共通語にはない2種類の区別がどのようになされるか、といったところに研究の出発点が考えられる。

　②　共通語にある文法的内容の区別が方言に見られない場合

　これも先の例で言えば、山形県鶴岡方言のサの用法の一部があたる。

共通語	～に	～へ
鶴岡方言	～サ	

　ところで、実際には対照した枠組みどうしには、「ずれ」があることがほとんどである。実は、鶴岡方言のサの用法も「に」「へ」と対照するとむしろそちらに相当し、サが「に」「へ」のすべてをカバーするものではない。このような「ずれ」に着手することで、いよいよ本格的な分析に踏みこんで行くことになる。

（2）表現を規準に対照する

　表現を規準にする場合は、表現が同じでも内容に異なりがあるようなケースが考えやすいだろう。

　先に述べた八丈島方言の場合は、おおまかに次のように対照できる。

表現	行コ	行ク	行コワ
共通語	（意思）	終止・連体	―
八丈島方言	連体	終止の一部	言い切り

　表現の作り方、そして、表現と内容のつながりに方言間で異なりがあることがわかる。同時に、八丈島方言には共通語にはない文法内容の枠があることもわかる。
　山形県鶴岡市大山方言では次のようなことがある。

表現	キナイ（キネー）
共通語	着ない（上一段活用動詞「着る」の否定）
鶴岡市大山方言	切らない・着ない （上一段活用とラ行五段活用動詞の否定）

　やはり、表現の作り方に方言間で異なりがあり、もう少し抽象的な枠組みに立ち入れば、いわゆる「〜段活用」というような枠組みにずれがあるらしいことがわかる。
　以上のように枠組みの異なりやずれをもとにして、ある程度テーマを固めて行くことができる。

2.2. 仮説を立てる

　テーマを設定したならばどのような結論に至るかの見通しを立てる。これが仮説の設定である。
　仮説の設定にあたっては、先行研究を探し、問題点がどれくらいこれまでに明らかにされているかにあたってみることが、求められる。先行研究は関連する分野であれば当該方言についてのものでなくても、とにかく目を通してみよう。また、関連する分野でなくても当該方言に関する文献は読んでおくとよい。分析に入った段階で、思いがけず役立つことがある。
　また、このあたりから、考察の対象は、上で対照したような異なりだけでなく、広く扱っていくようにする。例えば、共通語と同じ表現で同じ内容を

2.3. 岩手県種市町平内方言の活用を例に

　この 2. から 4. まで、それぞれの末尾に、具体的な事例をケーススタディとして簡単に示すことにする。このケーススタディは、筆者自身が岩手県種市町平内方言における動詞の活用を記述した際の手続きを示すものである。詳しくは、大西拓一郎（1995）を参照のこと。

（1）　問題点の整理

　この地域一帯（青森県から秋田県・岩手県の北部）では、「買う」「買え」を「カール」「カーレ」、「貰う」「貰え」をモラール・モラーレのように言うことが知られている。つまり、共通語のワ行五段活用に相当する語をラ行五段活用（例えば「取る」「取れ」）のように言うわけである。同時に、極めて限られた地域（岩手県種市町）で、それ以外に、「考える」「考えろ」をカンガール・カンガーレのように共通語のア行下一段活用に相当する語もラ行五段活用のように言うことがわかった。模式的に示すならば次のように整理される。

共通語	ト 取＋ル・レ	カ 買＋ウ・エ	カンガ 考エ＋ル・ロ
岩手県種市町	ト　カ　カンガ 取・買ー・考ー＋ル・レ		

　ただし、先行研究を見ると、それぞれが、ある部分で「似ている」ことは記述されていても、さらに詳しく見た場合に「同じ」と言えるのかどうかはわからない。似ていて、同じように見える、といったところだけが強調されているように思われる。そこを明らかにし、さらに、歴史的にはどういう過程でこのような現象があらわれたのかを知りたいと思った。

（2）　仮説を立てる

　「似ている」だけなのか、「同じ」なのかを明らかにするためには、少なくとも「買う」や「考える」などの語形変化をとらえる必要がある。しかし、特殊と言われる「買う」の類や「考える」の類のみをとらえるのでは不十分で、一方の「取る」の類がどのような語形変化を持っているかをとらえる必

要がある。そして、先行研究のデータの一部を参考にすると、似てはいるが、まったく同じであるとは言えないだろう、という仮説を立てた。

　この段階では、「買う」の類・「考える」の類・「取る」の類の語形変化をとらえることを中心に考えていた。しかし、動詞全体がどのような語形変化の体系を持っているのかをとらえなければ、部分的にしかわかったことにならない。特に隣接地域の津軽地方などでは、共通語でのラ行五段活用相当の語は、他の五段活用相当の語とは、異なることもわかっていた。このようなことから対象を広くとって、動詞全体を対象として考察することにした。

3. 調査の方法

　文法を記述するための調査の方法を述べる。しかし、一般的な調査の方法などというものはない、というのが実際である。ここではある程度どのような方法をとったとしても共通しそうな点について述べる。なお、以下では、面接による臨地調査を中心に話を進める。その他に自然会話の談話資料をもとにした調査もある。これについては十分述べられないが、6.（2）なども参照のこと。

3.1. 調査の前に

　文法を調査するのであっても、音声学にひととおり通じておくことが望ましい。きちんと表現を記録できることは調査の大前提になるからである。また、分析に入る段階で、どのような表記を用いるかが問題になることもある。そのようなことから、音韻的な分析が必要になることもある。さらに、場合によっては、アクセントの異なりで、文法的な内容の異なりをあらわすこともあるので注意が必要である。

3.2. 臨地調査と話者

　いよいよ調査にとりかかることになる。話者は、なるべく生え抜きで言語的な勘の優れた人がよい。場合によっては自分自身を話者にすることもでき

る。フィールドで対象とする人は多い方がよいとする意見もあるが、記述調査の場合、代表的な話者と認められるならば、たった一人でも構わない。対象とする分野の全体を何人にもあたって確認するのならば、それはそれで堅実な方法である。しかしながら、部分部分を別の話者から引き出し、それらを足して1つの全体を構成しようというのは、正当な方法ではない。

　というのも、体系は、一個人の中でかなり明確に存在すると同時に、その体系を構築する諸種の要素は全体として緊張関係を有しているものである。一方、1つの方言社会の所属者は、相当に類似した体系を共有しているのは当然であるが、通常そこには必ず個人間での異なりが見られるものである。このことは、常に念頭に置いておかなければならないし、別の観点からの重要な研究対象となるものである。しかしながら、ここでは、体系という張り詰めた性質のものをとらえることを目的としている。したがって、その中を異質な条件の要素で補いあわせるのは、結果としてどこかに矛盾をひきおこす危険性をともなう。確かに記述的な研究の調査は時間がかかることが多いが、できるならば代表的な一人につきあってもらって、当該分野の体系を記述する方が、方針として、一貫する（もちろん必要な部分に対して、多人数にあたって確認する方法を否定するものではない）。

　なお、言語的な勘がよい人を求めるというのは、文法の記述の場合、比重を重くしたい。多少入り組んだ話に入らざるを得ないことがあるからだ。そんな話者にすぐ出会えるかと思われるかもしれないが、筆者の経験から言えば、絶対出会えると約束はできないが、意外と出会えるものだと言う程度には、出会えている。

　言語的な勘と同時に話者自身が、方言を含めて、地域の文化や民俗といった分野に関心を抱いているようだといっそうよい。とかく、記述的な調査は一個人に負担がかかることが多く、話者の献身的な協力がかかせないからだ。

3.3. 調査票など

　どのような調査票を使うかは、対象によって当然異なる。ただし、分野を

限ったとしても、汎用的な調査票は存在しないと思うべきだ。調査票を作りながら調査していくぐらいのつもりがよいと思う。

　文法項目の場合、翻訳式の調査法が一般的である。共通語を提示して、それにあたる方言を回答してもらう方法である。この場合、提示した共通語を話者がどのように理解したかが、問題になる。そのような点で、言語的な勘が重要になるわけである。共通語で多義的な言い方の場合は、特に気をつけて調査することが必要である。多義のうち、どれをとらえて回答しているかわからないからだ。不安な場合は、積極的に話者に確認するのがよい。話者がめんどうがって失礼ではないかと躊躇したために中途半端な記述を残す方が失礼である。もっとも、その際に、研究者でない話者相手に専門用語を用いて説明しても相互に壁を作るだけのことであるから注意したい。また、意味の説明を話者に求めるのはある程度構わないが、その分析の責任は調査者にあるべきで、話者に押しつけてはならないことは当然である。

　調査のようすは、録音して記録しておくと役に立つことが多い。調査時に書き取った記録はどんなに正確に書いたつもりでも、書き誤りが出るのはしかたがなく、後でその確認ができる。なお、録音だけしてその場では記録をとらないというのはあまり感心しない。どうしても聞き直しの方が手間がかかると同時に、その場その場で書き取っておけば、少し戻って確認、というのもすぐにできるからである。調査の項目数が多いと、どうしても記憶の限界を越えるものである。また、録音を採る際は、話者に一言断わっておくのが、良識である。

3.4. 岩手県種市町平内方言の調査を例に

　種市町平内方言の場合、話者の堀米繁男さんとの出会いが大きかった。堀米さんは自身『種市のことば―沿岸北部編―』(1989)という本を出されている。これは、相当なレベルの記述書である。好事家的に俚言を収集したものではない。それだけに言語的な勘が優れていて、自身興味を持ち、方言が趣味だということばに甘えて、ずいぶん長い時間、相手をしてもらっている。

なお、筆者の場合、調査票は活用の調査のために、5種類用意している。内容の枠組みを中心にした調査票2種類と、表現の枠組みを中心にした調査票2種類、そして、調査地の概要をつかむための調査票（1種類）である。

4. 分析の方法

得られた文法のデータの分析方法について、一般的な考え方をまず示そう。

4.1. 分析の方針

分析は、論理的に積み重ねられていくものである。その際に、論理が正しいかどうかの判断は、背景にある理論あるいは思想にゆだねられる。特に文法に関してはいろいろな立場の考え方がある。どういう考え方に立脚すればよいかは、自分で判断すべきだ。同時にその理論的な枠組みについても、まずは自分で考えてみよう。難しいことのように思われるかもしれないが、方言というのは、きわめて具象的な現実である。もし理論がそれに適合しないなら、理論の方に問題があることを考慮すべきだ。これは、定説にいつも頼らない、ということでもある。大切なのは、最低限、自分で納得のいくように説明することなのである。何かに頼って考えていると、自分でもわかっていないことをおしすすめているようなことがありがちだ。必要に応じて理論を修正するようなこころづもりでいればよい。結局、そんなことにより新しい考え方が生まれるのだと思う。

4.2. 評価

以上の分析をある程度のところで論文にするわけであるが、それに対して、自分なりの評価を与えておきたい。

いくら完璧を目指して論文化しても、問題点が残るのはごく普通のことである。問題点を整理して論文の中に記しておくと、それが新たなテーマにつながることも多い。だから、自ら問題点を記すことは、生産的な行為であ

る。同時に、何をどこまで明らかにできて、打ち出した考え方にどのような利点があるのかを把握しておこう。そのことにより研究過程上の自分の位置も見えてくる。

4.3. 岩手県種市町平内方言の活用の分析を例に

ここでは活用の記述を示す。まず、分析方法の背景にある考え方を簡単に示し、次に種市町平内方言の動詞を対象とした分析の具体的な手順を記す。そして、このような分析に対する評価を述べる。

（1）　分析の理論的背景

まず、分析にあたって、どのような立場に立つものか記すことにする。

ここでは「活用」を「語が文法的内容に応じて示す形態の総体」と定義して考えている。日本語の方言では多くの場合、同じ語が共時的にさまざまな形をとる。これを「語形変化」と呼ぶ（通時的・歴史的な「変化」ではない）。

そのような方言の活用の研究においては、語形変化のリストアップが求められる。そのようなリストの中で、語がとる諸種の形（と枠組み）を「活用形」と呼ぶ。そして、諸種の形をとる中で変化しない部分を「語幹」と呼ぶ。また、変化にあずかる部分を「語尾」と呼ぶ。

整理すると、活用形・語幹・語尾の関係は、次のような構造を持っていることになる。

　　　　活用形＝語幹＋語尾

一般に、各語が具体的に文法内容をあらわす形は、活用形単独で、もしくは活用形に「助詞・助動詞等」がつくことにより、あらわされることが多い。このような形を「文法形」と呼んでおく。具体的に特定の文法内容を持つ文法形を指す時は、「〜形」のように呼ぶ（例えば、「否定形」）。そこで、文法形は次のような構造を持つ。

　　　　文法形＝活用形（＋助詞・助動詞等）

以上をまとめると、文法形全体としては次のような構造になる。

　　　　文法形＝語幹＋語尾（＋助詞・助動詞等）

第5章　方言のしくみ　文法（形態）　103

種市町平内を例にとると次のようである（後述の活用表を参照のこと）。

　　　　　　　　　　　文法形　　活用形　語幹　語尾　助動詞
　「書く」の活用形1：　　　　kaga　＝　kag　＋　a
　「書く」の否定形　：kaganaR＝kaga（＝活用形1）　　　＋　naR

同じ活用語尾を持つ語のグループを「活用のタイプ」と呼ぶ。グループとはいうものの、そこに所属する語の数は問わない。1語しか所属しない活用のタイプもある。

（2）　分析の手順

　この方言では、例えば、次のような活用による共時的な「語形変化」がある。まずは、おおまかにカタカナで表記する（濁音／鼻濁音を区別せず記す）。

	否定	並行	言い切り	命令
書く	カガナー	カギナガラ	カグ	カゲ
飲む	ノマナー	ノミナガラ	ノム	ノメ
食う	カナー	クーナガラ	クー	ケー
来る	コナー	キナガラ	クル	コー
する	シナー	シナガラ	シル	セー
開ける	アゲナー	アゲナガラ	アゲル	アゲロ
教える	オセーナー	オセーナガラ	オセール	オセーロ
入る	ハーナー	ハーナガラ	ハール	ハーレ
買う	カーナー	カーナガラ	カール	カーレ
考える	カンガーナー	カンガーナガラ	カンガール	カンガーレ

これを見ると、否定は「ナー」が、並行は「ナガラ」がつくことによって、それらをあらわし、言い切りと命令は動詞自体の変化でそれらの意味をあらわしていると考えられる。そこで、ナーやナガラのようなものを動詞の部分から分け、枠の外（上の括弧内）に出すことにする。このような部分が「助詞・助動詞等」である。そして、音韻表記であらわすと次のようになる（N＝撥音、R＝長音）。

	否定 (naʀ)	並行 (naŋara)	言い切り	命令
書く	kaga	kagi	kagu	kage
飲む	noma	nomi	nomu	nome
食う	ka	kuʀ	kuʀ	keʀ
来る	ko	ki	kuru	koʀ
する	si	si	siru	seʀ
開ける	age	age	ageru	agero
教える	oseʀ	oseʀ	oseʀru	oseʀro
入る	haʀ	haʀ	haʀru	haʀre
買う	kaʀ	kaʀ	kaʀru	kaʀre
考える	kaŋŋaʀ	kaŋŋaʀ	kaŋŋaʀru	kaŋŋaʀre

これを横の列で比べて見ると各語ごとに共通している部分があることがわかる。例えば、「書く」であれば、4種類の形を通して、「kag」という部分が共通している。「開ける」ならば、「age」が共通している。このような部分を分けて、枠の外（左側の括弧内）に出すことにする。この部分が「語幹」である。

	否定 (naʀ)	並行 (naŋara)	言い切り	命令
書く (kag)	a	i	u	e
飲む (nom)	a	i	u	e
食う (k)	a	uʀ	uʀ	eʀ
来る (k)	o	i	uru	oʀ
する (s)	i	i	iru	eʀ
開ける (age)	—	—	ru	ro
教える (oseʀ)	—	—	ru	ro
入る (haʀ)	—	—	ru	re
買う (kaʀ)	—	—	ru	re
考える (kaŋŋaʀ)	—	—	ru	re

このような手続きで枠の中に残った部分（「書く」であれば、「a, i, u, e」のような部分）が「語尾」である。手続きにより何もなくなってしまう欄には「－」を記入しているが、これは語尾が「ない」ことを示す。

ここまでで、語ごとの語形変化の違いがある程度見えて来た。

語どうしを比べて、語尾に区別がある場合「／」で、区別がないと見られる場合「＝」で示すと次のように示すことができる。

「書く」＝「飲む」／「食う」／「来る」／「する」／
「開ける」＝「教える」／「入る」＝「買う」＝「考える」

　さらに、上に記さなかった別の「助詞・助動詞等」との組み合わせを見てみよう。そうすると次のように、「開ける」と「教える」にも異なりがあることがわかる（Q＝促音）。

	希望（taR）	推量（koQta）	禁止（na）
開ける（age）	Q	Q	N
教える（oseR）	—	—	—

　また、「入る」「買う」「考える」も次のように使役形（「〜させる」に相当）を見ると異なっていることがわかる。

	語幹	語尾	助動詞
入る：haRRaseru	haR	ra	seru
買う：kaRseru	kaR	—	seru
考える：kaNŋaRsaseru	kaNŋaR	—	saseru

　以上のような作業を繰り返して行き、種市町平内方言の動詞の活用においては、次の9種類の活用のタイプがあることが明らかとなった。

　①「書く」「読む」のタイプ　②「食う」のタイプ
　③「来る」のタイプ　　　　　④「する」のタイプ
　⑤「開ける」のタイプ　　　　⑥「教える」のタイプ
　⑦「入る」のタイプ　　　　　⑧「買う」のタイプ
　⑨「考える」のタイプ

　このうち、①〜④は、語幹が子音で終わることから子音語幹動詞、⑤〜⑨は母音語幹動詞と呼ぶ。そして、①から順に子音語幹1動詞…、⑤から順に母音語幹1動詞…、といったふうに番号をつけて分類した。

　このような作業を重ねて、活用のタイプと語幹、語尾、助詞・助動詞等の組み合わせを一覧表に整理すると「活用表」ができあがる。種市町平内方言で得られた動詞の活用表の概略を示す（表の「おもな後続する助詞・助動詞…」の部分は「助詞・助動詞等」に同じと見てよい）。

	子音語幹動詞						母音語幹動詞					
	子音語幹1			子音語幹2	子音語幹3	子音語幹4	母音語幹1	母音語幹2	母音語幹3	母音語幹4	母音語幹5	
	書く	飲む	取る	食う	来る	する	開ける	教える	入る	買う	考える	語幹
	kag	nom	tor	k	k	s	age	ose_R	ha_R	ka_R	kaŋŋar	
活用形番号												おもな接続する助動詞・助詞ないしは単独での意味・用法
1	a	a	@to_N	a	o	i	−	−	−	−	−	na_R(否定)
2	a	a	a	a	i	i	−	−	ra	−	−	sa_R(丁寧命令)
3	a	a	a	a	ura	a	ra	ra	ra	ra	ra	ba(仮定2)
4-1	a	a	a	a	ira	a	×	×	ra	−	×	seru(使役)
4-2	×	×	×	×	×	×	×	×	−	×	×	saseru(使役)
5	i	i	i	u_R	i	i	−	−	−	−	−	naŋara(並行)
6	**i	i	@to_Q	u_R	iQ	iQ	Q	−	−	−	−	ta_R(希望)
7	u	u	u	u_R	uru	iru	ru	ru	ru	ru	ru	言い切り
8	u	u	@to_Q	u_R	uQ	iQ	Q	−	−	−	−	jo_Rta(様態)
9a-1	u	u	×	×	×	×	×	×	×	×	×	go_Qta(推量1)
9a-2	×	×	×	×	uQ	iQ	Q	−	−	−	−	ko_Qta(推量1)
9b-1	u	u	×	u_R	×	×	×	×	×	×	×	zigi(〜時:連体)
9b-2	×	×	×	×	uQ	iQ	Q	−	−	−	−	cigi(〜時:連体)
9c-1	u	@no_N	×	u_R	×	×	×	×	×	×	×	be_R(推量2・意志)
9c-2	×	×	@to_Q	×	uQ	iQ	Q	−	−	−	−	pe_R(推量2・意志)
10	u	u	@to_N	u_R	u_N	i_N	N	−	−	−	−	na(禁止)
11	e	e	e	e_R	ure	e	re	re	re	re	re	ba(仮定1)
12	e	e	e	e_R	ire	e	re	re	re	re	re	_Rru(可能1)
13	e	e	e	e_R	o_R	e	ro	ro	re	re	re	命令
14a-1	×	×	@to_Q	u_Q	i	×	×	×	×	@ka_Q	×	ta(過去)
14a-2	@ka_R	@no_N	×	×	×	×	−	−	×	−	−	da(過去)
14a-3	×	×	×	×	×	a	×	×	×	×	×	過去
14b-1	×	×	@to_Q	u_Q	×	×	×	−	×	@ka_Q	×	tera(継続現在)
14b-2	@ka_R	@no_N	×	×	×	×	−	−	×	−	−	dera(継続現在)
14b-3	×	×	×	×	×	e	×	×	×	×	×	ra(継続現在)
15-1	u	u	×	×	i	×	×	×	×	×	×	Qke(確信)
15-2	×	×	@to_Q	u_R	×	×	×	−	−	−	−	ke(確信)

表1 種市町平内方言の活用表

　ここで、仮説に立ち戻ろう（2.3.(2)参照）。そうすると、「取る」の類は「書く」「読む」と同じ子音語幹1のタイプに属すると解釈され、「買う」「貰う」の属する母音語幹4や「考える」の属する母音語幹5のタイプとそれぞれ異なることが分析された。

　なお、活用形は活用全体を通しての枠組みでもある。ゆえに、特定の活用のタイプで複数の活用形にわたって同じ形を持っていても、別のタイプで異

なる形を持っている場合は、枠組みとして活用形を区別することが必要になる。例えば、子音語幹1の「書く」は、活用形1・2・3を通して、語尾はaで区別がない。しかし、子音語幹3の「来る」の語尾は、活用形1：o・活用形2：i・活用形3：ura、で区別がある。そこで、これらの活用形は活用体系全体の中で区別して記述している。

　その他、活用表の中で「@」を付したものは、「交替語幹」と呼ぶものである。語幹は、多くの活用形を通して共時的に変化しない部分であるが、一部に一般の語幹に語尾を足しただけでは記述できない形であらわれた場合、交替語幹として扱っている。いわゆる「音便」も含まれるが、それだけではない（「音便」というのは一般に歴史的な解釈を通している）。交替語幹は、設定することにより体系をすっきり示すことができる点で有効である。しかし、むやみに盛り込むと体系がかえってつかめなくなるので注意が必要である。

　なお、語によって、ひとつの活用形に語尾と交替語幹があらわれたり、相互に異なる形で交替語幹があらわれるというような異なりが見られても、同じ活用のタイプにまとめている場合がある。例えば、子音語幹1を参照のこと。実は活用表には概略しか示していないが、もう少し細かく子音語幹1の活用を検討してみると、語幹末の子音によって交替語幹が相補的にあらわれていることがわかる。そのような相補的なものは、むしろまとめて扱うことで体系的なとらえかたができる。

（3）　分析の評価

　ここに示した活用の分析方法は、きわめてシンプルである。しかし、同時にかなり表現面に重きを置いた考え方であることに気がつく。内容については、あまりに記載がまとめられすぎている。また、活用表を見てもわかることであるが、内容面相互の関係がほとんど記されていない。つまり、文法的機能としての内容を明確化した分析がもう一方で求められるのである。

　たとえ、表現面を中心にした記述であるとはいえ、「用言の活用」とか「動詞では…」と記す限り、品詞論的な議論を背負っている。また、関連して、「語が…」と定義する以上は、「単語の定義」、すなわち「単語とは何か」

という文法論（形態論、6.(3)参照）の中心課題を抱えこんでいることを忘れてはならない。

このような表現面に重きを置いた分析方法は、以上のような問題点を内包しているものの、一定の評価は与えられる。

ひとつは、この方言の動詞の語形変化について、ほぼとらえきったであろう、という点である。どのような動詞であっても、いずれかのタイプに属する。ある語がどのタイプに属するかという情報がわかれば、たとえここに示したようなおおまかな内容の記載であっても、その語が特定の内容をあらわす際に、どのような語形をとるかが予測できる。

次に、積極的に交替語幹を設定したことの有効性であるが、この点についての議論をここで行う余裕はない。できれば、もとの論文を参照してほしい。共時的な記述としての論理性を高めたことについては評価できよう。

その他、この記述方法は、相当単純に分節を行っているため、具体的な文法形は、基本的に各要素の足し算だけで求められるという、具象性の高さに特徴がある。実は、この方法は、それほど目新しい手段を用いてはいない。いわゆる学校文法でも似たような方法をとっているわけで（ただし、相当に異なるが）、当然誰でも考えそうな方法なのである。ここでは、それを徹底させたものである。その点で、簡単な約束さえわかれば、ほとんど注釈なしに活用表から語形が得られるようになっている。実は、いずれ危機的な状況にある方言の現状から理解されるように、記述的研究には記録の使命を担っているという一面がある。その点から言えば、後世にだれが見ても具体的な形がわかる、ということも記述には求められている。その点でも評価されてよいだろう。

さて、以上の例からも理解されるように体系というものはそれを構成する要素の緊張関係から成り立っている。活用表というものはそのような文法体系の中の小宇宙を象徴的に体現しているともいえるだろう。このような体系の張り詰めた美しさにたどりつくのが記述の醍醐味である。しかし同時に敏感な記述家はそこに微細なゆらぎの存在を感じ取ることもあるだろう。そのゆらぎは時としてダイナミックな動きの前兆だったりするのである。

5. 歴史的な観点

　共時的な分析を中心にすえて述べてきたが、方言を扱う場合、どうしても通時的な観点を無視できなくなるものである。というのも、なぜ、このような状態にあるのか、という点に行き着けば、結局は歴史的に考えざるをえないからだ。

　ただし、歴史的な分析の方法を詳しく述べる余裕はない。ここに具体例を示したような対象を中心として、特定の地点の文法を共時的に分析するにおいても念頭に置いておくと、見通しがつけやすくなるいくつかの考え方を手短かに紹介しよう。

(1)　文法化 (grammaticalization)

　「文法化」は、比較的最近、整理されてきた理論で、日本語研究の中でもひとつの大きな潮流になろうとしている。実は、考え方そのものは、目新しいものばかりではなく、従来も「詞の辞化」などとして、実際上は扱われてきたことがあるものである。例えば、移動の方向を表していた形式名詞「様」が東北方言で格助詞サになり、存在の場所をも表すに至ったことが知られているが、これは名詞が助詞化するとともに、内容面にも変化がもたらされたととらえられる。また、「行き＋は＋せ＋ぬ」がイキワセンのような形式を持っている場合には「行く」を取り立てて否定するという本来的な意味で現れやすいが、通時的に変化して近畿方言のイカヘンのようになると、ヘンが単に否定を表現する助動詞的な存在になってくることが理解される。日本語の方言を見ていくとこのような事例は、非常に多く確認できる。

　「文法化」においては、実質語が機能語に移行するに当たり、どのような過程を経ているのか、また、形式の変化と内容の変化がどのように関わるのかといったことが重要な観点になる。内容面の分析に関しては、認知言語学の考え方が利用されることが多いが、形式面の分析では、従来の伝統的国語学や記述言語学の成果も有効に活用できるだろう。『月刊言語』2004年4月号は「文法化とはなにか」という特集を組んでいて参考になる。また、日本語学会の機関誌『日本語の研究』1巻3号（2005年7月）も「日本語におけ

る文法化・機能語化」というテーマ特集号になっており、具体的に展開される各論文が、参考になるだろう。

（2）　類推と整合化

　類推は、類似の形を持ついくつかの形態が、より一般的な（言語学的には「無標」の）方に引きつけられて変化することをいう。例えば、各地に見られるラ行五段化といわれるような現象は、「取る」：「取れ」＝「見る」：x，x＝見レ、のような類推を背景にするものである。

　整合化は、類推に似た面はあるが、いっそう全体を体系化させようとして変化を起こすものである。例えば、個別に起こった現象によって複雑化した事態に対し、整理する作用が働き、変化が起こることがある。形容詞において「高い」がタケーとなると、タカという形で安定していた語幹が不安定になってしまう。そこで、タケという形を語幹に取り込んで、タケクやタケカッタのような形態ができてくる。

（3）　文法的対応と類理論

　方言を方言どうし（もしくは、方言と共通語）で対照して、枠組みを比較することは、2.1.で述べた。これはいわば、文法的にどのように対応しているのかを見ているわけである。実は、その関係を説明しようとすると歴史的な見方がどうしても入ってくる。

　そのような対照を通して、特に表現面の枠組みがどのように対応するかに焦点をあてるのが類理論である。例えば、古典語の「上一段活用」と「上二段活用」に属する語のグループの枠組みを「類」として対照すると、ある方言では、類に区別がないのに、別の方言では、2種の類が区別されていることがある。このように「類」を設けて、比較して行く方法である。ただし、表現面と異なり、内容面での適用は、内容面は個別に分化する可能性があるので危険である。

6. 参考文献

(1) 分布の参考資料

　特定の文法的な表現や形態が、全国的にどのように分布しているか知りたい場合に次のような資料が役に立つ。

　国立国語研究所（1989～刊行中）は、全国の文法を見渡たすのにまず最初にあたるべき資料である。現在は第5集まで刊行され、全部で6巻になる予定である。また、国立国語研究所（1981～1985）全6巻は、語彙が中心であるが、文法的な観点からも扱える地図がある。

　国語調査委員会（1906）は、明治時代のものであるが、『方言文法全国地図』に扱われていない用法などで参考になる。なお、地図と報告書には、ずれのあることも知られている。

(2) 調査などに関わる参考資料

　その他、調査などに関連して以下のような参考資料がある。

　① 文献目録

　日本方言研究会（1990）は、昭和末までの方言研究に関する論文の目録である。目録の中は地域と研究分野で分類されている。地域が決まっていても、研究分野の目録にも目を通し、研究分野の方を見たら関心を持った地域の目録も見る、といったように両方から検索しておくのがよい。

　② 調査票・質問文

　上記の国立国語研究所（1989～刊行中）では、第1集の解説書に、準備調査と本調査で、どのような調査票と質問文を用いたかの一覧が付されている。

　③ 談話資料

　比較的入手しやすい全国規模の談話資料として、日本放送協会（1966～1972）、国立国語研究所（1978～1987）がある。これらの資料でどこの地点が扱われているかは、大西拓一郎（1996）で見られる。そこでは談話資料をもとにした文法研究の一例も述べているので、参照のこと。

(3) 形態論

　ここで扱ったような「語」をめぐる文法論は形態論とも呼ばれる。形態論においては単位の認定が常に問題となる（4.3.(3)参照）。服部四郎（1960a、1960b）に対し、鈴木重幸（1972）、鈴木康之（1977）は立場を異にする。いずれも古典的価値を持つもので「単語」とは何かについて、重要な問題を提起し続けている。なお、国立国語研究所（1963）や金田章宏（2001）は、後者の考えに立脚して一貫した具体的記述を実行するものであり、ぜひ一読することを推奨する。

文献

大西拓一郎（1995）「岩手県種市町平内方言の用言の活用」『研究報告集（国立国語研究所）』16

大西拓一郎（1996）「方言の録音資料―全国規模の方言談話資料とケーススタディとしての係り結び―」『日本語学』15-4

金田章宏（2001）『八丈方言動詞の基礎研究』笠間書院

国語調査委員会（1906）『口語法分布図』『口語法調査報告書』（1985年に国書刊行会から復刻）

国立国語研究所（1963）『沖縄語辞典』大蔵省印刷局（→国立印刷局）

国立国語研究所（1978～1987）『方言談話資料』全10冊、秀英出版（→大日本図書）

国立国語研究所（1981～1985）『日本言語地図』全6巻、大蔵省印刷局（→国立印刷局）

国立国語研究所（1989～刊行中）『方言文法全国地図』全6巻予定、大蔵省印刷局（→国立印刷局）

鈴木重幸（1972）『日本語文法・形態論』むぎ書房

鈴木康之（1977）『日本語文法の基礎』三省堂

日本方言研究会（1990）『日本方言研究の歩み　文献目録』角川書店

日本放送協会（1966～1972）『全国方言資料』全11巻、日本放送出版協会（1981年にカセットテープ付きで、1999年にCD-ROMで再刊）

服部四郎（1960a）「具体的言語単位と抽象的言語単位」『言語学の方法』岩波書店

服部四郎（1960b）「附属語と附属形式」『言語学の方法』岩波書店

堀米繁男（1989）『種市のことば―沿岸北部編―』私家版

第6章

方言のしくみ
文法（語法・意味）

　本章では、方言の文法形式（文法的な意味をあらわす形式、具体的には助詞、助動詞、補助動詞など）の文法的・意味的性質を分析する作業について述べる。

　まず、共通語には見られない方言の文法現象をいくつか紹介した後、文法分析の基本手順について述べる。そして、筆者の母方言である富山県井波町方言の現象を1つとりあげ、問題発見から結論にいたるまでの分析の過程を紹介する。（井波町は2004年11月に周辺の町村と合併して南砺市となったが、本書では便宜上旧町名を用いる。）

1. 方言における種々の文法現象

　方言には共通語には見られない興味深い現象が数多く観察される。これらの現象について知ることは、「日本語」という言語の中の文法的多様性（とその限界）を知るためにも、また共通語の文法を相対的な視点から眺めるためにも重要なことである。以下、その一部を紹介する。読者も「自分の母方言ではどうか」ということを考えてみていただきたい（以下、共通語形はひらがな、方言形はカタカナで表記する）。

1.1. 主格助詞

まず、助詞に関する現象について見ていく。

共通語の主格助詞（動作主体や性質の所有主体をあらわす格助詞）は「が」だが、方言によっては「ノ」「ガ」の２つが主格助詞として用いられる。「ノ」「ガ」の選択には、述語句中の名詞句の有無、待遇度の高低などが関係するといわれる。

(1) お経があがる。cf. ×お経のあがる。
オ経ノ　アガル。(述語句中に名詞句なし)
(2) 仁兵衛さんが区長だ。
仁兵衛サンガ　区長ヂャ。(述語句中に名詞句あり／待遇度低)
(3) 仁兵衛さんが区長でいらっしゃる。
仁兵衛サンノ　区長デアラス。(述語句中に名詞句あり／待遇度高)
(方言の例は熊本県深海方言：野林正路 1969(表記は一部変更))

共通語でも、「私の知っている人」(cf. 私が知っている人)、「何と頭のいいこと！」(cf. 何と頭がいいこと！)のように、名詞修飾節やある種の感嘆文では「の」で主格をあらわせるが、通常の単文では「の」で主格をあらわすことはできない。しかし、方言によっては単文でも「ノ」で主格をあらわせるわけである（国立国語研究所編（1989）『方言文法全国地図』1の第1図「雨が降ってきた」、第2図「先生が来られた」、第3図「どろぼうが入った」も参照のこと）。

1.2. 連体助詞・形式名詞

方言によっては連体助詞「の」にあたる形式が複数あり、修飾部の名詞の意味的性質や待遇度の高低などによって使い分けられる。

(4) キツネガ　シッポ（狐のしっぽ）［狐は所有者］
(5) キツネノ　エリマキ（狐の襟巻）［狐は材料］
cf. ×キツネガ　エリマキ
(茨城県水海道方言：佐々木冠・ダニエラ＝カルヤヌ 1997)
(6) 先生ノ　手拭（先生の手拭）［待遇度高］

（7）　泥棒ガ　手拭（泥棒の手拭）［待遇度低］
　　　　　　（南九州方言。『方言文法全国地図』1の第14図「先生の手拭」、第15図「どろぼうの手拭」より）

　また、共通語では連体助詞「の」と形式名詞「の」は同じ形であるが、方言によっては両者が異なる形式をとる。
　　（8）　オラノ　本（私の本）［連体助詞］
　　（9）　ソコニ　オルガ　誰？（そこにいるのは誰？）［形式名詞］
　　（10）　コレ　誰ノガ？（これ誰の？（←誰のの））［連体助詞＋形式名詞］
　　　　　　（富山県井波町方言。『方言文法全国地図』1の第16図「ここに有るのは」も参照のこと）

1.3. 引用助詞の省略

　方言によっては、引用助詞「と」「って」にあたる形式が省略できる。
　　（11）　何時ニ　来ル　ユーテ　ユートッタ？（何時に来るって言ってた？）
　　　　　何時ニ　来ル　ユートッタ？（×何時に来る言ってた？）
　　（12）　ドー　スリャ　イー　ト　オモー？（どうすればいいと思う？）
　　　　　ドー　スリャ　イー　オモー？（×どうすればいい思う？）
　　（13）　田中　ユーテ　ユー　人。（田中という人）
　　　　　田中ユー　人。（×田中いう人）
　　　　　　（富山県方言。「ユーテ」は共通語の「言って」にあたる形式。『方言文法全国地図』1の第32図「田中という人」も参照のこと）

　富山県方言の場合、動詞が「言う」「思う」であれば、どのようなタイプの引用であっても「ユーテ」「ト」の省略は可能である。しかし、「言う」「思う」以外の動詞では引用形式の省略は不可能である。
　　（14）　何時ニ　来ル　ユーテ　キートル？（何時に来るって聞いてる？）
　　　　　×何時ニ　来ル　キートル？（×何時に来る聞いてる？）
　　（15）　ドー　スリャ　イー　ト　考エトル？（どうすればいいと考えてる？）
　　　　　×ドー　スリャ　イー　考エトル？（×どうすればいい考えてる？）

1.4. 受身文で動作主をあらわす格助詞

格助詞の意味範囲が共通語と方言とで異なることがある。

(16) 先生にほめられる。／先生からほめられる。

泥棒に金をとられた。／×泥棒から金をとられた。

(17) ドロボーガラ カネ トラエダ。(山形県鶴岡方言：佐藤亮一1994)

共通語の場合、受身文で「から」が自然に使えるのは、「太郎から書類を渡された」「上司から出張を命じられた」「みんなから愛されている」のように、動作主体がモノ・指示・評価などの出どころである場合に限られる。しかし、方言によってはそれ以外のものでも「から」が使えるわけである(『方言文法全国地図』1の第27図「犬に追いかけられた」も参照のこと)。

1.5. 終助詞（文末詞）

共通語では終助詞（文末詞）のイントネーションの違いであらわされる意味の違いが、方言によっては異なる終助詞であらわされることがある（「↑」は文末で上昇することを、「↓」は文末で上昇せず低くおさえたまま発されることをあらわす）。(方言の例は富山県井波町方言)

(18) (写真をとる直前に「動いてはならない」ことを聞き手に念おしする)

いいか、動くなよ↑。

イーカ、動クナヤ↑（動クナヤ↓）。

(19) (話し手の指示に反して聞き手が動いたことに異議を申し立てる)

おい、動くなよ↓。

オイ、動クナマ↓（動クナマ↑）。

共通語の場合、「動くなよ↑」（念おし的な命令）と「動くなよ↓」（異議申し立て的な命令）とでは意味が異なる。一方、井波町方言では、「動クナヤ↑」「動クナヤ↓」はいずれも念おし的な命令（「ヤ↓」の方が強い念おしになる)、「動クナマ↓」「動クナマ↑」はいずれも異議申し立て的な命令（「マ↑」は相手の反応をうかがうという意味が加わる）である。

1.6. 「行く／来る」と「やりもらい」

次に、動詞、助動詞、補助動詞などに関する現象について見ていく。

「話し手が聞き手の領域に移動する」ことを述べる場合、共通語では話し手の立場にたって「行く」と言うが、方言によっては聞き手の立場にたって「来ル」と言う。類似の現象は英語などの外国語にも見られる。

(20) （電話での会話）
　　　A：今カラ　コッチニ　来ン（来ない）？
　　　B：ウン、ジャ　スグ　来ルケン（行くから）。

(福岡方言：陣内正敬 1991)

また、共通語では、「話し手が話し手以外の人物に与える」動作は「やる／あげる」、「話し手以外の人物が話し手に与える」動作は「くれる」であらわされる。しかし、方言によっては「話し手が話し手以外の人物に与える」動作も「くれる」であらわされる。

(21)　マゴガ　オラニ　コノカシオ　クレタ。
　　　孫が私にこの菓子をくれた。
(22)　オラ　マゴニ　コノホンオ　クレタ。
　　　私が孫にこの本をやった。cf. ×私が孫にこの本をくれた。

(方言の例は富山県五箇山方言：日高水穂 1994)

1.7. 可能表現

共通語では「心情的・能力的に…できる」という場合（能力・心情可能）も、「外的な要因によって…できる」という場合（状況可能）も同じ可能形式が用いられるが、方言によってはこの2つが異なる形式であらわされる。

(23)　［ラブレターなんかはずかしくて］ヨー書カン。
　　　［「ユウウツ」なんていう字はむずかしくて］ヨー書カン。
　　　（心情的・能力的に「書けない」：能力・心情可能）
(24)　［便せんがないから手紙を］書カレヘン。
　　　（外的な要因により「書けない」：状況可能）

(大阪方言：渋谷勝己 1994)

方言によってはさらに細かい可能表現の使い分けがあるといわれる。
- (25) ［そんな高い所へはこわくて］行キキラン。
  - （心情的・能力的に行けない：能力・心情可能）
- (26) ［この疲れているときに、買い物なんかめんどくさくて］行ケレン。
  - （「今は（めんどうだから）したくない」という心情的な理由で行けない：心情可能の特殊なケース）
- (27) ［最近暇がなくて、街に］行キダサン。
  - （時間的な余裕がなくて行けない：状況可能の特殊なケース）
- (28) ［私は申し込まなかったから、その旅行には］行カレン。
  - （時間以外の外的要因により行けない：状況可能）

（大分方言：渋谷勝己1994）

1.8. 自発表現

共通語の「（ら）れる」には、受身（先生にほめられる）、可能（刺身ぐらいは食べられる）、尊敬（先生が来られる）の用法のほかに、「動作主体の意志とは別に、自然にそのような状態になる」という「自発」の用法がある（例：今日は昨日より寒く感じられる）。共通語の「（ら）れる」が自発の意味をあらわすのは「感じる」「思う」「考える」「思い出す」など知覚や思考をあらわす動詞とともに用いられた場合に限られる。しかし、方言によっては、自発をあらわす形式が受身や可能の形式とは別に存在し、かつ知覚や思考をあらわす動詞以外でも自発形をつくることができる。

- (29) 時々昔のことが（自然と）思い出される。
  - 時々　昔ノゴド　思イ出サル。
- (30) ×宿題をしているうちに寝られた。
  - 宿題　シッタ　ウヅ　寝ラタ。（自然と寝てしまった）
  - cf. 寝ラレル（寝られる：受身）、寝ルエ（寝られる：可能）

（方言の例は山形市方言：森山卓郎・渋谷勝己1988）

1.9. 持続表現、「ておく」

　共通語の持続形式「ている」の用法は大きく「動きの継続」（進行中）と「変化の結果状態の残存」（結果状態）とに分かれるが、方言によってはこの2つが異なる形式であらわされる（類似の現象は英語や韓国語などの外国語でも見られる）。

　　（31）　教室ニ入ッタラ、先生ガ窓、開ケヨッタ。僕モ手伝ウタンヨ。
　　　　　（開けていた、開けているところだった：進行中）
　　（32）　教室ニ入ッタラ、誰カガ窓、開ケトッタ。風ガ強カッタケン、閉メタンヨ。（開けていた、開けた状態であった：結果状態）

（愛媛県宇和島方言：工藤真由美 1995）

　また、共通語の「ておく」は「ある目的のために一定の状態を準備し、その状態を維持する」という意味で用いられるが、方言によっては「ておく」にあたる形式を単に「一定の状態を維持する」というだけの意味で用いることができる（方言の例は近畿方言）。

　　（33）　明日マデニ　部屋　カタヅケトケ。
　　　　　明日までに部屋をかたづけておけ。
　　（34）　（修学旅行で移動中の生徒にむかって先生が）
　　　　　チャント　並ンドケ。
　　　　　×ちゃんと並んでおけ。　cf. ちゃんと並んでいろ。

　これ以外にも、共通語形と方言の直訳形の用法が微妙に異なるケースは少なくなく、よく考えないと共通語とは異なる用法であることに気づかないことも多い（沖裕子 1996 参照）。

1.10. 意志・勧誘形の命令用法

　共通語で命令の意味をあらわすのは動詞の命令形だが、方言によっては、動詞の意志・勧誘形が命令的な意味で使える（意志・勧誘形の命令用法）。（以下の例は富山県井波町方言）

　　（35）　（しつこく足下につきまとう犬にむかって）
　　　　　コラ、アッチ　行ケ！（こら、あっちへ行け）［命令形］

(36) (なかなか行こうとしない子供をせかすように父親が)
コラ、ハヨ 行コ。(こら、早く行きな)［意志・勧誘形］

共通語の「行こう」は、聞き手を行く気にさせようと働きかける勧誘表現としては使えるが、聞き手に一方的に指示を与える命令表現としては使えない。これに対し、井波町方言の「行コ」は「サ、行コ」(さあ、行こう) のように勧誘表現としても、また「話し手の意向を一方的におしつける」という意味の命令表現としても使える（共通語では「…シナ」の形の命令文がこれに近い意味で使われることがある）。特に年少者に対する命令には意志・勧誘形の命令用法が用いられることが多い。

2. 文法分析の基本的な手順

方言におけるいくつかの現象を見てきたところで、次に文法分析における基本的な手順について見ていくことにしよう。

2.1. 文法研究のタイプ

文法研究には大きく分けて2つのタイプがある。
　①実際の発話や文章を基礎的なデータとする研究。
　②「この言い方は自然だが、この言い方は不自然である」「この文脈ではこういう言い方をする」といった母語話者の内省（直観的判断）を基礎データとする研究。

②の研究はまた、「分析者自身の内省にもとづいて、分析者の母語を分析する」という場合と、「母語話者をインフォーマントとした内省調査により、分析者の母語以外の言語を分析する」という場合がある。

以下でとりあげるのは、②のタイプの研究、特に「分析者自身の内省にもとづいて、分析者の母語を分析する」というタイプの研究である。とりあげる方言も、筆者の母方言である富山県井波町方言である。

方言研究の場合、自分の母方言以外の方言を研究対象とすることが多いこともあり、分析者自身の内省にもとづく研究よりも、母語話者をインフォー

マントとした内省調査による研究の方が主流である。しかし、表現の自然さや意味の違いなどをきめこまかく内省できる母方言についていろいろと考えることは、「文法」をとらえるセンスを磨く上で重要である。また、内省にもとづく分析で得られた知見は、母方言以外の方言について調査したり、言語資料を分析したりする際にも参考になることが多い。自身の内省にもとづく母語の分析は、研究のスタイルに関係なく、一度は経験すべき作業である（もちろん、「分析者の内省にもとづく」ことは「分析者の個人語を分析する」ことではない。分析の際には当然、他の母語話者の内省も参考にすることが必要である）。

2.2. 考察の基本手順—「推理」と「証拠探し」—

文法研究は、「推理」と「証拠探し」という2つの手順を組み合わせてなされるのが普通である。

　①ある形式について実際に観察される現象Xから、その形式が持つ性質Yを推理する。［推理］
　②問題の形式がYという性質を持つことを示す現象Xを探す。
　　［証拠探し］

井波町方言の尊敬表現「テヤ」を例に、簡単に説明しよう。

　（37）　井上サンモ 行ッテヤッタヨ。（井上さんも行っておられたよ）

「テヤ」という尊敬表現は近畿方言や中国方言にも見られる。兵庫県方言について解説した鎌田良二（1982）にも、次のような例がある（共通語訳が井波町方言と異なる点については後述）。

　（38）　行ッテヤッタ。（お行きになってしまった）

近畿や中国の「テヤ」については、動詞のテ形に判定詞「ヤ」（共通語の「だ」）が付加されたものと説明されることがある。

> 尊敬をあらわす形として、神戸から西一帯に使われているテヤ敬語がある。（中略）ヤは断定助動詞［井上注：本章でいう判定詞］であるから、尊敬をあらわす部分はテにあるのである。（鎌田良二 1982、p. 245）（下線井上）

井波町方言にも「ヤ」という判定詞がある。では、井波町方言の「テヤ」の「ヤ」は判定詞だろうか、それとも判定詞とは別のものだろうか。
　まず、内省をもとに少し考えると、次のような現象があることがわかる。
　1)　井波町方言には判定詞に「ヤ」「ジャ」の2つの形式があるが、「テヤ」の「ヤ」は「ジャ」に置き換えられない。
　　　(39)　コレ　ナンヤ（ナンジャ）？（これ何だ？）［判定詞］
　　　(40)　井上サン　最近　ドー　シテヤ（×シテジャ）？
　　　　　　　（井上さん、最近どうしておられる？）
この事実から、井波町方言の「テヤ」の「ヤ」は判定詞ではない、という予想がたてられる。これは「推理」である。
　次に、「証拠探し」、すなわち井波町方言の「テヤ」の「ヤ」は判定詞ではないということを示す証拠を探す作業をやってみよう。少し考えると、次のような現象があることに気づく。
　2)　判定詞「ヤ」の丁寧形は「デス」である。
　　　(41)　大丈夫ヤチャ。　（大丈夫だよ↓）　［判定詞、非丁寧］
　　　　　　大丈夫デスチャ。（大丈夫ですよ↓）［判定詞、丁寧］
「テヤ」の「ヤ」が判定詞であれば、「テヤ」の丁寧形は「テデス」になるはずだが、実際には「テヤデス」となる。
　　　(42)　ダンナサン、モー　帰ッテヤデスケ（×モー　帰ッテデスケ）？
　　　　　　　（ご主人、もう帰っておられますか？）
　3)　判定詞「ヤ」は接続助詞「ガデ」（ので）の前では「ナ」に変化する。
　　　(43)　ａ．アノ人、マダ　未成年ヤ。［判定詞］
　　　　　　　　　（あの人はまだ未成年だ）
　　　　　　ｂ．オラ、マダ　未成年ナガデ（×未成年ヤガデ）。
　　　　　　　　　（私はまだ未成年なので）
「テヤ」の「ヤ」が判定詞であれば「テヤ＋ガデ」は「テナガデ」になるはずだが、実際はそうはならず、「テヤガデ」となる。
　　　(44)　ａ．アノ人、マダ　疲レテヤ。
　　　　　　　　　（あの人はまだ疲れておられる）

　　　　b．アノ人、マダ 疲レテヤガデ（×疲レテナガデ）。
　　　　　（あの人はまだ疲れておられるので）
　4）　判定詞「ヤ」は疑問の終助詞がある場合は削除される。
　　（45）　a．コレ ナン ヤ？　　（これは何だ？）［判定詞］
　　　　　b．コレ ナン ケ？　　（？これは何か？）
　　　　　c．×コレ ナン ヤ ケ？（×これは何だか？）
「テヤ」の「ヤ」が判定詞なら疑問の終助詞がある場合は「ヤ」が削除されて「テ」だけになるはずだが、実際は「テヤ」のままである。
　　（46）　ダンナサン、最近 ドー シテヤ ケ？
　　　　　（ご主人、最近どうしておられる？）
　5）　判定詞「ヤ」の否定形は「デナイ」（または「ンナイ」）である。
　　（47）　コレデナイ（コレンナイ）。（これじゃない）［判定詞］
「テヤ」の「ヤ」が判定詞であれば否定形は「テデナイ」となるはずだが、実際は「テナイ」となる（ただし、「来テンナイ」とも言うので、これは決定的な証拠にはならない）。
　　（48）　マダ 来テナイ（×来テデナイ）。（まだ来ておられない）
　このように、井波町方言の「テヤ」の「ヤ」は判定詞「ヤ」が持つ性質を基本的に持ち合わせていない。我々は、「推理」と「証拠探し」を組み合わせることによって、井波町方言の「テヤ」は「テ＋ヤ（判定詞）」という構造を持つのではない、という結論を得ることができるわけである。
　ちなみに、鎌田良二（1982）には次のような例があげられている。
　　（49）　明日イッテデスカ。（お行きになりますか）　cf. (42)
　　（50）　コレ知ットッテカ。（知っていらっしゃるか）cf. (46)
　これらの現象は、兵庫県方言の「テヤ」が、鎌田良二（1982）の説明どおり「テ＋ヤ（判定詞）」という構造を持つことを示唆している（例42、例46と比較されたい）。また、この予想が正しいかどうかは、先にあげた諸現象を利用して確認することができる。「証拠探し」の作業を通じて文法形式の性質を直接反映する現象をおさえておくことは、他方言の形式の性質を調べるためにも重要なことなのである。

2.3. 方言文法研究における「証拠探し」の重要性(1)

「推理」と「証拠探し」が文法研究における基本的な手順であることは先に述べたとおりだが、共通語を対象とする場合に比べて、方言を対象にする場合は「証拠探し」の重要性が増す。それは、方言研究の場合、記述を見る人の大多数がその方言の母語話者ではないからである。

例えば、先の(37)と(38)をもう一度見てみよう。

(51)(=37) 井上サンモ 行ッテヤッタヨ。[井波町]
(井上さんも行っておられたよ)

(52)(=38) 行ッテヤッタ。[兵庫県](鎌田良二 1982、p.245)
(お行きになってしまった)

(51)の共通語訳に示したように、井波町方言の「テヤ」は、共通語の「ておられる」と同じく、持続の意味を含んだ尊敬表現であり、文体的な違いをのぞけば、以下の表現と同義である。

(53) 井上サン 行ットラレタヨ。(行っておられたよ)
行ットラッシャッタヨ。(行っていらっしゃったよ)
行ッテオイデタヨ。(行っていらっしゃったよ)
(「オイデル」は「いらっしゃる」の意)

しかし、鎌田良二(1982)では、「行ッテヤッタ」に「お行きになってしまった」という、持続の意味を含まない訳を与えている。どうも「テヤ」の意味は方言によって異なるらしいのである。

このような場合、ただ単に「井波町方言の『テヤ』には持続の意味がある」という母語話者の直観を述べるだけでは不十分であり、母語話者ではない人にもわかるような具体的な証拠を示すことが必要である。例えば、次のような具合である。

1) 持続形式「トル」(ている)が使える文脈では「テヤ」も使える。また、「トル」が使えない文脈では「テヤ」も使えない。

(54) (同級会で。久しぶりにあった同級生に職業を尋ねる)
a．×今 ナンノ 仕事 スルガ？(×今何の仕事をするの？)
b．今 ナンノ 仕事 シトルガ？(今何の仕事をしてるの？)

　　　　c．今 ナンノ 仕事 シテヤガ？（今何の仕事をしておられるの？）
(55)　（「そろそろ帰る」と言う客に）
　　　　a．モー 帰ルガ？　　（もう帰るの？）
　　　　b．×モー 帰ットルガ？（×もう帰ってるの？）
　　　　c．×モー 帰ッテヤガ？（×もう帰っておられるの？）

　2)　「結婚する」という動詞は、「結婚する」と言うと「結婚の予定がある」という意味になり、「結婚している」と言うと「既婚者である」という意味になる。それは井波町方言でも同じである。
(56)　アノ人、結婚スルガヤト。
　　　　（あの人、結婚するんだって）［結婚の予定あり］
(57)　アノ人、結婚シトルガヤト。
　　　　（あの人、結婚してるんだって）［既婚者である］
　しかるに、井波町方言の
(58)　アノ人、結婚シテヤガヤト。
　　　　（あの人、結婚しておられるんだって）
は「既婚者である」という意味にしかならず、「結婚の予定がある」という意味にはならない（なお、持続表現「トル」を併用した「結婚シトッテヤ」という言い方も可能。存在動詞「オル」（いる）も「オッテヤ」（いらっしゃる）という言い方が可能）。

　3)　「知る、似る」が文末で用いられる場合、「知っている、似ている」の形をとる。それは井波町方言でも同じである。
(59)　アンタ 何デモ ヨー 知ットルネ（×知ルネ）。
　　　　（あなたは何でもよく知っているね（×知るね））
(60)　アンタ オ父サンニ ヨー 似トルネ（×似ルネ）。
　　　　（あなたはお父さんによく似てるね（×似るね））
　しかるに、井波町方言の「知ッテヤ」「似テヤ」はこのまま文末で用いることができ、持続表現「トル」は必要ない（持続表現「トル」を併用した「知ットッテヤ」「似トッテヤ」という言い方も可能）。

(61) アンタ、何デモ ヨー 知ッテヤネ。
　　　（あなた、何でもよく知っておられるね）
(62) アンタ、オ父サンニ ヨー 似テヤネ。
　　　（あなた、お父さんによく似ておられるね）

　井波町方言の「テヤ」が持続の意味を含むことは、このように、持続表現と相性のよい（悪い）文脈を利用したり、動詞と持続表現との意味的な関係を利用したりして、明確な形で示すことができる。また、先の場合と同様、上にあげた現象は、各地方言の「テヤ」が持続の意味を含むかどうかをテストする枠組みとして利用することができる。

2.4. 方言文法研究における「証拠探し」の重要性（2）

　「証拠探し」の作業は、分析や記述のための概念が十分に整備されていない分野を研究対象とする場合は、さらにその重要性を増す。
　文法形式のうち、どの方言にも存在し、豊富な研究の蓄積がある形式については、分析や記述のための概念が整備され、研究者間の共有知識となっていることが多い。1.で述べた「能力・心情可能」「状況可能」（例23、24）、「進行中」「結果状態」（例31、32）はいずれもそのような概念である。我々はこのような既存の概念を利用したり応用したりすることで、文法形式の性質をその方言の母語話者でない人にもわかる形で記述することができる。
　しかし、研究対象によっては、どの方言にもある形式ではない、あるいは研究の蓄積が少ないなどの理由で、分析や記述のための概念が十分に整備されていないことがある。例えば、井波町方言の終助詞「ゼ」と類似の意味をあらわす終助詞は共通語にはなく、また「ゼ」の意味を記述するのに有効な概念も既存の研究には見いだせない。
(63) （さっきまでこの場にいた井上がいないことに気づいて）
　　甲：アレ？　井上サン オッテンナイゼ↑。
　　　　（≒あれ？　井上さんがいらっしゃらないぞ↑）
　　乙：エ？　サッキマデ ココニ オッテヤッタガヤゼ↑。
　　　　（≒え？　さっきまでここにいらしたんだよ↑）

(64) (「はて？ めずらしい」という表情で)
　　　アンタ　イー　服　着テヤゼ↑。
　　(≒あなた、いい服着ておられるじゃない)

　この場合、自分で「ゼ」の意味のエッセンスを抽出し、かつそれを記述する方法を自分で考えざるをえない。筆者自身が考えた記述は次のようなものである。

　　「ゼ」は、話し手が「自分の知識や予想」と「現実の状況」の間のずれにとまどいを感じている、ということをあらわす。(井上優 1995 a)

　我々は、「pである」と思っているところで「pでない」という状況に遭遇すると、「はて？　どういうこと？」という気持ちを抱くが、「ゼ」があらわすのも、このようなとまどいの気持ちである。

　しかし、このような説明で「なるほど」と納得できるのは、筆者と母語を同じくする人だけである。大多数の人にとっては、上の説明がどこまで正確に「ゼ」の意味を説明しているかはわからないだろう。そのような人のために、次の(65)(66)のように話し手がとまどいを感じていない状況では「ゼ」は使えないということも、あわせて示す必要がある。

(65) (料理ができあがった)
　　　よし、できたぞ↑。
　　　ヨシ、デキタゾ↑（×ヨシ、デキタゼ↑）。
　　　　　cf.(できないと思っていたらできた) アレ？　デキタゼ↑。

(66) (どれが井上かと聞かれ)
　　　あそこに眼鏡をかけた人がいるじゃない。
　　　あの人が井上さんだよ。
　　　アスコニ　眼鏡　カケタ　人　オッテヤナイケ（×オッテヤゼ↑）。
　　　アノ人ガ　井上サンヤ。cf.(64)

　繰り返しになるが、方言研究の場合、記述を見る人の大多数はその方言の母語話者ではない。この「ゼ」のケースのように、記述のための概念を自分で開発せざるをえない場合は、その方言を母語としない人にもわかるような工夫が必要である。「証拠探し」の作業を通じて文法形式の性質を反映する

現象をおさえておくことは、そのような工夫の1つとしてたいへん重要である。

3. テーマの設定と分析

最後に、具体的な例をもとに、問題発見から分析、結論にいたるまでの考察の過程を簡単にたどる。

3.1. 富山県井波町方言の「命令形＋カ」

ここで分析対象としてとりあげるのは、富山県井波町方言の「命令形（依頼形、禁止形）＋カ」である（以下では便宜上、命令形、依頼形、禁止形を一括して「命令形」と呼ぶ）。

- (67) チョッコ 休ンドラレカ。［命令形＋カ］
  (×少し休んでおられなさいか)
- (68) ソノヘンニデモ 置イトイテカ。［依頼形＋カ］
  (×そのへんにでも置いておいてか)
- (69) ユータナケンニャ ユーナカ。［禁止形＋カ］
  (×言いたくなければ言うなか)

「カ」でまず思いつくのは疑問の終助詞である。井波町方言にも疑問の終助詞としての「カ」がある（井波町方言には「ケ」（共通語の「かい」に相当）という疑問の終助詞もあるが、「ケ」は意志・勧誘形、命令形にはつかない）。

- (70) ナンカ 食ベッカ？（何か食べるか？）。
  cf. ナンカ 食ベッケ？（何か食べるかい？）
- (71) ナンカ 食ベヨカ。（何か食べようか）［意志・勧誘形］
  cf. ×ナンカ 食ベヨケ。（×何か食べようかい？）
- (72) ナンカ 食ベトレカ。（×何か食べてろか）［命令形］
  cf. ×ナンカ 食ベトレケ。（×何か食べてろかい）

素朴な直観からすれば、命令文に疑問の終助詞がつくというのは奇妙な感

じがする。では、なぜ井波町方言では命令形に「カ」がつくのだろうか。それとも、命令形につく「カ」は疑問の「カ」とは別物なのだろうか。以下では、この問題に対する筆者の考察の過程を簡単にたどることにする。

3.2. 問題発見と方針決定

問題発見のきっかけは身近なところにあるものである。「命令形＋カ」について考えるきっかけとなったのは父の次の一言であった。

 (73) (「これ以上はとやかく言わない。あとはまかせる」という口調で)

   自分デ 考エテ ヤレ<u>カ</u>。

「ヤレカ」のような言い方は子供の時から耳にし、かつ自分でも使っていたのだが、それまでは特に何とも思っていなかった。しかし、この時は「なんで命令形に『カ』がつくんだ？」と思った。ちょうど先に述べた井波町方言の終助詞「ゼ」についていろいろ考えていた時期だったので、無意識のうちに終助詞に注意がむいたのかもしれない。

先に述べたように、「カ」と言えば通常は疑問の終助詞であり、命令形に「カ」がつくという現象は他の方言にはあまり見られない。しかし、筆者は直観的に、命令形につく「カ」と疑問の「カ」は本質的に同じものとして分析でき、かつそのように分析するのが最も自然であると思った。まずはこの見通しにもとづいて考察を行い、うまくいかなければ別の線で考え直せばよい。そう考えて考察を始めた。

3.3. 先行研究のチェック

まずは先行研究のチェックである。方言の終助詞については、藤原与一(1982、1985、1986)が、全国を視野に入れた網羅的な記述を行っている。その中巻(1985)の「カ」の章では、

 (74) ハヨー イラッシー カー。早くお行きなさいな。(奥能登)

 (75) コラレー カ。おいでなさい。(富山県)

のような例があげられており、また、この「カ」が代名詞「これ」に由来す

るのではないかという見通しも述べられている。ただ、全国方言の終助詞の諸相を網羅的に記述するという性格上、「命令形＋カ」の意味については詳細な分析はなされていない。富山県方言に関するいくつかの文献にもあたってみたが、「命令形＋カ」に関する記述は見あたらない。

結局、筆者は、「命令形＋カ」について本格的な意味分析がなされている可能性は低いと判断し、研究の重点を実際の分析にうつすことにした。

3.4. 分析

分析に際しては、次の3つの作業を並行して行った。

第一の作業は、いろいろなケースについて「命令形＋カ」のニュアンスを自分のことばで具体的に記述してみることである。例えば、次のような具合である。

(76) （聞き手が疲れた様子でいるのを心配して）
チョッコ 休ンドラレカ。（少し休んでいなさい）
［→少し休めばよい。無理する必要はない］

(77) （「これ、どこに置いておく？」と聞かれ、考えながら）
ソヤネー、ソノヘンニデモ 置イトイテカ。
（そうだねえ、そのへんにでも置いておいて）
［→「そのへんでよい」とその場の思いつきで適当に命令している］

最初のうちは試行錯誤の連続であるが、いくつものケースについて作業を繰り返すうちに、「命令形＋カ」に共通するエッセンスのようなものが少しずつわかってくるし、意味をことばで説明するコツのようなものも少しずつつかめてくる。

第二の作業は、「命令形＋カ」の意味的性質を直接反映する現象を見つけることである（証拠探し）。具体的には、いろんな命令文について「カ」がつくかどうか試して、「命令形＋カ」と相性がよい（悪い）文脈や表現を探すことになる。そのような作業を繰り返すうちに、聞き手に念をおしたり、催促をしたりする文脈では「命令形＋カ」が使えないことがわかってくる。

(78)　(聞き手に「勝つ」ように念をおす)
　　　　明日の試合、絶対に勝ちなさいよ↑。
　　　　明日ノ試合、絶対ニ　勝タッシャイヤ↑（×勝タッシャイカ）。
(79)　(なかなか起きない聞き手に)
　　　　こら、はやく起きろよ↓。
　　　　コラ、ハヨ　起キマ↓（×起キカ）。

また、逆に「勝タッシャイカ」「起キカ」が自然に使える文脈を考えた場合、それは次のような「強制はしない」「義務だとまでは言わない」という文脈であるということもわかってくる。

(80)　勝チタケリャ　勝タッシャイカ。(勝ちたければお勝ちなさい)
　　　　　［→勝ちたければ勝てばよい。どうぞご自由に。］
(81)　ボチボチ　起キカ。(ぽちぽち起きなさい)
　　　　　［→強制はしない。適当に起きればよい。］

だいぶわかってきたが、この段階ではまだ「命令形＋カ」の意味的性質を分析的に説明するにはいたっていない。そこで必要になるのが「意味を分析的に説明するためのヒントを見つける」という第三の作業である。具体的には、「か」や命令文に関する諸現象の中に「命令形＋カ」と関連がありそうなものがないか探したり、「か」や命令文に関する先行研究に何かヒントになりそうな記述がないか探したりすることになる。

直接的なヒントになったのは「意志・勧誘形＋か」の意味である。

(82)　どうしようか。じゃ、少し休もう。
　　　　ドーショカ。ソンナラ、チョッコ　休モ。
(83)　どうしようか。じゃ、少し休もうか。
　　　　ドーショカ。ソンナラ、チョッコ　休モカ。

「少し休もう／チョッコ　休モ」と言った時、話し手の意向は「休む」という線で確定している。しかし、「少し休もうか／チョッコ　休モカ」と言う場合、「休む」ことはその場で思いついた１つの案にすぎず、話し手はまだ「どうしようか」と思っている。「か／カ」をつけることにより、「これで確定というわけではない」「これ以外の選択肢もある」という気持ちを含んだ

勧誘になるのである。「行くか？（それとも行かないか？）」のような疑問の「か」があらわすのも、つまるところは「これ以外の選択肢もある」ということであるから、「意志・勧誘形＋か」の「か」は疑問の「か」と本質的には同じものだということがいえる。

　同じ説明は井波町方言の「命令形＋カ」の意味の説明にも応用できる。例えば、「ソノヘンニデモ　置イトイテカ」（＝77）の「適当な命令」というニュアンスは、「『そのへん』というのはこの場で思いついた１つの案であり、『そのへんでなければいけない』『他の場所ではいけない』とまで思っているわけではない」ということからくると説明できる。

　また、先に「命令形＋カ」が自然なのは「強制はしない」「義務だとまでは言わない」という文脈であると述べたが、これも「命令形＋カ」が「これ以外の選択肢もある」という意味を含んだ命令だからであると説明できる。

　このような作業を通じて、筆者は「命令形＋カ」の意味を〈「これ以外の選択肢もある」という気持ちを含んだ命令〉という形でまとめるにいたった。「意志・勧誘形＋カ」の延長線上に「命令形＋カ」を位置づけるというのが基本的なアイディアである。

3.5.　よりよい説明へ

　分析の過程で重要なのは、何かアイディアを思いついたら、それを誰かに聞いてもらうことである。自分のアイディアを「要するにこういうことだ」と簡潔に説明でき、かつ相手が「なるほど」という反応を示せば、アイディアとしては基本的には合格といってよい。「命令形＋カ」についても、〈「これ以外の選択肢もある」という気持ちを含んだ命令〉というアイディアが思いついた段階で、何人かの知人に話を聞いてもらった。

　しかし、いざ人に話してみると、自分でもすっきりと説明できているという感じがしない。相手の反応もいまひとつである。これは、問題の本質がまだ十分にとらえられていないことを意味する。

　そんな状態がしばらく続いた後、何かの事情で仁田義雄（1991）を読み直す機会があった。その時、

(84)　行きたければ行きなさい。
という命令文が「許可表現化された命令」として説明されているのが目に入った。命令文に「強制・義務」的な用法と「許可・許容」的な用法があること自体はしばしば指摘されることでもあり、それまではあまり重要視はしていなかった。しかし、この時は違った。(84)を井波町方言に訳すと、

　　　(85)　行キタケリャ　行ケ<u>カ</u>。
となることに気がついたのである。何のことはない。「命令形＋カ」は「許可表現化された命令」、すなわち「～すればよい」という許可・許容的な意味をともなった命令をあらわす専用形式だったのである。

　「強制・義務」とは、「～しなければならない」＝「『～しない』のはいけない」ということである。これに対し、「許可・許容」は「～すればよい」というだけのことであり、「『～しない』のはいけない」とまでは言っていない。つまり、「～しない」という選択肢は残されている。「これ以外の選択肢もある」ということは「許可・許容」という概念の中に含まれているのである（「命令形＋カ」の例に「～すればよい」という説明をつけたのは、この最終的な結論をふまえたものである）。

　共通語でも、(84)のように命令文が許可・許容的な意味で用いられることはあるが、許可・許容的な命令をあらわす専用形式はない。一方、井波町方言では、命令形が許可・許容的な命令をあらわしうる一方で、「命令形＋カ」という許可・許容的な命令の専用形式がある。問題の本質はまさにこの点にあった。〈「これ以外の選択肢もある」という気持ちを含んだ命令〉という説明も決して間違いではなかったのだが、この最も重要なポイントをはずしていた点で、よい説明ではなかったといえる。

　以上のような経過を経て、筆者は最終的に次のような結論を得た（井上優 1995 b）。

1)　命令文には「義務・強制的な命令」と「許可・許容的な命令」があるが、井波町方言の「命令形＋カ」は後者の専用形式である。
2)　「命令形＋カ」が許可・許容的な命令になるのは、「カ」が「これ以外の選択肢もある」ということをあらわすからである。

4. 方言文法研究の意義

　「命令形＋カ」に関する考察の結果、「これ以外の選択肢もある」ということをあらわす「カ」が命令形につくことは十分ありうることだということがわかった。つまり、共通語において「命令形に『か』がつかない」というのは、必ずしも「あたりまえ」の現象ではないのである。方言文法の研究は、文法研究に「異なる視点からの現象の再評価」や「問題のとらえなおし」のきっかけをもたらすことがある。「命令形＋カ」に関する考察の最も重要な意義もまさにその点にあったといえる。

　方言文法研究が有するこのような意義は、実は「外国語との対照研究」と本質的に同じものである。例えば、先に述べたように、共通語の「か」には、意志・勧誘形について「一案としての意向」を述べる用法がある。基本形に「か」がついた形も、それに近い意味になることがある（この場合、文末は非上昇）。

　　(86)　少し休もうか↓。
　　(87)　少し休むか↓（＝少し休むとするか↓）。

　しかし、中国語の疑問の終助詞"嗎ma"は、意志・勧誘形につくことはない。また、「動詞＋嗎」はあくまで聞き手に対する質問であり、意志・勧誘的な意味にはならない。

　　(88)　a．咱們休息一会儿吧。（少し休もう："吧"は勧誘）
　　　　　b．×咱們休息一会儿吧嗎。
　　(89)　你要休息一会儿嗎？（あなたは休みますか？）（≠87b）

　共通語において(86)(87)のような文が成立することも、決して「あたりまえ」のことではないのである。やはり、他の言語を視野に入れることが「現象の再評価」や「問題のとらえなおし」のきっかけになるのである。

　文法研究は、分析対象となる言語や現象が多様なほど、豊かなものになる。方言文法の研究の最も基本的な意義も「文法研究を豊かなものにする」ことにあるといってよい。方言文法の研究は、「文法」の研究の中で今後ますます重要性を増すはずである。言語に興味のある読者は、ぜひ方言（特に

自分の母方言）の文法についていろいろ考えてもらいたい。

　また、その際は、共通語や他の方言、日本語以外の言語の文法に関する先行研究も参考にしてもらいたい。そして、1つの方言について考えた成果をふまえて、共通語や他の方言、日本語以外の言語の文法についてもいろいろ考えてもらいたい。そのような蓄積こそが、文法研究の発展のための重要な原動力になるのである。

5．参考文献

　方言の文法（語法）・意味に関する研究は、「方言の研究」という枠をこえて、より一般的な「文法の研究」という観点から行うことが一般的になりつつある。そこでの第一の関心は「個別方言の文法体系を一般的な観点から記述する」ことにある。そのような研究の例として、工藤真由美（1995）、工藤真由美編（2004）をあげておく。

　「対照研究」的な手法を用いて、個別方言の文法的性質をより具体的にとらえる、あるいは共通語を対象とした文法研究で得られた知見をふまえて方言の文法を分析するという研究も一般的になりつつある。森山卓郎・渋谷勝己（1988）、日高水穂（1994）、沖裕子（1996）、佐々木冠（2004）がよいお手本になろう。現代語文法研究、方言研究、国語史研究の知見を総合した渋谷勝己（1993）のような研究もある。

　方言研究においては、文法現象の地理的分布や社会的な変異の様相から文法変化の過程を考える研究も重要なテーマである。大野早百合（1983、1984）、小林隆（2004）、井上文子（1998）、渋谷勝己（1998）、工藤真由美（2001）などを見られたい。大西拓一郎編（2002）は科学研究費報告書であるが、文法調査をめぐる基本事項がまとめられており有益である。

　『月刊言語』27巻7号（1998）「特集：方言文法から見た日本語」では、様々なタイプの方言文法研究の論文が掲載されており、方言文法研究の広がりを知ることができる。また、渋谷勝己（2000）は、方言の文法を研究することの意義について考える上で有益である。

文献

井上文子（1998）『日本語方言アスペクトの動態』秋山書店
井上優（1995a）「富山県砺波方言の終助詞「ゼ」の意味分析」『東北大学言語学論集』4
井上優（1995b）「富山県砺波方言の「命令形＋カ」」『日本語研究』15、東京都立大学国語学研究室
大西拓一郎編（2002）『方言文法調査ガイドブック』科学研究費報告書
大野早百合（1983）「現代方言における連体格助詞と準体助詞〈その1〉」『日本学報』2、大阪大学文学部日本学研究室
大野早百合（1984）「現代日本語方言における種々の準体助詞の成立について―現代方言における連体格助詞と準体助詞〈その2〉―」『日本学報』3、大阪大学文学部日本学研究室
沖裕子（1996）「アスペクト形式「しかける・しておく」の意味の東西差―気づかれにくい方言について―」平山輝男博士米寿記念会編『日本語研究諸領域の視点　上巻』明治書院
鎌田良二（1982）「兵庫県の方言」飯豊毅一他編『講座方言学7近畿地方の方言』国書刊行会
工藤真由美（1995）「第V章：宇和島方言のアスペクト体系」『アスペクト・テンス体系とテクスト』ひつじ書房
工藤真由美（2001）「アスペクト体系の生成と進化―西日本諸方言を中心に―」『ことばの科学』10、むぎ書房
工藤真由美編（2004）『日本語のアスペクト・テンス・ムード体系―標準語研究を超えて―』ひつじ書房
国立国語研究所編（1989）『方言文法全国地図』1、大蔵省印刷局（→国立印刷局）
小林隆（2004）『方言学的日本語史の方法』ひつじ書房
佐々木冠（2004）『水海道方言における格と文法関係』くろしお出版
佐々木冠・ダニエラ=カルヤヌ（1997）「水海道方言の連体修飾格」『言語研究』111
佐藤亮一（1994）「鶴岡方言における助詞「サ」の用法」国立国語研究所編『鶴岡方言の記述的研究』秀英出版（→大日本図書）
渋谷勝己（1993）「日本語可能表現の諸相と発展」『大阪大学文学部紀要』33-1
渋谷勝己（1998）「文法変化と方言」『月刊言語』27-7
渋谷勝己（2000）「方言地理学と文法」『阪大日本語研究』12

陣内正敬（1991）「「来る」の方言用法と待遇行動」『国語学』167

仁田義雄（1991）『日本語のモダリティと人称』ひつじ書房

野林正路（1969）「熊本県新海方言：文法」九州方言学会編『九州方言に関する基礎的研究』風間書房

日高水穂（1994）「越中五箇山方言における授与動詞の体系について」『国語学』176

藤原与一（1982、1985、1986）『方言文末詞（文末助詞）の研究（上・中・下）』春陽堂書店

森山卓郎・渋谷勝己（1988）「いわゆる自発について－山形市方言を中心に－」『国語学』152

第7章
方言のしくみ
待遇表現

1. 方言の待遇表現

　日常の言語生活の中で私たちは、同じ内容を表現する場合でも、人間関係や場面・状況などに配慮しながら様々な表現を使い分けている。具体的な例としては、敬意や丁寧さ、改まりの気持ちをあらわすために用いられる尊敬語・謙譲語・丁寧語などの「敬語表現」、逆に見下げや罵倒の意味をこめて用いられる「卑罵表現（軽卑表現）」、親しみの気持ちをあらわすために用いられる「親愛表現」などが挙げられる。待遇表現という用語は、言語主体（話し手・書き手）が言語外的な諸条件に対する配慮に基づいて使い分ける、こうした様々な言語表現を総称するものであり、敬語表現だけにとどまらない広義の敬語として位置づけられるものである（南不二男 1987）（菊地康人 1989）。

　共通語の場合と同様、方言の研究においても待遇表現の中核である敬語表現を対象とする研究が盛んである。なぜなら、全国的な視野で見渡した場合に、地域によって著しい違いが認められるからである（加藤正信 1973）（藤原与一 1978、1979）。次のページの図1には、加藤正信（1977）の敬語による方言の分類を示した。大まかな傾向としては、西日本の方が東日本よりも敬語の種類が豊富な上に使用頻度も高く、それだけ敬語の体系が複雑であるということが指摘されている。こうした状況は、長らく日本の政治と文化の

図1 敬語による方言分類

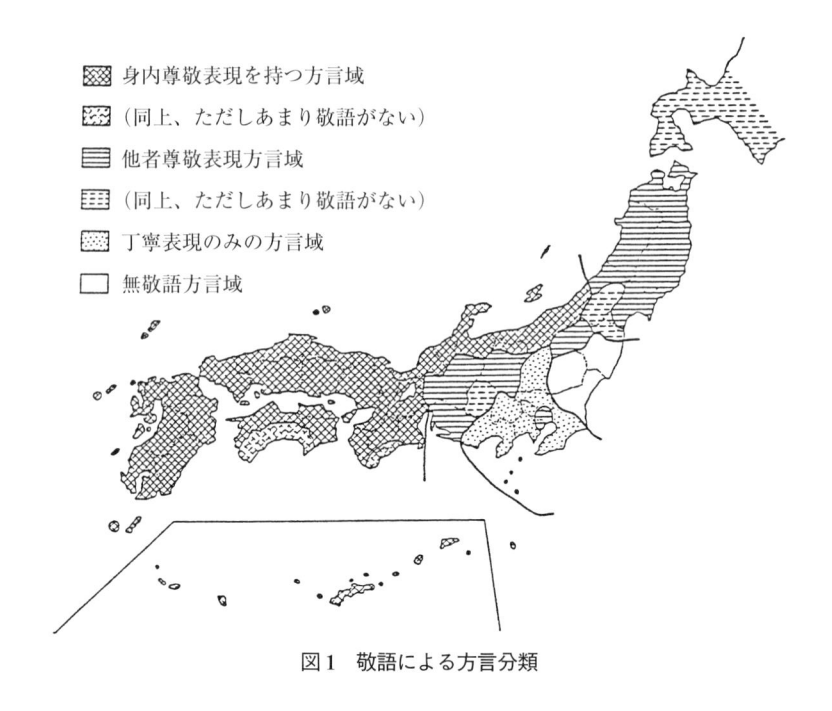

凡例:
- 身内尊敬表現を持つ方言域
- （同上、ただしあまり敬語がない）
- 他者尊敬表現方言域
- （同上、ただしあまり敬語がない）
- 丁寧表現のみの方言域
- 無敬語方言域

中心地であった京都において敬語が発達し、そこから全国各地に敬語の使用が広まったことを物語るものと考えられる。ただし、東日本でも旧城下町のように敬語の使用が盛んな地域がある一方、西日本でも山間部や海岸部などに敬語の使用が稀な地域が認められる。この事実は、地域社会の歴史的な背景や社会構造の違いによって、敬語が受容される度合いが異なってくることを示唆するものである。それゆえ、少数の調査地点の結果を一般化してその地点を含む広い範囲の特徴と見なす場合には、内部の地域差の実態を精査することがその前提として必要になってくる（井上史雄 1989）。

　方言の敬語は、共通語の敬語と比較・対照する形でその特徴を記述されることが多い。

　その場合まずあげられるのは、尊敬語、謙譲語、丁寧語のように敬意や丁寧さをあらわす専用の形式を持たない方言が存在することである。よく知られている方言としては、図1に見られるように、福島県中南部から栃木県・

茨城県にかけての地域があげられる。また、西日本では紀伊半島の東部・南部がそれに該当する。共通語のとらえ方からすると敬語と呼べるものがほとんど認められないため、これらの方言は、敬語専用の形式を持つ「有敬語方言」と区別して、「無敬語方言」と呼ばれることがある。しかし、「無敬語方言」であっても、終助詞や命令・依頼の表現に関しては敬意や丁寧さをあらわす形式を使用する場合が多い（楳垣実 1974）（飯豊毅一 1987）。それゆえ、厳密にはこれらを一括して「無敬語方言」とすることには問題があり、終助詞や命令・依頼の表現などでは敬語形式を持つ「単純敬語方言」と、そうした形式も持たない文字通りの「無敬語方言」とに分けて考える方がより妥当である（馬瀬良雄 1988）。ここで強調しておかなくてはならないのは、敬語形式の有無と敬意の度合いとは直接結びつくものではないということである。例えば、敬語専用の形式を使用する「有敬語方言」の地域の人の方が「無敬語方言」の地域の人よりも、待遇される人物に対する敬いの気持ちが強いとは必ずしも言えないということである。

　敬語の用法の面では、話し手が身内のことを外部の人に話す場合に、話題の人物である身内に対して尊敬語を使用する、「身内尊敬用法」の存在が注目される。共通語の敬語のルールでは、外部の人に対して身内を尊敬語で待遇することは誤りとされるが、「身内尊敬用法」を持つ地域ではそれが問題のない言い方として認められるのである。図1のように、「身内尊敬用法」の分布は特定の地域に限定されたものではなく、中部地方から九州・沖縄地方までの広い範囲にわたっている（図1には示されていないが、飯豊毅一 1987 によればこの用法は愛知県と岐阜県にも見られる）。この用法は、古典語に見られる「絶対敬語」（金田一京助 1959）につながる用法としてとらえられるものである。話し手が、面と向かっている話し相手との関係をあまり考慮に入れない形で、話題となる身内に敬語を用いるからである（これに対して共通語の用法は、話題の人物である身内への敬語の使用が話し手と話し相手との関係によって左右される「相対敬語」の用法としてとらえられる）。それゆえ、「身内尊敬用法」は、日本語の敬語の歴史的な展開を考える上でも重要な意味を持つ現象である。

敬語の機能という観点から見ても、方言の敬語には共通語の敬語と異なる面が認められる。共通語の敬語は、話し相手や第三者に対する敬意をあらわすだけでなく、改まりの気持ちをあらわしたり相手を隔て遠ざける機能を有するという指摘がある（大石初太郎 1975）（北原保雄 1988）。これに対して、方言の敬語の中には、くつろいだ場面で相手に対する親しみの気持ちを込めて用いられるものがある。具体例としては、岐阜県西部方言、熊本県北部方言、福島県南部方言、長野県大町市方言での報告がある（小森俊平 1933）（吉岡泰夫 1982）（飯豊毅一 1987）（馬瀬良雄 1988）。方言敬語が有する共通語の敬語との機能上の違いに注目しその実態を明らかにすることは、方言敬語の本質に迫るためにも、今後の動向に関する見通しを得るためにも極めて重要なことである。

2. テーマの設定

2.1. テーマ設定の観点

　待遇表現は、常に具体的な人間関係やその場の状況といった言語外的な条件に対する言語主体の配慮のもとに使用されるものである。それゆえ、待遇表現に関するテーマの設定に際しては、言語体系（言語それ自体の仕組み）と言語運用（言語主体による言語の使用）の両面から考えることが必要である。以下では、具体的なテーマの一例として、筆者の出身地である滋賀県の方言において、動作（状態）の主体に対する待遇表現形式が、述語部分でどのように使い分けられるかを、言語体系と言語運用の両面から明らかにしていく。ここで述語部分に焦点を絞る理由は、待遇表現の多様性が、日本語の文の成分の中で最も重要な成分とされる述語部分に最も顕著に認められるためである。

2.2. 言語体系の観点から

　まず、言語体系に関しては、対象とする方言における待遇表現のバリエー

ションの解明が研究の焦点になる。すなわち、待遇表現として用いられる言語形式（表現）を網羅した上で、個々の待遇表現の形式的な特徴や待遇的な意味を明らかにしていくわけである。その際留意すべきことは、個々の言語形式が互いにどのように関係づけられるかを把握すること、そしてそれを通して、言語体系の中での待遇表現の位置づけを考えることである。滋賀県方言の場合、特に待遇表現に関わる助動詞の種類が多く、それらが併用される際の使い分けの実態を把握することが重要な課題となる（筧大城1962、1982）。なお、地域社会への共通語の普及・浸透という現状においては、伝統的な形式だけでなく、共通語の形式をも対象方言のバリエーションの一端を担うものとしてとらえていかなければならない。

2.3. 言語運用の観点から

　言語運用に関しては、話し相手として待遇する場合と第三者として待遇する場合を区別して扱う必要がある。待遇される人物が話し相手であるか第三者であるかによって、使用される待遇表現の種類が変わってくることがその理由の1つである。敬語表現を例にとるならば、話し相手として待遇する場合には、尊敬語や謙譲語だけでなく丁寧語を使用することによってもその人物に敬意をあらわすことができるが、話題に登場する第三者の場合には、丁寧語を使用してもその人物に敬意を表現したことにならない。これは、尊敬語や謙譲語が、話題となる内容（素材）に関わる敬語（「素材敬語」と呼ばれる）であるのに対して、丁寧語は、話題となる内容の如何にかかわらず専ら面と向かった話し相手に対する敬意をあらわす敬語（「対者敬語」と呼ばれる）だからである。同様に、命令・依頼の表現や終助詞を用いた待遇も、話し相手として待遇する場合にのみ可能である。つまり、話し相手として待遇する場合の方が第三者として待遇する場合よりも、必然的に使用される待遇表現の種類が豊富になるわけである。

　話し相手として待遇する場合と第三者として待遇する場合を区別するもう1つの理由は、待遇表現の選択が、前者の場合は話し手と話し相手との二者間の関係に基づいて決定されるの対し、後者の場合は話し手と話し相手と第

三者という三者間の関係に基づいて決定されることである。つまり、第三者として待遇する場合は、話し相手が誰であるかということが待遇表現の選択に影響を及ぼす可能性があるわけである。これに関連して近年注目されているのは、第三者に対する敬語の用法をめぐる変化である。これは、第三者に対する素材敬語の使用が、話し相手に対する対者敬語の使用にほぼ連動するという現象の広まりを指す（井上史雄1981、1989）（馬瀬良雄1988）。具体的には、話し相手に対して丁寧語が用いられる場合には第三者に尊敬語が用いられるのに、話し相手に対して丁寧語が用いられない場合には第三者にも尊敬語がほとんど用いられないというものである。東京を含む全国のかなり広い地域で見られるこの現象は、絶対敬語的な用法から相対敬語への移行、素材敬語中心の待遇から対者敬語中心の待遇への流れといった、日本語の敬語の歴史的な展開と密接な関連を持つものとして重視されている。

3. 調査の方法

3.1. 場面を構成する要素

　待遇表現の調査には、体系記述を目的とする少人数調査と言語主体の属性差に注目する社会方言学的な多人数調査とがある。ここでは、待遇表現が言語外的な諸条件に対する配慮に基づいて使い分けられる事実を重視して、動的にその実態を把握するのに有効な後者の方法について述べる。

　待遇表現の調査では、待遇表現が使用される場面を具体的にどのように設定するかということが極めて重要な問題となる。場面と呼ばれるものは、人間関係に基づく人的要素とことばが使用される状況とが相互に関連を持ちながら成立するものである（杉戸清樹1992）。それゆえ、現実の世界での場面の種類は、人的要素と状況の両方を考慮に入れることで膨大なものになり、それらを全て調査することは実際には不可能に近い。そこで、調査での場面設定では、日本語の待遇表現の使い分けに関与する要因として特に注目される人的要素に焦点が絞られることが多い。具体的には、ことばが使用される

状況を一定にし、待遇される人物のみを交換する形で、それぞれの人物に対する表現のバリエーションを見ていくのである。

3.2. 人物の設定

　待遇される人物の設定の仕方によって調査はさらに大きく二つに分れる。一つは、現実に存在する人物を待遇される人物として設定する方法である。代表的な例は、一集落の構成員がお互いにどのような待遇表現を用いて待遇しあっているかを、総当たりの方式で個別に調査する「リーグ戦式全数調査」である（真田信治1973、1990）。この調査で得られる回答には、現実の人間関係に対する各インフォーマントの配慮が何らかの形で反映されるものと予想される。それゆえ、待遇表現の運用に関わる社会的な諸要因をきめ細かな分析によって明らかにしようとする場合には非常に有効な方法と言える。インフォーマントにとっても、具体的な個人を想定するということで、現実に即した回答がしやすいという面がある。ただし、調査の規模が１つの集落のような小さな単位を対象とするものでなければ実際上調査が難しいという点で大きな制約がある。また、対象となる地域の社会構造を熟知していない場合には分析自体が表層的なものになる危険性も指摘できる。

　もう１つは、待遇される人物を、社会的な属性の違いに基づく抽象的なカテゴリーとして設定する方法である。具体例として、真田信治（1983）で設定された人物を挙げる。

　　　近所の小学校の校長先生／壇家であるお寺の奥さん／外来の見知らぬ紳
　　　士／外来の見知らぬ若者／自分の父親／近所の顔見知りの若者／日頃親
　　　しくしている友人／自分の息子／自分の妻

これらの人物は、上下関係や親疎関係、年齢や性別といった点でそれぞれ社会的な属性が異なっている。例えば、「近所の小学校の校長先生」と「壇家であるお寺の奥さん」は、いずれも目上の人物としての待遇が想定されるが性別に関しては異なる場合が予想され、「外来の見知らぬ紳士」と「外来の見知らぬ若者」は、いずれも親疎関係における疎の人物であるが年齢の点で異なっている。それゆえ、具体的に想定される人物がインフォーマントによ

って違っていても、人物カテゴリーとしては共通するものと見なすことができる。そのためこの方法は、狭い地域を対象とする調査に限らず、地理的に広い範囲を対象とする方言地理学的な調査や、社会的に多様な集団を対象とする大規模な社会方言学的な調査にも適用することができる（三石泰子1977）（国立国語研究所 1990）。ただし、どういう社会的属性を持った人物カテゴリーを設定するかは、調査地域の性格（農村か地方都市か大都市か）や調査の目的（伝統的な方言の調査か共通語化の調査か）によって当然変わってくる。結局、人物設定に関する2つの方法は両者が相補う関係にあり、両者を併用することによって、対象とする方言の待遇表現の実態はより正確に把握できるようになるわけである。

3.3. 状況の設定

　ことばが使用される状況の設定については、できる限り実際に起こり得る自然な状況になることが考慮される。ここで取り上げるような、動作（状態）の主体に対する待遇表現形式の使い分けを見る調査の場合には、待遇される人物の往来や居所を尋ねる内容のものが一般的である。具体的には、動詞の「行く」「来る」「いる」に相当する表現を問うことになる。最も広く使われる「行く」の具体例として、真田信治（1983）で設定された状況を示す。

　　　道を歩いていたら、むこうから　　　が1人でやってきました。その　　　にむかって、「あなたはどこに行きますか」と行先を尋ねるとします。その場合はどのように言いますか。

なお、共通語の「レル・ラレル」のように動詞の活用の種類によって形式が異なる場合もあるため、五段活用動詞以外も調査することが望ましい。

3.4. 話者の選定

　どのような話者をインフォーマントとして選ぶかについては、男女の比率があまり偏らないよう注意する必要がある。待遇表現の使い分けに関しては男女差が顕著に認められることが多いからである。男性だけ（あるいは女性

だけ）を対象とする調査で、その方言の待遇表現の全体像をとらえることは難しいと思われる。

3.5. 滋賀県方言を例に

　以上述べてきたことを踏まえる形で実施された、一集落を対象とするリーグ戦式の面接調査と滋賀県全域を対象とする人物カテゴリー設定調査の具体的な内容は次のとおりである（宮治弘明1985、1987）。

　まず、リーグ戦式の面接調査は、筆者の出身地の集落から6軒の家を選び、調査者である筆者と小学生以下を除く構成員29人（男性15人、女性14人）に他の人物をどのように待遇するかを内省発話してもらう形をとった。具体的な質問内容は、

　　Ⅰ　道で○○と一対一で出会った時、「どこへ行くのか」と尋ねるとしたらどんな言い方をするか。
　　Ⅱ　筆者と一対一で話をしている時、「○○は明日旅行に行く」と筆者に伝えるとしたらどんな言い方をするか。

というものである。Ⅰは話し相手として待遇する場合の表現を、Ⅱは第三者として待遇する場合の表現を尋ねるものである。

　一方、人物カテゴリー設定調査は、老年層を対象とする100地点200人（男女1人ずつ）の面接調査と高校生256人（男性124人、女性132人）を対象とするアンケート調査から成る。待遇される人物カテゴリーとしては、地域社会内部の人物であることを条件に、待遇表現の使い分けを規定する要因として重要な上下関係と親疎関係を組み合わせる形で、

　　近所の年上の男性／自分の父親／近所の年下の男性／家族内の目下

の4者を設定した。また、具体的な質問内容は次のとおりである。

　　Ⅲ　次の人物と道でばったり出会ったとします。その時、その人に向かって「どこへ行くのか」と尋ねるとしたら、ふつうどのように言いますか。
　　Ⅳ　家で家族の人から、次の人物が旅行に出かけたという話を聞いたとします。その時、「○○はどこへ行ったのか」と、その行き先を尋ね

るとしたら、ふつうどのように言いますか。
以下では、2つの調査の結果を分析することによってどのようなことが指摘できるかを述べる。

4. 分析の方法

4.1. リーグ戦式調査の結果

　リーグ戦式の面接調査法によって得られたデータのうち、まずⅠの話し相手待遇の結果を見てみよう。話し相手待遇の場合には、調査で得られた「行くのか」に相当する回答を「行く」の部分と「のか」の部分とに分けて扱う必要がある。「行く」の部分には話題に関わる素材待遇の表現が用いられるのに対し、「のか」の部分には話し相手目当ての対者待遇の表現が用いられるからである。図2は、「行く」の部分の回答を一覧できるように、話し手（インフォーマント）を横に、話し相手を縦に、いずれも年齢順に並べる形で示したものである。ローマ字は各人が所属する家の名を略したもので、数字は年齢を表している。また、話し相手の欄のT 61男とT 59女はこの集落の寺の住職と住職の妻（いずれも非生え抜き）をあらわしている（宮治弘明1985による）。

　図2からまず指摘できるのは、「イク」が用例数の圧倒的多数を占めていることである。特に30代以上の人物に対しても尊敬語にあたる形式があまり用いられていない点が注目される。この事実は、この方言では話し相手の動作（状態）が通常待遇的に中立の形式で表現されることを示唆するものである。次にどの人物に対して尊敬語が用いられるかという面から図2を見てみると、寺の住職とその妻に多用されていることがわかる。寺と檀家との間には恩恵を与える側と受ける側という関係が成立するため、これが尊敬語の使用を促す一因となっていることが考えられる。さらに、どの人物が尊敬語を用いているかという面からは女性の方が男性よりも尊敬語を多く用いる傾向を指摘できる。

第7章 方言のしくみ 待遇表現

[凡例]　○ イク　　　　　　　　　　　⊕ イカン（イカル）
　　　　△ イカハン　⎫　　　　　　　◎ イキナハン（イキナハル）
　　　　▲ イカハリ　⎬（イカハル）
　　　　△ イカハル　⎭　　　　　　　♟ イカレル
　　　　　　　　　　　　　　　　　　< オデカケ

図2　リーグ戦式調査の結果（1）―話し相手待遇

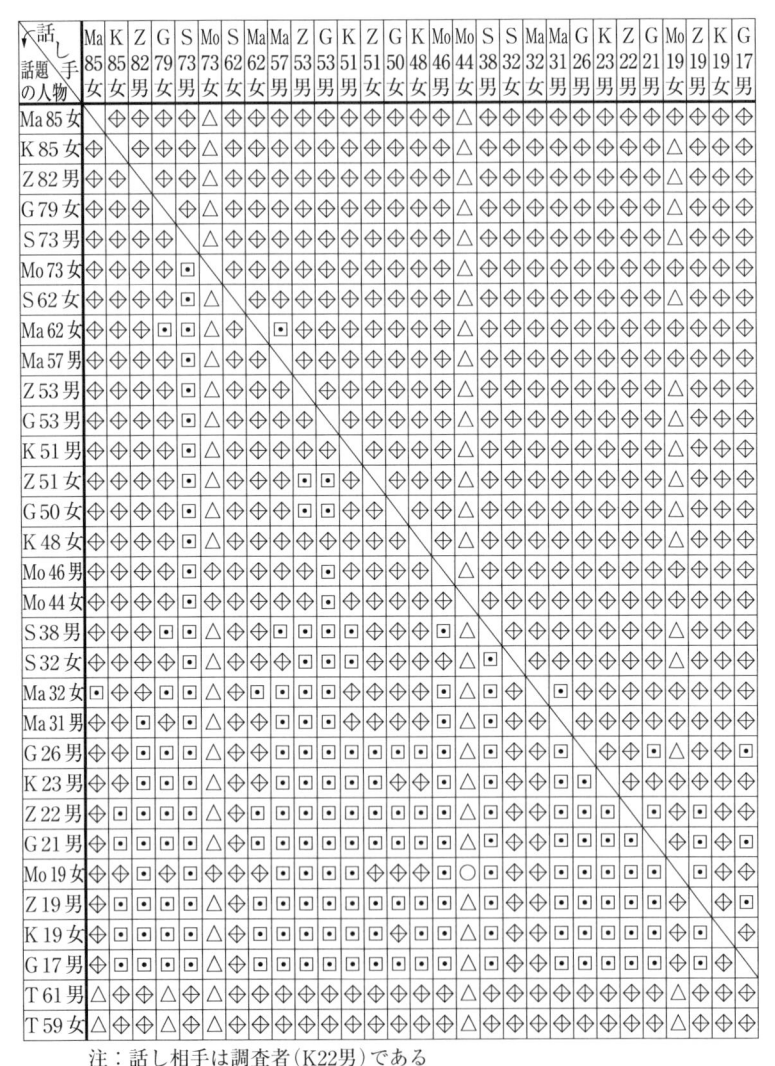

話し手\話題の人物	Ma 85 女	K 85 女	Z 82 男	G 79 女	S 73 男	Mo 73 女	S 62 女	Ma 62 女	Ma 57 男	Z 53 男	G 53 男	K 51 男	Z 51 女	G 50 女	K 48 女	Mo 46 男	Mo 44 女	S 38 男	S 32 女	Ma 32 女	Ma 31 男	G 26 男	K 23 男	Z 22 男	G 21 男	Mo 19 女	Z 19 男	K 19 女	G 17 男
Ma 85 女	\	⊕	⊕	⊕	△	⊕	⊕	⊕	⊕	⊕	⊕	⊕	⊕	⊕	⊕	⊕	△	⊕	⊕	⊕	⊕	⊕	⊕	⊕	⊕	⊕	⊕	⊕	⊕
K 85 女	⊕	\	⊕	⊕	△	⊕	⊕	⊕	⊕	⊕	⊕	⊕	⊕	⊕	△	⊕	⊕	⊕	⊕	⊕	⊕	⊕	⊕	⊕	⊕	⊕	△	⊕	⊕
Z 82 男	⊕	⊕	\	⊕	△	⊕	⊕	⊕	⊕	⊕	⊕	⊕	⊕	△	⊕	⊕	⊕	⊕	⊕	⊕	⊕	⊕	⊕	⊕	⊕	⊕	△	⊕	⊕
G 79 女	⊕	⊕	⊕	\	△	⊕	⊕	⊕	⊕	⊕	⊕	⊕	△	⊕	⊕	⊕	⊕	⊕	⊕	⊕	⊕	⊕	⊕	⊕	⊕	⊕	⊕	⊕	⊕
S 73 男	⊕	⊕	⊕	⊕	\	△	△	△	△	△	△	△	△	△	△	△	△	△	△	△	△	△	△	△	△	△	△	△	△
Mo 73 女	⊕	⊕	⊕	⊕	▪	\	△	▪	▪	⊕	⊕	⊕	⊕	⊕	⊕	⊕	⊕	⊕	⊕	⊕	⊕	⊕	⊕	⊕	⊕	⊕	⊕	⊕	⊕
S 62 女	⊕	⊕	⊕	⊕	▪	△	\	△	△	⊕	⊕	⊕	⊕	⊕	⊕	⊕	⊕	⊕	⊕	⊕	⊕	⊕	⊕	⊕	⊕	⊕	⊕	⊕	⊕
Ma 62 女	⊕	⊕	⊕	⊕	▪	▪	△	\	▪	△	△	△	△	△	△	△	△	△	△	△	△	△	△	△	△	△	△	△	△
Ma 57 男	⊕	⊕	⊕	⊕	▪	▪	△	▪	\	△	△	△	△	△	△	△	△	△	△	△	△	△	△	△	△	△	△	△	△
Z 53 男	⊕	⊕	⊕	⊕	▪	△	⊕	⊕	⊕	\	⊕	⊕	⊕	⊕	⊕	⊕	⊕	⊕	⊕	⊕	⊕	⊕	⊕	⊕	⊕	⊕	△	⊕	⊕
G 53 男	⊕	⊕	⊕	⊕	▪	△	⊕	⊕	⊕	⊕	\	⊕	⊕	⊕	⊕	⊕	⊕	⊕	⊕	⊕	⊕	⊕	⊕	⊕	⊕	⊕	△	⊕	⊕
K 51 男	⊕	⊕	⊕	⊕	▪	△	⊕	⊕	⊕	⊕	⊕	\	⊕	⊕	⊕	⊕	⊕	⊕	⊕	⊕	⊕	⊕	⊕	⊕	⊕	⊕	△	⊕	⊕
Z 51 女	⊕	⊕	⊕	⊕	▪	△	▪	▪	▪	⊕	⊕	⊕	\	⊕	⊕	⊕	⊕	▪	▪	⊕	⊕	⊕	⊕	⊕	⊕	⊕	△	⊕	⊕
G 50 女	⊕	⊕	⊕	⊕	▪	△	⊕	▪	▪	⊕	⊕	⊕	⊕	\	⊕	⊕	⊕	⊕	⊕	⊕	⊕	⊕	⊕	⊕	⊕	⊕	△	⊕	⊕
K 48 女	⊕	⊕	⊕	⊕	▪	△	⊕	▪	▪	⊕	⊕	⊕	⊕	⊕	\	⊕	⊕	⊕	⊕	⊕	⊕	⊕	⊕	⊕	⊕	⊕	△	⊕	⊕
Mo 46 男	⊕	⊕	⊕	⊕	▪	▪	△	▪	▪	△	△	△	△	△	△	\	▪	△	△	△	△	△	△	△	△	△	△	△	△
Mo 44 女	⊕	⊕	⊕	⊕	▪	▪	△	▪	▪	⊕	⊕	⊕	⊕	⊕	⊕	▪	\	⊕	⊕	⊕	⊕	⊕	⊕	⊕	⊕	⊕	△	⊕	⊕
S 38 男	⊕	⊕	⊕	⊕	▪	▪	▪	▪	▪	▪	▪	▪	▪	▪	▪	▪	▪	\	⊕	⊕	⊕	⊕	⊕	⊕	⊕	⊕	△	⊕	⊕
S 32 女	⊕	⊕	⊕	⊕	▪	▪	▪	▪	▪	▪	▪	▪	▪	▪	▪	▪	▪	⊕	\	⊕	⊕	⊕	⊕	⊕	⊕	⊕	△	⊕	⊕
Ma 32 女	▪	⊕	⊕	⊕	▪	△	△	▪	▪	▪	▪	▪	▪	▪	▪	▪	▪	▪	▪	\	⊕	⊕	⊕	⊕	⊕	⊕	△	⊕	⊕
Ma 31 男	⊕	⊕	⊕	⊕	▪	△	△	▪	▪	▪	▪	▪	▪	▪	▪	▪	▪	▪	▪	▪	\	⊕	⊕	⊕	⊕	⊕	△	⊕	⊕
G 26 男	⊕	⊕	⊕	⊕	△	▪	△	▪	▪	▪	▪	▪	▪	▪	▪	▪	▪	▪	▪	▪	▪	\	⊕	▪	⊕	▪	△	⊕	▪
K 23 男	⊕	⊕	⊕	⊕	△	▪	△	▪	▪	▪	▪	▪	▪	▪	▪	▪	▪	▪	▪	▪	▪	▪	\	▪	⊕	▪	△	⊕	▪
Z 22 男	⊕	⊕	▪	▪	△	⊕	▪	▪	▪	▪	▪	▪	▪	▪	▪	▪	▪	▪	▪	▪	▪	▪	▪	\	⊕	▪	△	⊕	⊕
G 21 男	⊕	⊕	▪	▪	△	⊕	▪	▪	▪	▪	▪	▪	▪	△	▪	▪	▪	▪	▪	▪	▪	▪	▪	▪	\	▪	△	⊕	▪
Mo 19 女	⊕	⊕	▪	▪	△	▪	⊕	⊕	⊕	⊕	⊕	⊕	⊕	○	⊕	▪	⊕	⊕	▪	▪	▪	▪	▪	▪	▪	\	△	⊕	⊕
Z 19 男	⊕	▪	▪	▪	△	⊕	▪	▪	▪	▪	▪	▪	▪	▪	▪	▪	▪	▪	▪	▪	▪	▪	▪	▪	▪	▪	\	⊕	▪
K 19 女	⊕	▪	▪	▪	△	⊕	▪	▪	▪	▪	▪	▪	▪	▪	▪	▪	▪	▪	▪	▪	▪	▪	▪	▪	▪	▪	▪	\	⊕
G 17 男	⊕	▪	▪	▪	△	▪	▪	▪	▪	△	▪	▪	▪	▪	▪	▪	▪	▪	▪	△	▪	▪	▪	▪	▪	▪	▪	▪	\
T 61 男	△	⊕	△	⊕	△	⊕	△	△	△	⊕	⊕	△	△	⊕	△	△	△	△	△	△	△	△	△	△	△	△	△	△	△
T 59 女	△	⊕	△	⊕	△	⊕	△	△	△	⊕	⊕	△	△	⊕	△	△	△	△	△	△	△	△	△	△	△	△	△	△	△

注：話し相手は調査者（K22男）である

［凡例］　○　イク　　　　　　　⊕　イカル
　　　　　△　イカハル　　　　　▪　イッキョル（イキヨル）

図3　リーグ戦式調査の結果（2）―第三者待遇

次に、Ⅱの第三者待遇の場合は、調査で得られた「行く」に相当する部分が考察の対象となる。図3は、その部分の回答を一覧できるように、話し手を横に、第三者として話題になる人物を縦に、いずれも年齢順に並べる形で示したものである（宮治弘明1985による）。一見して明らかなように、図3は先の図2とは全く異なる様相を呈している。図2において圧倒的多数を占めた「イク」がわずか1例だけになり、代わって数例だった「イカル」が用例数の大部分を占め、さらに「イッキョル」という新しい語形（「行く」の連用形に助動詞の「ヨル」が接続した「イキヨル」に由来する）が出現している。「イッキョル」は、図3での分布が示すように、話し手よりも年下の人物を話題にする場合に用いられる表現、つまり、待遇的な意味としては下向き待遇の表現としてとらえることができる。一方、「イカル」と「イカハル」は、寺の住職やその妻および話し手よりも年上の人物への使用が中心であることから、いずれも上向き待遇の表現と考えられるが、両者の関係については、この方言では「イカル」の方が一般的に用いられる表現と見なすことができる。話し相手待遇の図2では20人であった「イカハル」の使用者が第三者待遇の図3では5人になること、図2では「イカハル」を用いながら図3では「イカル」を用いる例が過半数であること、がその理由である。以上のことから、この方言では、第三者待遇において待遇的に中立の形式が用いられることがなく、代わりに待遇的な意味を明確に示す形式（「イカル」か「イッキョル」）が用いられるとまとめることができる。

4.2. 人物カテゴリー設定調査の結果

　以上の分析の結果から、この方言の動作（状態）の主体に対する待遇表現には一定の運用上の枠組みが存在することが明らかになった。それは、素材待遇の部分に注目するならば、話し相手待遇では待遇的に中立の形式が用いられるのに対し、第三者待遇では待遇的な意味を明確に示す形式が用いられるというものである。待遇的な意味が明確な形式が話し相手待遇より第三者待遇の方に偏って用いられることになり、共通語の観点からすると極めて特異な現象としてとらえることができる。では、滋賀県方言全体をながめた場

合にこの現象はどのように位置づけられるのだろうか。ⅢとⅣの人物カテゴリー設定調査によって得られたデータを分析することによってその点を検討してみよう。図4は、待遇的な意味が明確な形式が「行く」の部分で使用さ

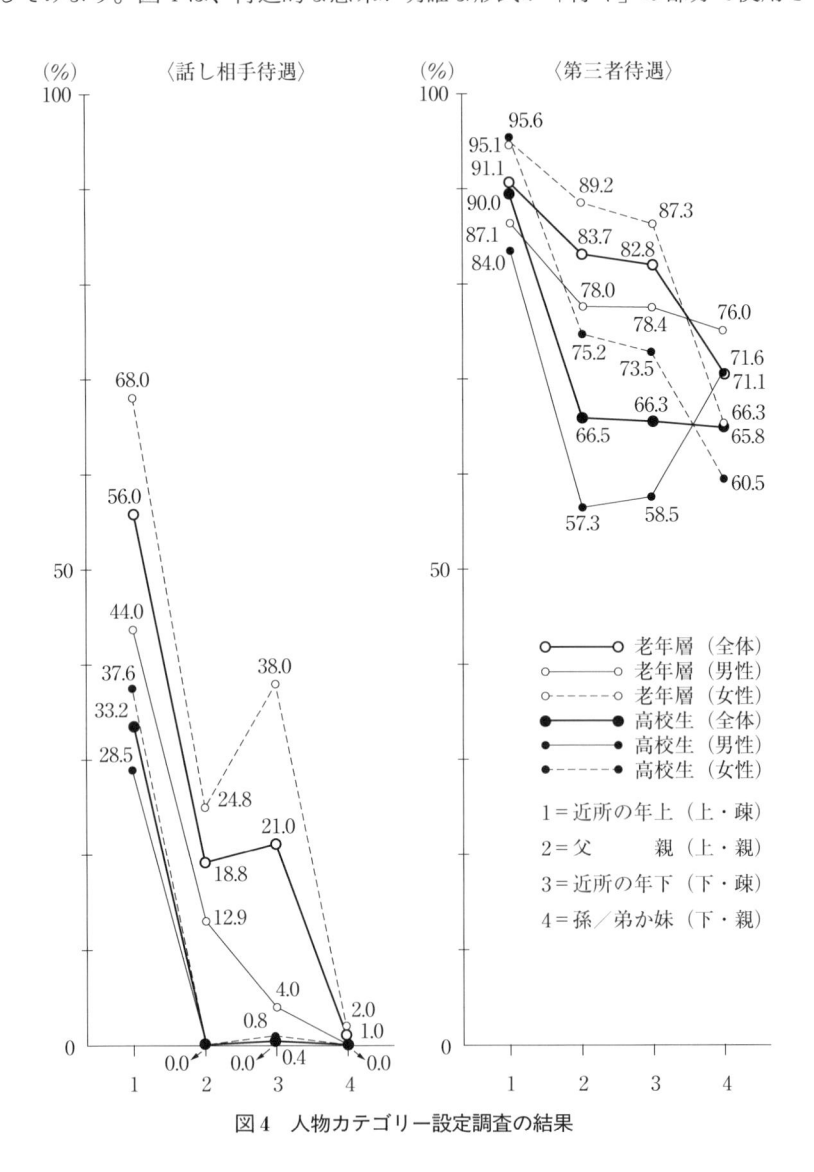

〈話し相手待遇〉　　　　　　〈第三者待遇〉

凡例：
○— 老年層（全体）
○- 老年層（男性）
○-- 老年層（女性）
●— 高校生（全体）
●- 高校生（男性）
●-- 高校生（女性）

1＝近所の年上（上・疎）
2＝父　　　親（上・親）
3＝近所の年下（下・疎）
4＝孫／弟か妹（下・親）

図4　人物カテゴリー設定調査の結果

れる割合を、話し相手待遇の場合と第三者待遇の場合とに分けて示したものである（宮治弘明1987による。なお、丁寧語のみが用いられた回答はここには含まれない）。図4が示すように、待遇的な意味が明確な素材待遇の形式は、面と向かって話す場合には用いられない人物に対しても、第三者として話題にする場合には用いられるという傾向が見られる。

　次に、図4で一括して扱った待遇的な意味が明確な形式というものを個別に見ていった場合、それぞれどのような特徴を持っているかを検討していくことにする。次のページの表1は、各語形の待遇的意味を把握するために、それぞれがどの人物に対して用いられるかを用例数で示したものである（話し相手待遇の用例数と第三者待遇の用例数の区別も示してある）。表1からまず指摘できることは、目下の人物（「近所の年下」及び「孫」や「弟か妹」）中心に用いられる語形、すなわち、下向き待遇の表現と見なすべき語形が存在するという点である。具体的には、老年層の「ヤル」と「ヨル」、高校生の「ンス」と「ヤル」と「ヨル」がそれにあたる。共通語には見られないこれら下向き待遇の語形は、第三者待遇の場合にだけ用いられるという点で共通する。これらの語形はこの点で、上向き待遇と見なされる語形のうちの「ル・ラル」（主に老年層が用いる語形）や「ル・ヤル」（主に高校生が用いる語形）と対応するものとしてとらえられる。なお、「ンス」は老年層では「父親」に最も多く用いられるのに対し、高校生では「近所の年下」に多く用いられる。これは、上向き待遇から下向き待遇へと待遇的価値が下がったものと考えられる。

　さらに、各語形の用例数を男女別に示した表2をもとに、各語形と男女差との関連について見ることにする。まず、老年層の場合、女性が主に用いる語形として「ハル」と「ナハル」と「ヤス」があるが、これはこれらの語形がいずれも上向き待遇で待遇価値の高い表現であるためと考えられる。逆に、「ヨル」は男性が主として用いているが、これは「ヨル」が下向き待遇で待遇価値が最も低いためであると言えよう。一方、高校生の場合は、「ンス」と「ヤル」を女性が、「ル・ラル」と「ヨル」を男性が特に多用している。この女性による「ンス」や「ヤル」の多用には「ヨル」の存在が関与し

表1 各語形の待遇的意味

語形＼人物	(行か)ハル	(行き)ハル	アル	レル	ナハル	ヤス	ル・ラル	ル・ヤル	ンス	シヤル	ヤル	ヨル
老年層												
近所の年上 (上・疎)	172 (69・103)		16 (4・12)	3 (2・1)	18 (16・2)	5 (5・0)	45 (1・44)	5 (0・5)	21 (11・10)	7 (2・5)	2 (0・2)	1 (0・1)
父親 (上・親)	66 (15・51)		10 (2・8)		4 (3・1)	1 (1・0)	61 (1・60)	9 (0・9)	40 (15・25)	8 (1・7)	4 (0・4)	4 (0・4)
近所の年下 (下・疎)	78 (23・55)		8 (1・7)		5 (5・0)	3 (3・0)	38 (0・38)	3 (0・3)	26 (9・17)	4 (0・4)	8 (0・8)	37 (0・37)
孫 (下・親)	1 (0・1)			1 (0・1)			21 (0・21)	1 (0・1)	10 (1・9)		20 (0・20)	90 (0・90)
高校生												
近所の年上 (上・疎)	139 (35・104)	1 (0・1)	83 (20・63)	34 (28・6)			6 (0・6)	42 (0・42)	2 (0・2)		7 (0・7)	3 (0・3)
父親 (上・親)	43 (0・43)		39 (0・39)				5 (0・5)	46 (0・46)	24 (0・24)		10 (0・10)	4 (0・4)
近所の年下 (下・疎)	12 (1・11)		7 (0・7)				1 (0・1)	26 (0・26)	41 (0・41)		28 (0・28)	55 (0・55)
弟か妹 (下・親)			3 (0・3)					14 (0・14)	24 (0・24)		22 (0・22)	95 (0・95)

注：(・)内の数字は待遇ごとの用例数を示す。左が話し相手待遇の場合、右が第三者待遇の場合。

表2　各語形の使用と男女差

語形＼区分	老年層			高校生		
	全体	男性	女性	全体	男性	女性
行かハル	317	91	226	194	75	119
行きハル	0	0	0	1	1	0
行かアル	34	13	21	132	53	79
行かレル	4	3	1	34	13	21
行きナハル	27	6	21	0	0	0
(オ)行きヤス	9	2	7	0	0	0
行かル〈ル・ラル〉	165	93	72	12	11	1
行かル〈ル・ヤル〉	18	10	8	128	49	79
行かンス	97	33	64	91	19	72
行かシャル	19	8	11	0	0	0
行きヤル	34	13	21	67	6	61
行きヨル	132	111	21	157	138	19
	856	190	666	816	84	732

ている。女性は待遇価値の最も低い「ヨル」の使用を避けるために、「ンス」や「ヤル」を使用するものと考えられるからである。「ル・ラル」は「ヨル」とは異なり上向き待遇の表現であるため、この語形に関する男女差は待遇価値の観点からは説明しにくい。そこで注目されるのが、この語形が老年層において多用されるという点である。つまり、古風な語形であるがゆえに若い女性に敬遠されるようになったと考えられる。

　2つの調査から明らかになったように、滋賀県方言では、話し相手待遇よりも第三者待遇の場合に、待遇的な意味が明確な素材待遇形式の使用率が高くなる。この現象の成立に深く関与しているのは、第三者待遇の場合にほぼ限定される形で用いられる表現形式、すなわち、「ル・ラル」、「ル・ヤル」、「ンス」（高校生のみ）、「ヤル」、「ヨル」である。なお、これらの語形は、面

と向かって話す場合には終助詞の使い分けだけで待遇される身近な人物に用いられることが多い。また、これらの語形は、改まった場面で用いられることはあまりなく（改まった場面では、上向き待遇の表現はハル敬語や共通語の敬語に切り替えられ、下向き待遇の表現の使用は控えられることが多い）、共通語では敬語があまり使用されないくだけた場面で主に用いられる。それゆえ、これらの語形は共通語の敬語とは異なる機能を有するものとして区別して扱う必要がある（宮治弘明 1996）。

　方言の待遇表現の研究では、ここで述べてきたようにまず共通語との相違点に注目し、その実態を詳細に明らかにすることが重要である。

5.　参考文献

　伝統的な方言の敬語を概観するには加藤正信（1973）が便利である。もっと細かく知りたいときには、藤原与一（1978、1979）の大作に進むとよい。待遇表現をめぐるさまざまな問題は、すでに掲げた個別の文献にあたってほしい。また、方言敬語の現代的な変容は、宮治弘明（1996）やそこに示した参考文献が役立つにちがいない。

　敬語使用とそれを支える意識については国立国語研究所（1983）がある。大規模調査の結果でやや専門的だが、方法論的な参考になるだろう。

　待遇表現に関する近年の研究動向をつかむには、『月刊言語』（1997.6、1999.11）や『日本語学』（1997.12、2001.4）の特集に目を通すとよい。方言学を含めて、今何が新しい問題となってきているかがわかる。特に、「敬意表現」や「ポライトネス」といった従来の待遇表現の枠組みを越える視点から、敬意や配慮の表現をとらえる研究が起こってきている。この分野については、陣内正敬（2002）が方言研究との関連でわかりやすく解説している。

文献

飯豊毅一（1987）「対外身内待遇表現の調査」『学苑』565

井上史雄（1981）「敬語の地理学」『国文学 解釈と教材の研究』26-2
井上史雄（1989）『言葉づかい新風景（敬語と方言）』秋山書店
楳垣実（1974）「方言敬語心得帳」林四郎・南不二男編『敬語講座 9 敬語用法辞典』明治書院
大石初太郎（1975）『敬語』筑摩書房
筧大城（1962）「滋賀県方言」楳垣実編『近畿方言の総合的研究』三省堂
筧大城（1982）「滋賀県の方言」飯豊毅一他編『講座方言学 7 近畿地方の方言』国書刊行会
加藤正信（1973）「全国方言の敬語概観」林四郎・南不二男編『敬語講座 6 現代の敬語』明治書院
加藤正信（1977）「方言区画論」『岩波講座日本語 11 方言』岩波書店
菊地康人（1989）「待遇表現」宮地裕編『講座日本語と日本語教育 1 日本語学要説』明治書院
菊地康人（1994）『敬語』角川書店
北原保雄（1988）「現代敬語のメカニズムはどうなっているか」『国文学解釈と教材の研究』33-15
金田一京助（1959）『日本の敬語』角川新書
国立国語研究所（1983）『敬語と敬語意識―岡崎における 20 年前との比較―』三省堂
国立国語研究所（1990）『場面と場面意識』三省堂
小森俊平（1933）「方言より考察したる敬語の用法」『国語と国文学』10-9
真田信治（1973）「越中五ケ山郷における待遇表現の実態」『国語学』93
真田信治（1983）「地域社会における待遇表現行動の一側面」『大阪大学日本学報』2
真田信治（1990）『地域言語の社会言語学的研究』和泉書院
陣内正敬（2002）「ポライトネスの方言学」日本方言研究会編『21 世紀の方言学』国書刊行会
杉戸清樹（1992）「言語行動」『社会言語学』桜楓社
藤原与一（1978）『方言敬語法の研究』春陽堂
藤原与一（1979）『方言敬語法の研究 続篇』春陽堂
馬瀬良雄（1988）「方言の敬語」『国文学解釈と教材の研究』33-15
三石泰子（1977）「待遇表現としての文の地理的分布－長野県飯山市・新潟県新井市地方の場合－」『国語学』109（馬瀬良雄編『論集日本語研究 10 方言』有精堂に収録）

南不二男（1987）『敬語』岩波新書
宮治弘明（1985）「滋賀県甲賀郡水口町八田方言における待遇表現の実態」『語文』46
宮治弘明（1987）「近畿方言における待遇表現運用上の一特質」『国語学』151
宮治弘明（1996）「方言敬語の動向」小林隆他編『方言の現在』明治書院
吉岡泰夫（1982）「方言敬語法における敬意度について」『国語国文学研究』17
『月刊言語』（1997.6）「特集：ポライトネスの言語学－敬語行動の今を探る」
『月刊言語』（1999.11）「特集：敬語は何の役に立つか－日本語の未来と敬語の存在」
『日本語学』（1997.12）「特集：敬語教育」
『日本語学』（2001.4）「特集：「敬意表現」を考える」

第8章 方言の分類

1. さまざまな方言

　方言とひとくちに言ってもさまざまな見方がありうる。例えば、時間の軸に従えば、古くからの「伝統方言」に対して、「新方言」と名づけられた新しい方言が存在する。また、共通語との関わりからすれば、一般的な方言に対して、共通語との接触によって生じた「中間方言」や「ネオ方言」と呼ばれるグループが認められる。あるいは、使用者の認識の差をもとに、方言らしい方言と、そうとは知らずに使っている「気づかない方言」という分け方も可能である。これらについては第1章で触れたが、さらに第10章で具体的に取り上げる。この章では、地理的な違いに基づいた方言の分類を考えることにしたい。

　ところで、各地の方言に対しては、方言自体の持つ言語的性質や、その地域の社会的・文化的背景をもとに、ある種のイメージがかたちづくられている。井上史雄（1983）は、人々のそうした意識を調査し、各地の方言の分類に活かすことを試みた。それによれば、方言イメージによる方言の分類には、おおよそ東北弁、東京弁、関西弁、九州弁の4つの典型が存在する。例えば、東京弁は知的なイメージはプラスだが、情的なイメージは中立的であり、関西弁は知的なイメージはややマイナスだが、情的なイメージはプラスだという。このような分類は、おそらく多くの人々の直感にも合致し、ま

た、以下に述べるような実際の方言の違いをもある程度反映すると思われる。このような人々の印象と実際の方言との関係を明らかにすることは、これからの課題の1つである。

しかし、そのような課題に答えるためにも、方言の分類は、まず、人々の意識を離れた実際の言語事実を中心に行う必要がある。以下では、言語事実に重きを置いた方言の分類を見ていく。最初に、方法論についてまとめておこう。

2. 方言分類の方法

日本語にはいくつの方言があるのだろうか。これは方言に興味のある人なら誰でも抱く疑問であるが、この問いに簡単に答えることは難しい。それは見方によっていろいろな答えが考えられるからであり、わずかな差をとらえる極端な立場からすれば、人々が生活する集落の数だけ方言は存在すると言える。したがって、この問いに答えるためには、方言のどこに注目しどのように分類するのか、一定の方法が必要になってくる。

方言の分類は、研究の前提であると同時に最終的な結論の提示にもなることから、これまでにさまざまな試みが繰り返されてきた。その方法を概観するにあたり、重要な観点を示せば以下のようになる。

 Ⅰ．分類の対象
  ａ．体系の比較か要素の集合か
  ｂ．言語外の要素も材料にするか
 Ⅱ．分類の手続き
  ａ．遠隔地との一致を視野に入れるか
  ｂ．基準点をどう設定するか
  ｃ．計量的手法を用いるか
  ｄ．分類根拠に重みづけをするか

まず、分類の対象については、東条操のものをはじめとした古典的な分類では言語の全体系を視野に入れるとともに、言語外の要素である行政区画や

一般人の方言意識まで参考にしようとした。これは、日本語方言の大局的な分類を可能にしたが、一方で、直感的で分類の根拠に明確さを欠く結果にもなった。その後の分類では、このような反省も含めて、要素の集合ないしは部分体系の比較に基づき、言語事実のみによって分類を行うことが多くなっている。特に、方言研究の進展に伴って、さまざまな事項の方言分布が明らかになると、それらの分布図の重ね合わせによって、客観的な分類への道が開けた。

　分類の手続きについては、隣接地域との境目のみに注目するか、遠隔地との一致をも視野に入れるかがまず問題になる。伝統的な分類法である「方言区画」は、方言を境界線によって区画していく方法であり、ふつう前者の立場に立つ。しかし、この方法では遠隔地に類似の方言が存在したとしても、別方言として分類されることになり、両者の共通性を分類に反映することができない。アクセントのように東西に対応する方言があらわれる場合があり、そのような遠隔地との一致に配慮する分類も行われている。

　区画ではなく類似性によって方言を分類する場合には、基準点の設け方が問題になる。例えば、京都という1地点を基準に選び、京都方言との類似度、つまり京都方言らしさの度合いによって全国方言を分類するというような方法が考えられる。また、具体的な地点の代わりに、一定の性格をもつ言葉の集合を設定し、それを基準にすることもありうる。例えば、共通語を基準にすれば、共通語との一致度による方言の分類が可能になる。しかし、以上のように基準点、あるいは基準となる言葉の集合を設定する方法は、方言全体の関係を視野に入れた分類にはならない。そこで、特に基準点を設けず、全地点の相互の関係を見ていく「ネットワーク法」（熊谷康雄 2002）や、「林の数量化理論第Ⅲ類」を使った分類など（井上史雄 2001）が開発されている。多数の地点を一度に比較することは膨大なデータを扱うことになり、人間の手作業では困難である。そこで、上記のような計量的手法を用いた分類では、コンピュータが使用されるのがふつうである。コンピュータを使ったさまざまな方法の開発が、現代の方言分類における1つの重要なテーマになっている。

ところで、要素の集合から方言を分類しようとするとき、それらの要素を単純に重ね合わせてよいか疑問が湧く。すなわち、どんな要素をどのような重みで取り上げるかが示されなければ、恣意的な分類に陥る危険性がある。奥村三雄（1958）は、方言区画における境界線の重ね合わせについて、例えば、使用頻度の高い基本的な事項や、体系的な現象を重視するなどの作業原則を考えている。ただし、具体的な作業としてそれらの原則をどう実現したらよいか難しい面もあり、最近のコンピュータを使った分類においても、この問題は十分解決されていない。

以下では、全国方言を対象にした分類について具体的に見ていく。まず、総合的な分類を取り上げ、次に言語分野ごとの分類を概観する。

3. 方言分類の実際

3.1. 総合的分類

言語の各分野を総合的に把握し、日本全土にわたる方言の分類を試みたものでは東条操の方言区画が有名である。この分類は、前述のような問題点を抱える反面、全国にわたる穏当な分類として現在でもよく利用されている。東条の区画は大きく3次にわたって発展を見せているが、ここでは最終案とも言うべき1953年に発表されたものを掲げる。これを地図に示せば図1のようになる（加藤正信1977の図による）。

この分類では、全国の方言はまず本土方言と琉球方言とに分けられている。琉球方言は、a・i・uの3母音組織をもつ方言があるなど母音体系に特色がある。また、子音についても、カ行子音が規則的にa・e・oの前で［h］になる地域や、iの前で［tʃ］になる地域がある。さらに、有気音対無気喉頭化音の対立が音韻的に有意味な方言も存在するなど、本土方言との違いが著しい。文法的にも、動詞の終止形はカキュリ・カキュン（書く）のような「連用形＋居り」に由来する形式を用い、形容詞も、タカサリ・タカサン（高い）のような「語幹＋さ＋有り」にあたる形式を使っている。このよ

第 8 章　方言の分類　163

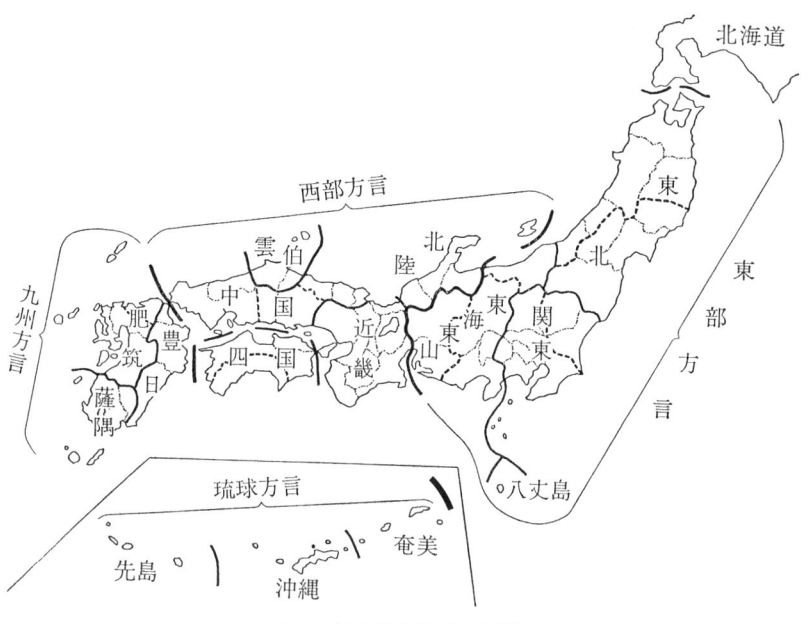

図1　総合的分類（東条操）

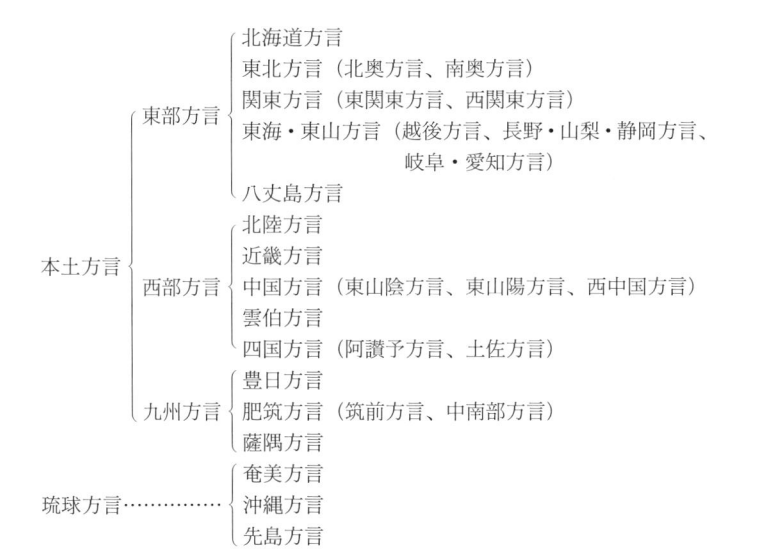

```
本土方言 ┬ 東部方言 ┬ 北海道方言
        │          ├ 東北方言（北奥方言、南奥方言）
        │          ├ 関東方言（東関東方言、西関東方言）
        │          ├ 東海・東山方言（越後方言、長野・山梨・静岡方言、
        │          │                  岐阜・愛知方言）
        │          └ 八丈島方言
        │
        ├ 西部方言 ┬ 北陸方言
        │          ├ 近畿方言
        │          ├ 中国方言（東山陰方言、東山陽方言、西中国方言）
        │          ├ 雲伯方言
        │          └ 四国方言（阿讃予方言、土佐方言）
        │
        └ 九州方言 ┬ 豊日方言
                   ├ 肥筑方言（筑前方言、中南部方言）
                   └ 薩隅方言

琉球方言 ……… ┬ 奄美方言
              ├ 沖縄方言
              └ 先島方言
```

うな顕著な特徴から見て、日本語方言をまず本土方言と琉球方言とに 2 分する考え方は、研究者の間でも一致している。

次に、本土方言の中が、東部方言、西部方言、九州方言に 3 分されている。3 つの方言の特徴は、次に取り上げる都竹通年雄の指標を参照してほしい。なお、このレベルでは、九州方言を西部方言に含ませ大きく 2 分する考えもある。また、逆に、東部方言の中から八丈島方言を独立させ、東部・西部・九州の各方言と並列する案もある。たしかに八丈島方言では、文法的に見て、カコヒト（書く人）、タカケヤマ（高い山）のように連体形に終止形とは異なる形を用い、また、カキンナカ（書かない）、カカラ（書いた）、カクノーワ（書くだろう）など独特の形式が使用されている。

総合的な分類としては、都竹通年雄（1949）の区画も重要である。都竹の分類は、分類に用いた方言上の特徴を明示しているところに方法上の特色が見られる。例えば、本土方言を本州東部方言、西部方言および九州方言の 3 つに分けるにあたっては、下に示すような音韻、語形態、文法にわたる指標が掲げられている。

都竹の分類は、結果としては東条の分類と類似するものの、東北方言的な特徴の強い東関東方言を南奥羽方言に含ませ、近畿方言の中でも孤立的な十津川・熊野方言を独立させるという特色が認められる。また、東条の区画で

項　目	本州東部方言	本州西部方言	九州方言
子音の特徴	強く長い	弱く短い	強く長い
オ段長音	[-oː]	[-oː]	[-uː]
促音の挿入	川ップチ	川ブチ	川ブチ
下一（二）段動詞意志形	掛ケヨー	掛キョー	掛キュー
一（二）段動詞命令形	見ロ	見ヨ・見イ	見ヨ・見イ・見ロ
サ行五段動詞連用形	出シテ	出イテ・出シテ	出イテ
カ変動詞命令形	来ー	来イ	来イ
カ変動詞意志形	来ヨー・来ベー	来ー	来ー・来ー
形容詞連用形	良ク	良ー	良ー・良ー
形容詞終止形	無イ	無イ	無カ
古典語二段動詞	立テル	立テル	立ツル
係助詞	何カ欲しい	何ゾ欲しい	何カ欲しい

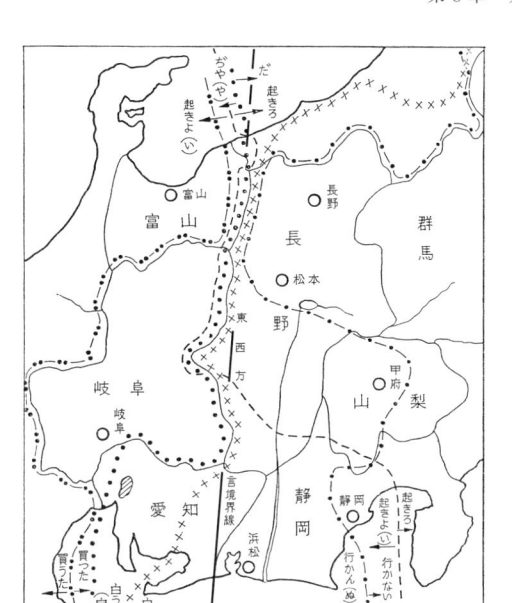

図2　文法事項の東西方言境界線（牛山初男）

は、岐阜・愛知方言を、後に見るようなアクセントの分布を重視して東部方言に分類したのに対して、都竹の区画では西部方言に分類している。これは、図2のような国語調査委員会の調査以来の文法的な事項（牛山初男1969の図による）が重視されたためと考えられる。

3.2.　音韻による分類

　次に分野ごとに見ていく。まず、音韻については金田一春彦（1953）の分類がある（図3）。金田一は全国を発音の面から見た場合、前述のような母音体系上の特徴など、いくつかの顕著な特徴があることをもとに、まず琉球方言を内地方言から分けた。さらに内地方言は、裏日本式方言、表日本式方言、薩隅式方言の大きく3つに分かれるとした。図はこの内地方言の分類を示したものである（加藤正信1977の図による）。

　内地方言のうち裏日本式方言は、イ段音がエ段音ないしウ段音に近く、イ

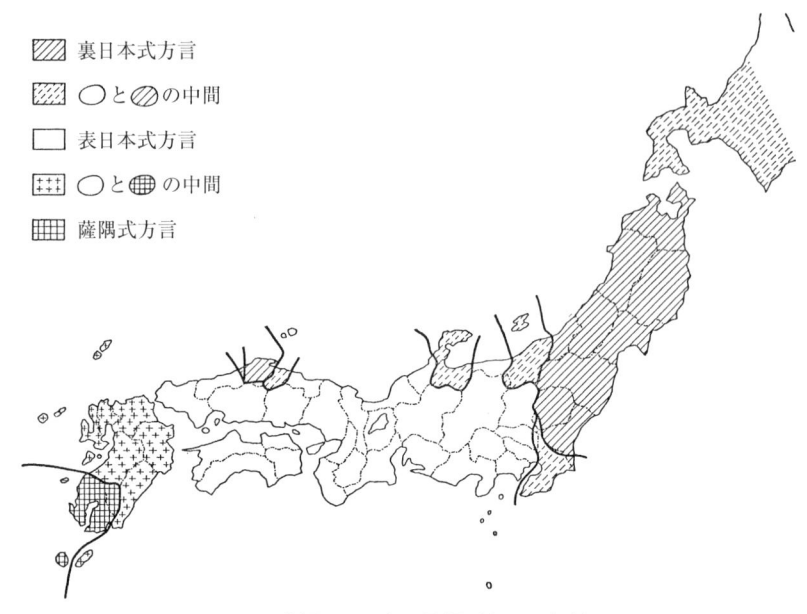

凡例
- ▨ 裏日本式方言
- ▧ ○と▨の中間
- □ 表日本式方言
- ⊞ ○と⊞の中間
- ⊞ 薩隅式方言

図3　音韻による方言分類（金田一春彦）

とエ、シとスなどが統合する。また、ウ段拗音が欠如する傾向をもち、これらの特徴のために「ズーズー弁」と呼ばれている。また、薩隅式方言はイ段母音とウ段母音の脱落が盛んなために、おびただしい閉音節を有するなどの特徴を持つ。これらに対して表日本式方言は、いわゆる発音の標準的な方言のことである。金田一はその後この分類に手を加え、近畿・四国を中心とした1音節を長く引くという特徴や、逆に北奥羽や南九州の長音を嫌うという特色などから、内地方言をさらに細分化している。

　このほか音韻の分野では、特定の要素に注目したものとして、四つ仮名の発音による分類（柴田武 1960）や、リズムの単位による分類（柴田武 1962）がある。前者は「じ・ぢ・ず・づ」の4つの仮名の発音がいくつに区別されるかに着目したもので、共通語と同じ体系の「二つ仮名弁」地域のほか、九州・四国・紀伊半島の一部と山梨県奈良田の「四つ仮名弁」、大分県北部の「三つ仮名弁」、東北および富山・出雲の「一つ仮名弁」があるとしている。

また、後者は、発音のリズムの単位がモーラ（拍）であるかシラブル（音節）であるかに注目したもので、共通語的な「モーラ方言」に対して、「シラビーム方言」は東北地方から北陸地方かけての地域と、飛んで宮崎・鹿児島から南島にかけての地域に分布する。「シラビーム方言」では、撥音や促音、長音が共通語のように1拍分の長さを持たず、非常に短く聞こえる。

3.3. アクセントによる分類

　金田一春彦はアクセントを言語の根幹的部分とみなし、アクセントを中心にした方言分類を考えた（金田一春彦1964）。その概略を示せば図4のようになる（加藤正信1977の図による）。これを見ると、近畿・四国の「内輪方言」を取り囲むように、「中輪方言」「外輪方言」が並んでおり、遠隔地との一致を重視した同心円状の分類であることがわかる。この点が、東条や都竹と異なるユニークな点である。

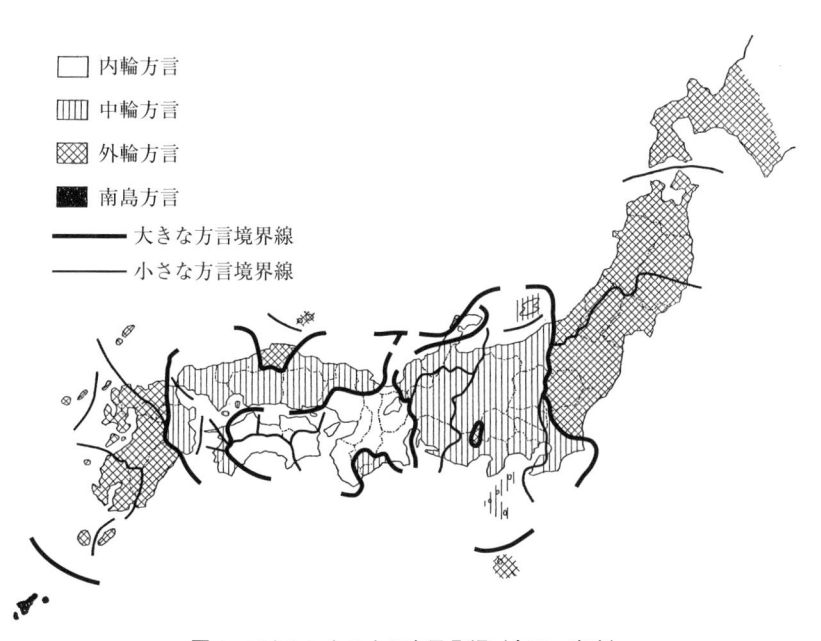

図4　アクセントによる方言分類（金田一春彦）

内輪・中輪・外輪の違いの主要な点は、この順にアクセントの型の種類が減るということである。内輪方言はいわゆる京阪式アクセントの方言であり、高起式と低起式の区別を持ち、型の種類が最も豊富である。中輪方言は内輪方言より単純なアクセントが行われ、だいたい東京式アクセントの地域と重なる。外輪方言はいくつかのタイプのアクセントを包含しているが、特に、型の区別を持たない無型アクセントの地域を含むのが特徴的である。

　金田一の分類はこのようなアクセントを中心としたものであるが、同時に音韻や文法の根幹的な部分とも対応するものであるという。また、全体として内輪方言が最も古い状態を示し、外輪方言が最も新しい段階を示すと考える点、最初から歴史的な観点を強く意識したものとなっている。

　このほか、アクセントに関しては、早田輝洋（1987）の、いわゆるアクセントと声調（トーン）の区別が注目される。日本語方言では、アクセントの位置が有意味な狭義のアクセント方言が東に分布するのに対し、アクセントの種類が有意味な声調方言が西に分布し、その2つのタイプが列島中央部で重なり合っていると考える。中国大陸の言語や日本語の古層との関連を視野に入れた見方である。

3.4. 文法による分類

　総合的分類として示した東条や都竹の分類は、文法に比重が置かれたものであり、その点、文法による分類として見直すこともできる。ただし、文法のみを対象とした分類は、『方言文法全国地図』の準備調査結果を使った井上史雄（1986）などの試みなどが見られるものの、まだ十分なものが出ていない。『方言文法全国地図』は、その後、全国800地点に及ぶ本調査結果が刊行されつつあり、今後これを使った研究が期待される。

　敬語については加藤正信（1973）の研究がある。それによれば、日本語方言は、身内尊敬表現、他者尊敬表現、丁寧表現といった敬語の種類の有無によって分類される。この図はすでに第7章図1で取り上げたので、そちらを参照してほしい。ふつう身内尊敬表現を持つ方言は他者尊敬表現も持ち、他者尊敬表現を持つ方言は丁寧表現も持つので、図の凡例の順に敬語体系が複

雑から単純に向かっている。その段階が塗りつぶし方の明暗の度合いによって示されている。図によれば、身内尊敬表現を持ち敬語表現が比較的発達しているのは西日本と北陸地方であり、逆に丁寧表現しかなかったり、あるいは敬語形式が発達していない地域は関東とその周辺地方であることがわかる。

3.5. 語彙による分類

語彙を用いた区画は納得のいく分類がまだ得られていない。ただし、この分野は『日本言語地図』という整った資料に恵まれたために、いろいろな試みがなされていることもたしかである。

そのひとつに、「分布類型」の把握というテーマがある。語彙は要素が膨大であり、かつその分布も複雑であることから、一気に分類をめざすのではなく、まず個々の項目の分布に注目し類型を求める方向に研究が進んだ。そのようにして明らかにされた分布類型としては、次のようなものがある（『日本言語地図』を資料とした佐藤亮一 1982 の分類による）。

① 全国一律型：雨、耳、鼻、口、綿、竹、馬、今日、あさって、赤い、辛いなど多数。全国的に共通語と同形ないしその音変種が分布。

② 東西対立型：

 a．糸魚川・浜名湖線付近で対立

  あさっての翌日（シアサッテ／ヤノアサッテ）、煙（ケムリ・ケブリ／ケム・ケブ）、茄子（ナスビ／ナス）、鱗（ウロコ／コケ（ラ））、塩辛い（カライ／ショッパイ）、いる（オル／イル）など［いずれも／の左が西語形、右が東語形。以下同じ］

 b．糸魚川・浜名湖線の西で対立

  曾孫（ヒマゴ／ヒコ）、細い（コマイ／ホソイ）、魚（ウオ／サカナ）など

 c．糸魚川・浜名湖線の東で対立

  畔（アゼ／クロ）、牛（ウシ／ベコ）、灰（ハイ／アク）、目（メ／マナコ・マナク）など

③ 表日本裏日本対立型：霜焼け（シモヤケ／ユキヤケ）など［／の左が表日本語形、右が裏日本語形］
④ 周圏型（同心円型）：顔（ツラ／カオ）、とんぼ（アキズ／トンボ）、地震（ナイ／ジシン）、塩味が薄い（アマイ／ウスイ／ミズクサイ）、かたつむり（ナメクジ／ツブリ／カタツムリ／マイマイ／デデムシ）など［いずれも／の右側ほど分布の中心に近い］
⑤ 交互型：ふすま（カラカミとフスマ）、舌（シタとベロ）、いくつ（ナンボとイクツ）、いくら（ナンボとイクラ）、大きい（オーキイとイカイ）、貸す（カスとカセル）など
⑥ 複雑型：つらら（ツララ、タルヒ、タルミ、ホダレ、アメンボー、スガ、カネコーリ、スマル、マガンコ、ナンリョー、ヨーラク…）など多数

このうち、「全国一律型」と「複雑型」とは両極端に位置するが、いずれも分布模様が認められない（ないし認めにくい）という点で共通しており、厳密には類型とは呼べない。また、「表日本裏日本対立型」は特徴的な分布であるが報告例が少なく、「交互型」の事例も多いとは言えない。分布類型として代表的なものは、「東西対立型」と「周圏型（同心円型）」の2つであると言ってよい。方言史の観点からも、この2つの類型についてはその成立過程が注目されてきた。

もっとも、数の上では「複雑型」、すなわち分布の様相を明確につかみがたいものが多く、そこに語彙から全国方言を分類することの難しさがある。ただし、音韻や文法などで差の出ない狭い地域の方言を細かく分類するのには、逆に語彙が有効になることもある。

このほか、語彙に関しては、共通語語形の都道府県別分布率を地図にあらわした研究がある（河西秀早子1981）。これは方言から共通語に視点を転換したものであり、結果は関東を中心に周圏的な分布が見えている。語彙以外の分野の資料も合わせれば、共通語との類似度による方言の分類を考えることができそうである。

3.6. その他の分野

　ここまで見てきた以外の分野、例えば、文章・談話や言語行動、言語生活などの方言分類はまだほとんどなされていない。それは、これらの分野の研究の歴史が浅いためであり、地域ごとの様子が十分わかっていないという事情による。したがって、まず各地の実態を把握することからはじめなければならない。

　一般人の方言意識として、「あの地域の人々のことばはきつい」とか「ずいぶんもってまわった物の言い方をする」といった感想をしばしば聞くことがある。それらの指摘は、個々の発音とか単語を指すのではなく、広く談話や言語行動の様子をとらえている場合がある。例えば、久木田恵（1990）によれば、ものごとを説明する場合、東京方言は話し手が自己主張をあらわにし聞き手を納得させる方向に展開するのに対して、関西方言はひたすら状況を客観的に詳しく説明する展開をとり、この違いがお互いを「きつい」「回りくどい」と感じる１つの原因になっている可能性があるという。こうした観察の積み重ねから、談話や言語行動の面での方言の類型化、さらには分類が可能になっていくはずである。

4. 参考文献

　ここでは方言分類の方法と、全国的なレベルでの分類の実際について見てきた。これらのテーマについて全般的に補うためには、加藤正信（1977、1990）や小林隆（1988）を読むことを勧める。

　地方レベルにおける方言の分類は、ここでは取り上げることができなかった。この点については、飯豊毅一他編（1982〜1986）や平山輝男他編（1992）に、地方ごとないしは都道府県ごとの分類が具体的に示されているのでそちらを参照してほしい。

　コンピュータを用いた計量的な方法に興味のある人は、上で触れた井上史雄（2001）で知見を深めるとよい。また、井上史雄（2002）は、今後の方言分類の課題を、特に計量的手法を中心に解説していて参考になる。

方言の分類というと、日本の方言学界では方言区画論が活発に研究された時期があった。その集大成とも言えるのが日本方言研究会編（1964）である。この本は、多くの研究者が、理論的な問題から具体的な実践までいろいろなアイディアを出し合っていて興味が尽きない。そこでの議論は、方言分類の新しい試みにとって今でも参考になるはずである。

文献

飯豊毅一・日野資純・佐藤亮一編（1982～1986）『講座方言学』全10巻、国書刊行会

井上史雄（1983）「方言イメージ多変量解析による方言区画」平山輝男博士古稀記念会編『現代方言学の課題1 社会的研究編』明治書院（井上『言葉づかい新風景』1989 秋山書店に再録）

井上史雄（1986）「文法現象による計量的方言区画」『言語研究』89（井上2001に再録）

井上史雄（2001）『計量的方言区画』明治書院

井上史雄（2002）「方言区画論の再生」日本方言研究会編『21世紀の方言学』国書刊行会

牛山初男（1969）「語法上より見たる東西方言の境界線について」『東西方言の境界』私家版（図は牛山1967「語法から見た中部日本方言の分布」東洋大学『文学論叢』37にもあり、この論文は井上史雄他編『日本列島方言叢書8 中部方言考①』に再録されている。）

奥村三雄（1958）「方言の区画」『国語国文』23-3

河西秀早子（1981）「標準語形の全国分布」『言語生活』354

加藤正信（1973）「全国方言の敬語概観」林四郎・南不二男編『敬語講座6 現代の敬語』明治書院

加藤正信（1977）「方言区画論」『岩波講座日本語11 方言』岩波書店

加藤正信（1990）「方言区画論の歴史」日本方言研究会編『日本方言研究の歩み 論文編』角川書店

金田一春彦（1953）「音韻」東条操編『日本方言学』吉川弘文館

金田一春彦（1964）「私の方言区画」日本方言研究会編『日本の方言区画』東京堂出版（金田一『日本語方言の研究』1977、東京堂出版に再録）

久木田恵（1990）「東京方言の談話展開の方法」『国語学』162

熊谷康雄（2002）「方言区画論と方言地理学－計量的方言区画のためのネットワーク法の開発を通して－」馬瀬良雄監修『方言地理学の課題』明治書院

国立国語研究所（1966〜74）『日本言語地図』全6巻、大蔵省印刷局（→国立印刷局）

国立国語研究所（1989〜刊行中）『方言文法全国地図』全6巻予定、大蔵省印刷局（→国立印刷局）

小林隆（1988）「方言の分類」金田一春彦他編『日本語百科大事典』大修館書店

佐藤亮一（1982）「方言語彙の分布－『日本言語地図』に見る」佐藤喜代治編『講座日本語の語彙8 方言の語彙』明治書院

柴田武（1960）「方言の音韻体系」『国文学解釈と鑑賞』25-10（柴田『方言の世界』1978、平凡社に再録）

柴田武（1962）「音韻」国語学会編『方言学概説』武蔵野書院

都竹通年雄（1949）「日本語の方言区分けと新潟県方言」『季刊国語』3-1、群馬国語文化研究所（都竹通年雄『都竹通年雄著作集1』1994 ひつじ書房、および井上史雄他編『日本列島方言叢書11 北陸方言考①』1996 ゆまに書房に再録）

日本方言研究会編（1964）『日本の方言区画』東京堂出版

早田輝洋（1987）「アクセント分布に見る日本語の古層」『月刊言語』16-7

平山輝男他編（1992）『現代日本語方言大辞典』1、明治書院

第9章 方言の歴史

1. 方言史の地理的構造

　各地の方言を記述し、相互の違いに基づいて方言を分類することは共時的な作業であるが、その作業の中で、なぜそうした違いが方言に生じているのか、次の興味が湧いてくるにちがいない。この興味に答えるためには、方言に対して通時的な見方を導入する必要があり、それは方言の歴史、すなわち「方言史」を考えることにほかならない。

　ことばの歴史ということでは、すぐに「日本語（国語）史」という用語が頭に浮かぶ。これは、日本語（国語）の歴史という意味であるが、いまその中味を地理的広がりの観点から分類すれば次の3種類になる。

　　①中央語史＝中央語の歴史
　　②地方語史＝中央以外の地域のことばの歴史
　　③全国語史＝①＋②

　「中央語史」とは、中央語、すなわち歴史的に政治や文化の中心地であった土地におけることばの歴史を指す。各時代の規範的なことばとしての位置を占めることと、資料が豊富に残っていることから、普通、日本語（国語）史と言えば、中央語史を指すことが多かった。

　これに対して、中央を除いた地域のことばの歴史が「地方語史」である。地方といっても、市町村単位の狭いものから、東北地方、関東地方といった

広範囲に及ぶものまでさまざまなレベルがありうる。しかし、いずれも中央語を含まない点で地方語史ということになる。方言史と言った場合、このような各地の方言の歴史を指すことが多い。

　一方、「全国語史」とは、地理的に全国的な広がりを対象にした日本語（国語）史を言う。上記の中央語史と地方語史とをあわせたものがそれに当たる。地方語史はそれぞれの地域のみで完結しているものではなく、隣接地域など他の地域の地方語史や中央語史との関係の上に成り立っている。したがって、それらをばらばらに扱うのではなく、全国的な視野のもとで総体として扱う必要が出てくる。例えば、東西日本の方言対立とか、東北方言と九州方言との一致などといった巨視的なテーマを論ずるには、中央語史との関連を含めた全国的な視点が要求される。方言史と言った場合、このような全国的なことばの歴史を指すこともある。

　全国語史の記述が方言史の最終目標であることは言うまでもない。地方語史について考える際にも、つねに全国語史との関わりを視野に入れておく必要がある。

2. 方言史の方法

　歴史を考えるための資料としては、過去の文献が使われるのが普通である。これまで、日本語（国語）史の資料としては文献が中心であり、日本語（国語）史の一環である方言史においても文献資料が役立つことはもちろんである。しかし、文献はほとんどの場合、中央語で書かれており、地方語で記されたものは乏しい。したがって、方言史においては、文献以外の資料を利用する必要が出てくる。中でも、現代方言自体が、一定の手続きを経ることにより方言史の資料として活用されている。

　すなわち、方言史の方法を資料の面から分類すれば、大きく次の2種類があることになる。

　　a． 文献学的方法＝文献を資料とする
　　b． 方言学的方法＝現代方言を資料とする

2.1. 文献学的方法

「文献学的方法」とは過去の文献を資料とする方法であり、この方法で方言史を考えるためには、上で述べたように、地方語文献の乏しさが問題になる。また、量的な問題のみでなく、文献にあらわれたことばがどの程度忠実にその地方の方言を反映しているのか、質的な面も検討課題である。しかし、過去の方言についての直接的な情報を教えてくれるだけに、地方語文献の価値はきわめて貴重である。

具体例をあげると、上代では『万葉集』の東歌や防人歌が当時の東国方言を反映していることで有名である。中世では、『日本大文典』や『日葡辞書』などの資料に、キリシタンが観察した当時の東国方言や九州方言などについての記述が見られる。近世に入ると地方語文献の数も増えるが、特に各地で方言集の類が生産されるようになったことが注目される。日本初の全国的な方言集である『物類称呼』もこの時期に登場した。また、近世には、『東海道中膝栗毛』のような方言を用いた庶民文学もあらわれ、方言による戯作の類は地方でも作成された。一方、自然に方言的な要素が混じり込んだ資料としては、実用的な文献である古文書や日記などの記録類が挙げられる。また、東国系の抄物には、東日本的な方言の特徴が見られることが知られている。これらの地方語文献を主体とした方言史の研究も行われている（彦坂佳宣 1997）（迫野虔徳 1998）。

このような地方語文献の発掘は今後も続ける必要がある。特に近世についてはまだ有望な資料が残されており、各地の産物帳や農書などさまざまな文献から方言の抽出が試みられている。

なお、前節で述べたように、中央語史も全国語史の一部として方言史に組み込む立場からすれば、中央語の文献資料も方言史の基本的な資料であることを忘れてはならない。

2.2. 方言学的方法

「文献学的方法」が過去の記録を資料とするのに対して、「方言学的方法」は現代の生きた方言を資料とする。資料が現代のものであるということは、

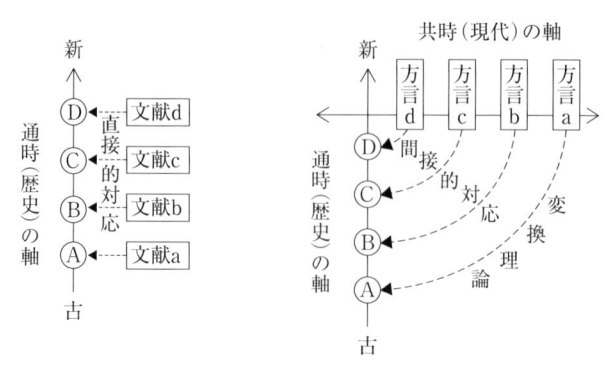

図1　文献学的方法の概念図　　図2　方言学的方法の概念図

それをもとに歴史を再構成する方法が必要だということである。文献学的方法でも、「本文批判（テキストクリティーク）」などの基礎的な手続きがとられることがあるが、基本的に図1のように文献（a・b・c・d）の成立時代順に現象を並べれば言葉の歴史（A→B→C→D）を構成できる。これに対して、方言学的方法の場合には、図2のように共時（現代）の軸を通時（歴史）の軸に変換する根本的な理論が要求される。そのような理論を持ち、方言史の構築を目的とする方法には、主として「比較方言学」と「方言地理学」とがある。また、「社会方言学」のうち、話者の年齢差などが方言史の方法として補助的に利用できる。社会方言学については第10章で述べるので、ここでは比較方言学と方言地理学について解説しよう。

(1)　比較方言学
　①　基本的な考え方
　比較方言学は、言語史の方法である比較言語学を日本語内の方言に適用したものである。すなわち、ある方言と別な方言とが親子関係なのか兄弟関係なのか、また、どういう祖語から分れてきたのか、そういう系統関係の解明を目的とする。その際、ことばの中でも体系性の強固な部分に注目し、2つの方言に規則的な対応を見いだすことによって、両者の系統関係を証明する。

比較方言学では、変化の要因をことば自体の中に求める。すなわち、発音の容易性や記憶負担の経済性を指向する「合理化」と、発音の明確性や言語表現としての示差性を追求する「弁別化」の2つの要因が、言語の自律的な変化を促すと考える。そして、そのような要因によって、変化が一定方向に進行し、場合によっては同じ過程が繰り返されることもあるとする。

② アクセント方言史

比較方言学は、特にアクセントや音韻の分野に適用され成果を上げてきた。ここでは、アクセントから具体例をあげてみよう。

東京方言と関西方言の違いとして耳立つものにアクセントがある。両者のアクセントは高低関係が逆に聞こえるという印象をもつ人がいるが、このことは、両者の間に規則的な対応関係があることを直感的にとらえている。いま、2拍名詞について京阪式と東京式のアクセントを示すと、次のように多くの語に一定の対応が認められる（高い拍は●、低い拍は○、途中に下降のある拍は◎、▼▽は助詞、（ ）内は語単独のアクセント）。

京阪式	東京式	語例	平安末期京都	類
●●▼	○●▼	飴、枝、顔、風、鼻など	……（●●）……	第1類
●○▽	○●▽	歌、音、型、川、橋など	……（●○）……	第2類
●○▽	○●▽	泡、池、色、腕、花など	……（○○）……	第3類
○○▼(○●)	●○▽	糸、稲、笠、肩、箸など	……（○●）……	第4類
○●▽(○◎)	●○▽	雨、井戸、桶、声、琴など	……（○◎）……	第5類

このような規則的な対応の存在は偶然とは考えられない。両者に歴史的な関係があったことを物語るものである。上の表で見ると、京阪式では「糸、稲、笠…」のグループと「雨、井戸、桶…」のグループを区別するのに対して、東京式では同じアクセントに統合されているのがわかる。アクセントがわざわざ2つのグループに分化するよりも、統合する方が自然な変化であることから、区別に関しては京阪式の方が東京式よりも古い姿をとどめると考えられる。

また、アクセントの内容の面でも、京阪式から東京式への変化の方が合理

的に説明できる。すなわち、「飴、枝、顔…」のグループに起きた変化は、第1拍から高く発音することの労力を軽減しようとしたものである（＝語頭低下の変化）。また、「歌、音、型…」と「泡、池、色…」のグループに生じた変化は、高い発音は低い発音より労力を伴うため、少しでも後ろへ送って発音しようとすることによる（＝アクセントの山後退の変化）。さらに、「糸、稲、笠…」と「雨、井戸、桶…」のグループの変化および統合は、語の出だしを高めて明晰な発音をしようとする欲求（＝語頭隆起の変化）と、2つのグループの聴覚上の類似による統合（＝型統合の変化）がもたらした変化として説明できる。

　ところで、金田一春彦は『類聚名義抄』という古辞書に付された声点などから平安時代末期の京都アクセント（「名義抄式アクセント」）を推定し、例えば上記の2拍名詞には5つのグループがあるとした。これがアクセントにおける「類」の概念である。上の表で右側に示したものがその類であるが、現在の京阪式で同じアクセントになっている第2類と第3類を分けてあるのは、平安末期には両者が区別されていたことを示す。そして、各地の方言アクセントは、この類ごとにまとまった動き方をすることが知られており、そのことを手がかりに、名義抄式アクセントから全国のアクセントが分派していった系統関係が論じられている。上で見た東京式アクセントも、直接、現代の京阪式アクセントから分かれたものではなく、このような古い段階の京阪式アクセントから変化したものと考えられている（金田一春彦1977）。

　全体的に見て、アクセントは型の種類の多い複雑なものから、型の少ない単純なものへと変化する方向で系統を追うことができ、したがって無型アクセントは最も変化の進んだアクセントであるという説が有力である。第8章で見たように、アクセントの分布は型の豊富な京阪式アクセントを真ん中に、日本の外側に向けて東京式アクセント、無型アクセントの順に並んでいるが、上記の考え方によれば、外側の方言ほど変化が進んだ姿を呈しているということになる。もっとも、京阪式・東京式・無型アクセントの関係を、そのように直線的・一方的にとらえることに賛成しない立場もある（山口幸洋1998）。

③　琉球方言の系統

　このほか比較方言学の成果で大きいのは、服部四郎らによる本土方言と琉球方言との系統関係の証明である（服部四郎 1932）。例えば、首里方言は i・a・u の 3 母音組織であるが、本土方言（共通語）の i・e・a・o・u との間には、基本的に、

　　本土方言　首里方言　　本土方言　首里方言　　本土方言　首里方言
　　　i ＞ i　　　　　　　a ——— a　　　　　　o ＞ u
　　　e　　　　　　　　　　　　　　　　　　　　u

という規則的な音韻対応が認められる。したがって、「耳」は [mimi]、「鼻」は [hana]、「口」は [kutʃi] のままだが、「手」「汗」は [tiː]［ʔaʃi］、「心」「股」は [kukuru][mumu] となっている。また、本土方言のキは首里方言では規則的にチに対応している。さらに、琉球には上代語の母音に見られる甲乙の区別を残すような方言が存在することも明らかになった。文法形式では、琉球方言の動詞の終止形に、カキュン（書く）のような一見変わった形が用いられているが、これは「書く」の連用形カキのあとに「居り」のような語が加わったものとして説明がつく。ともすると別の言語のように思われがちな琉球方言は、このような成果によって、本土方言と共通の祖語から分かれた日本語方言の 1 つであることが疑いのないものとなった。

　比較方言学の資料は各地方言の記述調査の結果である。体系的で綿密な調査があってはじめて比較が可能であることを忘れてはいけない。記述方言学という方法は、それ自体は共時方言学のものであるが、比較方言学にとっての前提的な方法であるとも言える。記述方言学の方法については、第 2 章から第 7 章にかけて解説した。

（2）　方言地理学
　①　基本的な考え方
　方言地理学は 20 世紀初頭、フランスの言語学者 J. ジリエロンによって打

ち立てられた。日本での成果としては昭和初期の、柳田国男（1927）『蝸牛考』が早い。この方法は、伝播という外的な要因による方言の変遷を、言語事象の地理的配列、すなわち「方言分布」の解釈を通じて明らかにするものである。この点、言語内部の要因を重視し、言語体系間の構造的な比較という方法をとる比較方言学とは異なる。日本の方言地理学は、特に語彙の面で研究が活発に行われてきた。

　ことばは伝播するものであり、方言分布はその伝播の産物として形成される。したがって、分布の配列を分析することによって歴史を明らかにすることができる、というのが方言地理学の基本的な考え方である。そして、そのような考え方を具体化したのが、「方言周圏論」である。これは、ちょうど池に小石を落とした際、そこから波紋が広がるように、文化の中心地で生まれたことばが順次周囲に伝播することによって、同心円的な分布ができあがる、というものである。したがって、図3のように中心地から離れた地域ほど古いことばが分布することになり、これを逆算的にたどることによって歴

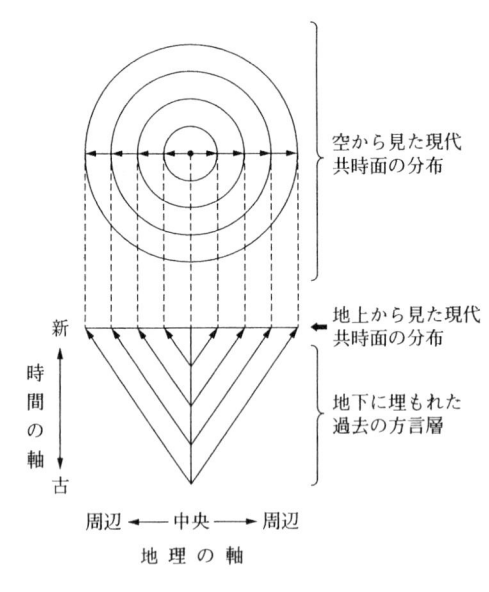

図3　方言周圏論の模式図

史を推定できると考える。

② 方言周圏論の適用例

柳田国男は先の著書において、「かたつむり（蝸牛）」の方言を使って方言周圏論を証明した。方言周圏論は分布から歴史を推定する有効な原則であり、適用例も数多く知られている。

例えば、図4は国立国語研究所の『日本言語地図』から「顔」の方言分布を簡略化して示したものである。日本の中央部にカオが分布し、その両側の地域でツラが使用されていることがわかる。これに方言周圏論を適用すれば、はじめツラの分布していたところへ中央から新たにカオが広まりつつある状態と推定することができる。この場合、周圏分布といっても、ツラ—カオ—ツラという二重のものであり、このような基本的な周圏分布を、特に「ABA分布」と呼ぶこともある。なお、ツラの分布の外側には、西の琉球八重山地方にウムチ、すなわちオモテ（面）が分布している。もし、東のツ

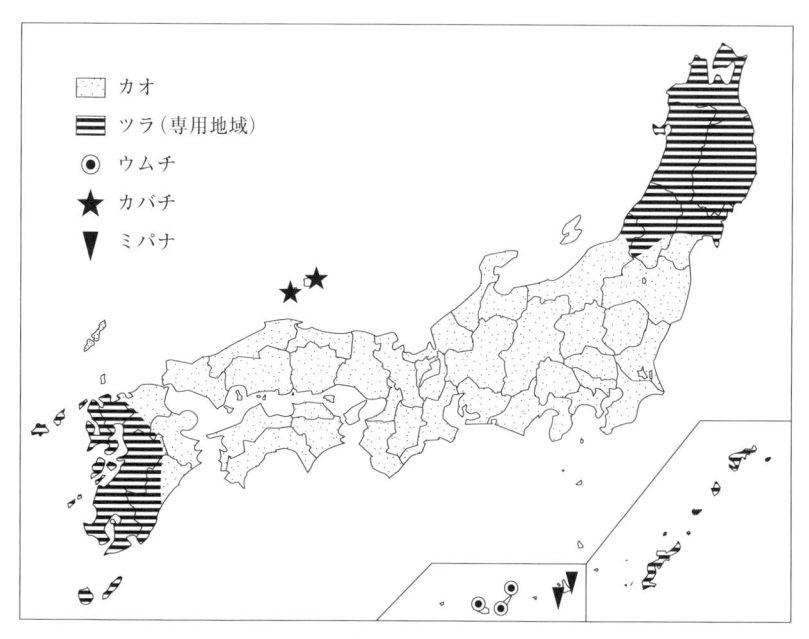

図4　「顔」の方言分布

ラの外側にもオモテが存在していた時期があったと仮定すると、全体で、オモテ―ツラ―カオ―ツラ―（*オモテ）のように三重の周圏分布になり、オモテ→ツラ→カオという変遷が推定される。実際、文献との対照によれば、オモテが「顔」の名称の中で1番古い語であることが確認されている。

次に狭い地域の事例を取り上げてみる。図5は柴田武らが行った新潟県糸魚川地方の調査結果であり、「肩車」の名称が地図化されている。分布をもとに、この地方の「肩車」の呼び方の変遷を推定すれば、次のようになる（柴田武 1969）。すなわち、この地域の中心地は、海岸部の糸魚川（ITOIGAWA）であり、そこを中心にことばが周囲に広まったと考えられる。たしかに、地図を見ると、糸魚川を中心にいくつかの名称が層状に展開しているのがわかる。これに方言周圏論をあてはめると、外側に分布するものから順に、テングルマ→シシカカ→カッカラカツ→カッテンドンドン→オチゴサン、という変遷を描くことができる。テングルマは「手の車」であり、シシカカは子供を肩に載せた越後獅子、カッカラカツ・カッテンドンドンは獅子舞や祭礼のお囃子の音、オチゴサンは祭礼の際の肩車された稚児行列、

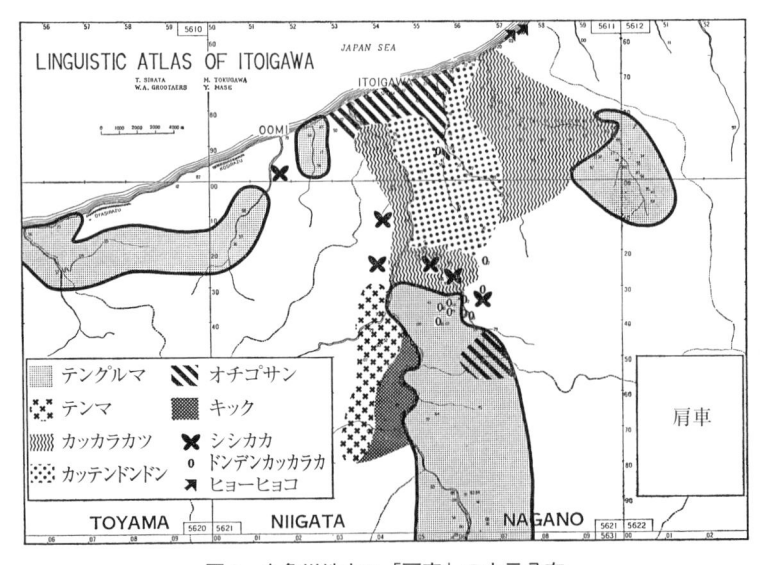

図5　糸魚川地方の「肩車」の方言分布

というぐあいに連想で結ばれている。

③　方言周圏論の限界

このように方言周圏論は有効な原則であるが、すべての方言分布を説明できるわけではない。例えば、「顔」の地図における隠岐のカバチと琉球宮古地方のミパナ、「肩車」の地図におけるテンマ、キック、ドンデンカッカラカ、ヒョーヒョコは周圏分布をなさず、それぞれの地域で独自に生じた可能性がある。例えば、ミパナは「目鼻」であり、宮古地方ではこの語が「顔」の名称に拡大して用いられるようになったものであろう。また、「肩車」のドンデンカッカラカは、その地域でカッテンドンドンとカッカラカツとが「混交」してできたものと説明される。

さらに、「肩車」のオチゴサンは糸魚川中心部に分布することから、最も新しいと判断したが、地図を詳細に見ると内陸部にも使用地域があり、単純には考えられない。この語は、神社の祭礼に稚児が肩車をされて登場することによる命名であり、内陸部のオチゴサンの回答地域にも同じような行事が行われることから、その点を契機に、糸魚川のオチゴサンが持ち込まれた可能性が考えられる。

一般に語彙の分野では方言周圏論がよく成り立つ。しかし、常に新鮮な表現を求めてことばを取り替える語彙のような分野と異なり、体系性の強固な音韻やアクセントなどでは、規範意識の強い中心地よりも、そうでない周辺地域の方が独自の変化が生じやすいという見方がある（「方言孤立変遷論」楳垣実1953）。また、同じ語彙の中でも、命名法が極めて単純な語の場合には各地で同じ言い方が自然に発生する場合がありうる（「多元的発生の仮説」長尾勇1956）。音韻やアクセントも、もし変化の方向が各地で同一であるならば、見かけ上、周圏分布が成立することになる。さらに、上で見た糸魚川のオチゴサンのように文化的なつながりをもとに、ことばが隣接地域を飛び越し離れた地域に運ばれることがあり、「飛び火的伝播」と呼ばれている（佐藤亮一1986）。これには、人の移住や事物の移動、あるいは、海上交通などが媒介になることもある。

以上のように、方言分布の分析は、方言周圏論を軸にしながらも、複数の

可能性を検討しながら進める必要がある。

3. 方言史のテーマ

　方言史といってもさまざまなテーマがありうる。自分が取り組むテーマを見つけるためには、次のような点について考えておくことが必要である。
　　（1）　対象とする地域はどこか（狭域地方、広域地方、全国）
　　（2）　対象とする言語事項は何か（個別の要素、各分野、全体）
　　（3）　どのような方法論を用いるか
　　（4）　変化の要因に重点を置くかどうか
　　（5）　方言形成のモデル化を試みるかどうか
　以下、順番に見ていこう。

3.1. 対象とする地域の設定

　どの地域の方言史を研究するかは、テーマの設定にとって重要な点である。「○○地方の方言史」というように、対象となる地域の枠を優先的に限定していく方法（「地域優先型」）もあれば、取り上げる言語事項の性格からみて、必要に応じて調査地域を選んでいくというやり方（「事項優先型」）もある。その範囲は、市町村といった狭い範囲から日本全域に至るまで、さまざまなレベルがありうるが、「事項優先型」では、例えば、東北と九州というように非常に離れた地域を対象としなければいけない場合もある。

　卒業論文では、郷土の方言史に取り組むことがテーマになりうる。地方公共団体が行う地方誌史の作成で、地域史の一環として方言史を取り上げるという発想もある。郷土をフィールドにすれば、自分の生まれ育った地域だけに興味が湧くし、その地域の自然や文化について知っていることが方言史の記述に役立つ。もっとも、狭い地域を扱う場合でも、それを含む広い地域との関わりに注意すべきことは言うまでもない。一方、方言における古典語の歴史的展開を調べてみたいとか、中央語史と対応するような長さで歴史を明らかにしたいというような場合には、地理的にも日本全国を視野に収めた方

言史を考えていく必要がある。

3.2. 対象とする言語事項の選定

　方言史のテーマを決めるには、どのようなことばの歴史を取り上げるのかということも当然考えておかなければいけない。アクセントなのか語彙なのか、形態なのか意味なのか、要素なのか全体なのか、などといった点である。そもそも方言にどのような言語的側面があるかは第2章から第7章を見るとよい。

　狭い地域を扱う場合には、その地域内で方言差が認められる言語事項を選ぶ必要がある。東西方言境界など日本語方言を大きく区分する境界線の周囲は別にして、一般に市町村レベルの方言史では、狭い地域でも差の出やすい語彙項目の比重が大きくなる。また、調査労力からみて、調査地域が狭い場合には多くの事項を対象にできるが、広い場合には特定の事項に限定して調査することが多い。理想としては、すべての言語事項を総合的に明らかにすべきだが、研究の現段階では、各分野ごと、あるいは要素ごとに歴史を考えているのが現状である。まして、イントネーションや談話、言語行動といった新しい分野は十分手がつけられておらず、方法論の検討やデータの収集自体が求められている。

　古典に興味のある人は、文献で用いられている古語が方言の中にどのように展開したか追跡してみるのも面白いだろう。逆に、中央語にない方言独自の形式や用法に注目し、それらの発生について考えることも興味深い。

3.3. 方法論の選択

　次に、どのような方法論で方言史を考えていくのか決めなければならない。比較方言学ならば、対象とする言語事項にとって変化の過程を反映すると予想される複数の地点を選び、記述調査を行う必要がある。方言地理学ならば、一定の範囲について分布調査を実施し方言地図を描くことになる。文献学的方法の場合には、地方語文献を対象に方言的要素を採集しなければならない。

もっとも、従来の研究の反省点として、個別の方法論に頼り過ぎ総合的な立場からの分析が弱かったということがある。例えば、比較方言学の独壇場であるアクセントも、伝播や接触による変化がありうるはずである。方言地理学が専門とする語彙の分野も、例えば語形変化や意味変化の一般的傾向をもとに方言間の通時的比較を行うことが可能であろう。さらに、それらの方言学的方法に文献学的方法を総合することも必要である。特に、全国方言史を構築する場合には、各地の方言の源流となった中央語史を、文献資料によって把握しておかなければならない。

　方言学的方法で使用するデータは、研究の趣旨に添う調査票を用いた、いわゆる方言調査によって得るのが理想である。ただし、各地の記述報告や方言集、方言地図、談話資料など、既存のデータを使って大局的な結論を得ることも可能である。今後、伝統的方言の衰退に伴い方言調査が難しくなる時代を迎えると、そのような既存データの活用がますます重要になってくる。中央語史については、『日本国語大辞典』といった大部な歴史的国語辞典が完成していることからわかるように、これまで多くの研究の蓄積がある。したがって、それらを参照することからはじめ、不足の部分を独自の調査によって補っていくのがよい。

3.4. 変化の要因への取り組み

　言語史の研究は変化の過程を明らかにするだけでなく、その要因の解明にも取り組もうとする。方言史においても、どのように変遷したのかという記述とともに、なぜ変化したのか要因を検討することが必要になる。特に、方言学的方法による方言史ではデータが現代語であることから、今まさに変化する現場を目撃することができ、変化の要因の解明にとって有利である。

　とりわけ方言地理学を使った方言史では、主に狭い地域をフィールドとして変化の要因に関する研究が活発である。自然地理（山、河川、海、気候、植生など）や人文地理（交通網、行政区画、学区、通婚圏、買物圏など）と方言分布との関係が論じられ、民具や習俗の広まりなど民俗学的事項を踏まえた方言史の検討がなされている。さらに、「同音衝突」「類音牽引」「混交」

「民間語源」など、方言の伝播・接触がもたらす言語変化の要因についても研究が進んでいる（W. A. グロータース 1976）（馬瀬良雄 1992）。一方、言語の内的要因を重視する比較方言学の立場からは、認知言語学的な意味変化の分析や、「文法化」の規則性の解明などが期待される。

以上のような研究は、個別の方言史の範囲を越え、一般言語学への寄与にもつながるものと言える。

3.5. 方言形成のモデル化

個々の方言史を積み重ねていくと、日本語方言がいかにして形成されてきたか一般化を試みることができる。そのような一般化は方言史研究の最終目標として帰納的に導かれるものであるが、一定のモデルを仮定し演繹的に検討することも必要である。具体的な記述と同時にこのような課題に取り組むことも、方言史の重要なテーマになる。

従来の方言史研究でも、「方言周圏論」や「方言孤立変遷論」「多元的発生の仮説」といった有効な考え方が提出されてきた。ただし、これらはあくまでも原理であり、日本語方言という具体的なフィールドにどのように適用されるのか、現実的なモデルに仕上げていくという課題が残されている。対立的に理解されがちな方言周圏論と方言孤立変遷論は、方言形成の一面を強調したのみで、実際の方言史はそれらの複合的なモデルによらなければ説明できないと考えた方がよいであろう。周圏分布と東西対立という、日本語方言において顕著な分布類型を同時に説明するモデルが求められるのである。

このようなモデルにおいて考慮されるべき要素はなるべく多い方がよい。これまでの方言史は、「現象の発生地」と「発生時期（順序）」、そして「拡大範囲」の主として3つの観点から論じられることが多かったが、例えば現象拡大の「スピード」についても視野に入れるべきである。この点は、徳川宗賢（1996）が、畿内中央からの単語の伝播速度を年速 0.62 キロと計算していて参考になる。また、方言の源流は過去の中央語に行き着くことの多いことからすれば、歴史的中央語との関係も方言形成モデルの一環に収める必要がある。歴史的中央語の全体像のうち、形式的・意味的に見て、あるいは

時代的、位相的に見てどのようなことばが方言の形成に関わったのか明らかにしたいということである。例えば、位相面については、方言に伝播するのは中央でも庶民階層の口頭言語であり、したがって、方言史は、文献から知られる上層の書記言語とは必ずしも結びつかない場合のあることがわかっている（小林隆 2000）。

4．方言史の実際－「こそ」を例に－

　本節では具体的な事例を紹介しながら、方言史を編むときの方法や問題点について考えてみることにする。
　ここでは、個別の言語形式を対象にし、副助詞の「こそ」を取り上げる。「こそ」は古典文法では係り結びの規則で有名であるが、その後、方言の中でどのような歴史的展開をなしとげたのであろうか。すなわち、「こそ」の全国方言史を描くというテーマをここでの課題として設定する。
　資料は、これまで各地から「こそ」に関して報告された既存のデータである。それらを利用し、「こそ」の方言史の輪郭を描写する。

4.1．現代共通語との対比
　方言の「こそ」は現代共通語の「こそ」に比べ、幅広い用法を持つ。その主たる特色を整理すれば、次のようになる。
　　① 構文上の制約：「こそ～已然形」の係り結びが見られる。それらは、以下の３つのタイプに分類され、とりわけ a タイプの報告例が多い。
　　　　a．逆接の従属節を作る
　　　　b．順接の従属節を作る
　　　　c．そこで終止する
　　② 反語用法：文末に位置し、反語をあらわす用法が認められる。
　　③ 限定用法：現代語の「しか（～ない）」にあたる「こそ」が観察される。
　　④ 終助詞用法：終助詞として作用する「こそ」が認められる。

⑤　間投助詞用法：間投助詞として作用する「こそ」が認められる。
　一般に、方言は次の２つの要素によって形成される。
　　（１）　中央語の地方への伝播
　　（２）　地方における独自の改新
　方言の「こそ」がもつ上記①から⑤までの特色も、この（１）ないし（２）の要素との関わりで説明できる。すなわち、①②は、すでに現代共通語では滅びてしまった歴史的中央語が方言に保存されたものであり、③④⑤は、中央語（共通語）と関わりなく方言の中で独自に生み出された用法と考えられる。

4.2.　歴史的中央語の保存

　まず、①「構文上の制約」としてあげた「係り結び」については、これが上代以来、中央語の「こそ」を特徴づける重要な要素だったことは言うまでもない。上記の３つのタイプのうち、ここでは文献によくあらわれるａとｃのタイプの例を示そう。方言の例（○印）と古典語の例（●印）を対比する。

　ａ．逆接タイプ
　○アノウチニャー　山コソ　アレ、田ンボ　ヒトツ　有リャーヘン。
　　［あの家には山なんかはあるけれども、田ひとつありはしない。］
　　　　　　　　　　　　　　　　　　　　（兵庫県但馬地方：岡田荘之輔 1977）
　●中垣こそ　あれ、一つ家のやうなれば、望みて　預かれるなり。
　　［中垣なんかはあるけれども、一続きの屋敷みたいなものだから、自分から望んで預かったのだ。］　　　　　　　　　　　　（『土佐日記』）
　ｃ．終止タイプ
　○ワガジャカラコソ、銭ヨー　カータモンナレ。
　　［（ほかの誰でもなくまさに）君だからこそ、銭を貸したんだ。］
　　　　　　　　　　　　　　　　　　　　（鹿児島県種子島：九州方言学会 1969）
　●散ればこそ、いとど　桜は　めでたけれ。
　　［（ほかの理由でなくまさに）散るからこそ、いっそう桜はすばらしいの

だ。]
(『伊勢物語』82)

　歴史的中央語では、まず、aの逆接タイプがあらわれ、中古以降、次第にcの終止タイプが増えていくことが知られている。方言におけるこれらのタイプは、そうした過去の中央語が受容され、現代に生き残ったものと考えられる。
　上記②「反語用法」も文献に認められる。係り結びの構文同様、この用法も、歴史的中央語が方言に伝播したものと考えてよい。
　○ワシラノカデ　動キャーコソ。
　　［私たちの力で動いたりするもんか（＝動きはしない）。］
(愛媛県西条市：久門正雄1974)
　●もとより　勧進帳は　あらばこそ。
　　［もともと勧進帳などあるものか（＝ありはしない）。］　（謡曲『安宅』）
　以上のように、方言には、われわれが古典文法で学んだ語法が生きている場合がある。「すべて田舎には、いにしへの言の残れること多し」（本居宣長『玉勝間』）とは、このことを指摘したものである。はるか昔の中央語を目の当たりに見せてくれるこうした方言を資料として、従来、文献にのみ頼っていた日本語史の記述を見直すこともできるにちがいない。

4.3. 方言独自の発達

　しかし、各地に伝播した中央語は、そのまま保存されるだけでなく、独自の変容を遂げることも確かである。古語が今に生きているのには、それらがつねに「再生」を繰り返し、新しい形態や意味を獲得し続けているという背景がある。
　まず、③「限定用法」とは、例えば次のような例である。
　○イッチョコソ　ナイ。
　　［一つしかない。］
(徳島県：森重幸1982)
　この用法は、「*イッチョコソ　アレ、他ワ　ナイ。」といった構文がもとになり、意味の再解釈や形式の省略によって成立したと考えられる。興味深い用法だが、とりたてを機能とする副助詞の範疇にとどまっている点では本

質的な変化とは言えない。これに対して、④「終助詞用法」と⑤「間投助詞用法」の発生は、「こそ」本来の範疇から外れ、他の品詞に転化している点で飛躍的である。

④「終助詞用法」から見ていこう。終助詞の「こそ」は、その事例のほとんどが「でこそあれ」に由来するとみられ、そこからの変化には次の2種類の道筋が考えられる。

　　a．「あれ」の部分の省略
　　b．「こそ」と「あれ」との融合

　aのケースは、
　○三十デコソ　アレ。［三十ですとも。］
　　　　　　　　　　　　　　　　　　（島根県下府村：永田吉太郎 1933）
のような「でこそあれ」という断定形式がもとになり、「あれ」の省略によって、
　○言イ出シタナー　アンタデコソ。
　　［言い出したのは（ほかでもない）あんたなんだよ。］
　　　　　　　　　　　　　　　　　　（島根県吉賀地方：沖田桂治 1992）
のような文末に位置する「こそ」が生まれたと推定される。

　bのケースも、スタートは「でこそあれ」だったと考えられるが、こちらは、「こそあれ」の部分が融合を起こし、次のような形式を生じさせたと考えられる（九州方言では語頭が「く」になる場合が多い）。
　○コリャー　オドンガツデクサーレ。［これはおれのものだぞ。］
　　　　　　　　　　　　　　　　　（福岡県久留米地方：福岡県教育会本部 1899）
この段階ではまだ「でこそあれ」の原形に近く、全体で強く断定する意を持っていたはずであるが、しだいに次の例のように「で」の代わりに言い切りの「じゃ」を「こそあれ」の前におく形式が一般化していったと考えられる。
　○親ガ　サスンノジャコサレ。［親がさせるんだよ、まったく。］
　　　　　　　　　　　　　　　　　　（大分県国東郡：藤原与一 1986）
こうなると、「こそあれ」の部分はそれだけで独立性を増し、終いには、

「じゃ」との結びつきも解消し、かつ、形態もより簡略化した次の例のような終助詞へと発展していったと考えられる。

　○ソンクライノコツァー　子供デン　分カル<u>クサイ</u>。
　　［そのくらいのことは子供でもわかるさ。］

（熊本県南関町：吉岡泰夫1996)

　○茶婿入リワ　ゴザス<u>クサ</u>。［もちろん茶婿入りはございますよ。］

（福岡県：岡野信子1983)

「こそ」の終助詞化というのは、本来、文中の特定要素をとりたて、述語との結びつきを強化する役割を担っていた「こそ」が、文全体に話し手の気持ちを添える形式に変化したことを意味する。つまり、文内容の論理関係の世界から話者の心的態度の世界へ、その機能の中心を移行させたわけである。

最後に、⑤「間投助詞用法」とは次のようなものである。

　○オルガ<u>クサイ</u>　筑後ニ　賃田鋤キ　行キヨッタ時ニャ<u>クサイ</u>
　　［おれがね、筑後に賃田鋤きに行っていた時にはね］

（熊本県南関町：吉岡泰夫1996)

　○昨日<u>クサ</u>　行ッタラ<u>クサ</u>［昨日ね、行ったらね］

（福岡県：上村孝二1983)

これらの事例が上で見た終助詞からの転用であることは、容易に理解することができる。「こそ」の終助詞化は「文法化」の一般的傾向に従い、用法の変化と形態の短縮とが平行的に進むことで実現されたと考えられる。そして、簡便な形態になればなるほど、この形式は文節末にも手軽に入り込め、利用されやすくなったにちがいない。間投助詞への変容は「こそ」の文法化の最終段階を示していると言える。

4.4. 地理的分布

ここでは、以上のような「こそ」の地理的分布を明らかにし、その方言形成について一定の見通しを述べてみよう。

図6は、方言における「こそ」の類の地理的展開を示したものである。資

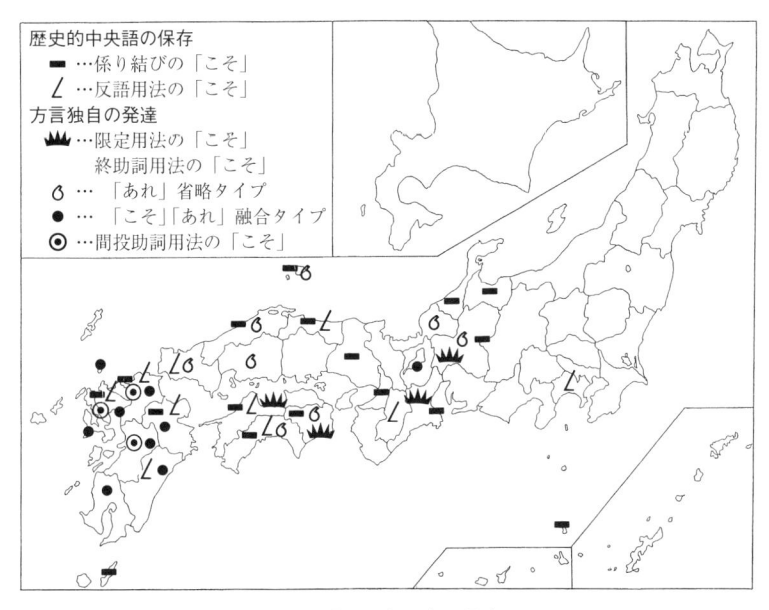

図6 「こそ」の方言分布

　料は最初に述べたように、各地からの報告を使っている。大局的な分布を把握するために、地図化は島嶼部を除いて都道府県単位で行ってある。
　まず、歴史的中央語の保存である「係り結び」は、西日本の全域に見られることがわかる。東日本では八丈島を除き本土地域からの報告がない。また、「反語用法」もほぼ西日本に限定される。ただし、こちらは神奈川県に分布が見つかる。文献を調べると、「反語用法」は上方語のみでなく江戸語にも使用が認められる。したがって、この用法は一旦、中央から関東へ伝播した後に衰退し、神奈川県に残存したものと推定される。
　次に、方言で独自に発達したと考えられる用法について見る。まず、「限定用法」は近畿周辺に分布が確認され、この用法が中央に近い地域で生じたことを物語る。一方、「終助詞用法」は近畿周辺にも報告があるものの、主に中国・四国以西に分布し、中央から離れた位置で活発に生産されている。また、「終助詞用法」の種類でいうと、「あれ」の省略タイプが中国・四国に、「こそ」「あれ」の融合タイプが九州に優勢であり、終助詞化の過程が地

域によって異なっていたこともわかる。さらに、「間投助詞用法」については、その分布地域が九州北部にあることが見てとれる。図からも明らかなように、終助詞用法の「こそ」は特に九州で隆盛であり、そうした地域の一部において、終助詞化の先をいく間投助詞化が発生、進行したものと考えられる。

4.5. 比較方言学と方言地理学

　以上の推定は、文献を資料とした中央語史との対比や、「文法化」という理論を利用した比較方言学的な推論に基づいたものである。その結果、「係り結び」と「反語用法」以外は、各地で独自に発達した用法であると考えた。しかし、方言地理学的に解釈すれば、「限定用法」は図のように中央を挟んだ分布を示し、ある時期、中央から伝播したものと考えてもおかしくない。この疑問は、近畿の東端にわずかな分布を見せる「終助詞用法」についても残る。すなわち、活発化したのは中・四国以西であっても、その根源は中央語からの伝播にあったという可能性である。

　この問題の解決は、これだけの材料で行うことは難しく、今後の検討が必要になる。考えられる可能性は、これらの用法が庶民層の口頭言語であったために文献にはあらわれにくかったということである。この可能性を踏まえれば、中央語においても口語性の強い文献資料を精査しなければいけないという課題が見えてくる。また、それらの用法の使用地域を対象に、詳細な分布調査や年齢別調査を実施するということも必要である。もし古語の残存ならば、それらの用法は周辺地域の高年層にのみ見つかることが予測される。逆に、方言独自の新しい発生ならば、都市部を中心に広まっている様子が把握できるかもしれない。

4.6. 東西差成立の問題

　ところで、図6で東日本が空白なのは、東日本の「こそ」が基本的に現代共通語の「こそ」と同じで特色がないからである。つまり、特立の副助詞という範疇で用法を著しく狭め、「それこそ」「おまえこそ」「ようこそ」のよ

うな語彙化した言い回しとして生き残っているにすぎない。新しい用法を生産することなく、中央語の「こそ」に起こった衰退方向の流れを、より極端化していったのが東日本方言だと理解される。

　一般に、古典語は東日本より西日本に保存されやすい傾向が認められる。「こそ」もその例外ではない。しかし、西日本が古さと同時に新しい側面をも見せることは、上で紹介したとおりである。特に九州を中心に、「こそあれ」の融合から終助詞用法が生まれ、間投助詞用法へと発達しているのは飛躍的変化と言える。九州方言は中央語史と対照して、古い側面と新しい側面の両方をあわせもつことになる。

　日本語の東西差の成立は、方言史の重要課題の1つである。「こそ」の歴史で観察された現象がどれほど一般化できるかは今後の検討にかかっている。文法形式を例にとると、例えば方向を示す古典語の形式「さまに」「さまへ」は九州方言に古態の残存が見られ、その点では「こそ」に似ている。しかし、新しい変化が西日本で不活発な点は「こそ」と異なる。むしろ、この形式の再生は東日本で積極的に行われ、東北方言の格助詞「サ」を成立させた。助動詞の「けり」や「べし」も東日本において、それぞれ「ケ」や「ベー」となって新しい用法を獲得している。このように見てくると、「こそ」の場合には積極性の認められなかった東日本にも、古典語を再生し、新しい形態や意味を生み出そうという作用が存在することがわかる。東西差の成立を明らかにするには、こうした事例の検討の上に立ち、変容過程の類型化や、一般的な形成モデルの構築を目指していく必要がある。

5.　参考文献

　方言史についてもう少し概略をつかみたいという場合は、彦坂佳宣（2000）や小林隆（2002）を見るとよい。専門書としては奥村三雄（1990）や小林隆（2004）があり、方法論の整理に力を入れている。また、徳川宗賢（1981）は方言の史的研究に大半のページを割いており、この分野のいろいろな研究に接することができる。金田一春彦（1977）は日本語史と方言との

関係について、具体的な事例を豊富に示しているのが魅力である。方言史を考えることの意義と可能性については安部清哉（2000）を参考にするとよいだろう。

　文献学的方法を主体にした方言史研究は 2.1 で示したもののほか、柳田征司（1993）にいくつかの事例研究がある。文献学的方法と方言学的方法を総合的に用いる際の注意点は小林隆（2004）に説明されている。

　比較方言学と方言地理学については、その方法について多くの解説が出ている。比較方言学については井上史雄（1983）や金田一春彦（1984）など、方言地理学については柴田武（1969）や、馬瀬良雄（1992）の序章などをまず読むのがよいだろう。徳川宗賢（1993）や馬瀬良雄監修（2002）は、方言地理学の新たなテーマについて考えるのに参考になる。方言地理学では分析に先立ち、その資料として「方言地図」を作成するのが普通である。そのための調査法や作図法についてはここで説明できなかったので、加藤和夫（1984）で補ってほしい。特に、パソコンで方言地図を描く技術については、福嶋秩子（2002）を読むとよい。

　全国を対象とした方言地図としては、国立国語研究所（1966〜74）と同（1989〜刊行中）が代表的なものである。前者については、徳川宗賢編（1979）や佐藤亮一監修（2002）が分析の具体例をわかりやすく示している。後者を使った研究はこれからの開拓分野だが、『日本語学』〈臨時増刊号〉（1992.6）に収められた論文が参考になるだろう。これまで作成された方言地図やそこで取り上げられている項目について知るには、馬瀬良雄監修（2002）の目録が便利である。

　ここでは、いわば言語形式としての方言の歴史に話をしぼってきた。しかし、方言は中央語や標準語・共通語との対比の上で何らかの評価を帯びることが多いことからすれば、方言に対する人々の意識の変遷を探る「方言意識史」の分野も重要になる。この点についてもまったく触れずにしまったので、小林隆（1995）などから手掛かりを得てほしい。

　なお、学史的なことがらについては、日本方言研究会編（1990）が参考になる。同（2002）にも、方言史研究におけるこれからの課題が示されてい

る。

文献

安部清哉（2000）「日本語史研究の一視点－方言国語史の視点から－」佐藤喜代治編『国語論究 8 国語史の新視点』明治書院

井上史雄（1983）「比較方言学」『言語生活』380

楳垣実（1953）「方言孤立変遷論をめぐって」『言語生活』24（『日本の言語学 6 方言』1978 大修館書店に再録）

岡田荘之輔（1977）『但馬ことば』但馬文化協会

岡野信子（1983）「福岡県の方言」飯豊毅一・日野資純・佐藤亮一編『講座方言学 9 九州地方の方言』国書刊行会

沖田桂治（1992）『方言集－島根県吉賀地方の方言－』自家版

奥村三雄（1990）『方言国語史研究』東京堂出版

加藤和夫（1984）「言語地図の作成と言語地理学的解釈」加藤正信編『新しい方言研究』（『国文学解釈と鑑賞』49-7）

上村孝二（1983）「九州方言の概説」飯豊毅一・日野資純・佐藤亮一編『講座方言学 9 九州地方の方言』国書刊行会

九州方言学会（1969）『九州方言の基礎的研究』風間書房（改訂版 1992）

金田一春彦（1977）「アクセントの分布と変遷」大野晋・柴田武編『岩波講座日本語 11 方言』岩波書店

金田一春彦（1977）「国語史と方言」松村明編『講座国語史 1 国語史総論』大修館書店

金田一春彦（1984）「比較方言学」飯豊毅一・日野資純・佐藤亮一編『講座方言学 2 方言研究法』国書刊行会

久門正雄（1974）『言葉の自然林』自家版

国立国語研究所（1966〜74）『日本言語地図』全 6 巻、大蔵省印刷局（→国立印刷局）

国立国語研究所（1989〜刊行中）『方言文法全国地図』全 6 巻予定、大蔵省印刷局（→国立印刷局）

小林隆（1995）「方言史」佐藤武義編『概説日本語の歴史』朝倉書店

小林隆（2002）「日本語方言の歴史」江端義夫編『朝倉日本語講座 10 方言』朝倉書店

小林隆（2004）『方言学的日本語史の方法』ひつじ書房

迫野虔徳（1998）『文献方言史研究』精文堂

佐藤亮一（1986）「方言の語彙－全国分布の類型とその成因－」飯豊毅一・日野資純・佐藤亮一編『講座方言学1 方言概説』国書刊行会
佐藤亮一監修・小学館辞書編集部編（2002）『方言の地図帳』小学館
柴田武（1969）『言語地理学の方法』筑摩書房
徳川宗賢編（1979）『日本の方言地図』中公新書
徳川宗賢（1981）『日本語の世界8 言葉・西と東』中央公論社
徳川宗賢（1993）『方言地理学の展開』ひつじ書房
徳川宗賢（1996）「語の地理的伝播速度」『言語学林 1995-1996』三省堂
長尾勇（1956）「俚言に関する多元発生の仮説」『国語学』27（『日本の言語学6 方言』1978 大修館書店に再録）
永田吉太郎（1933）『方言資料抄　助詞編』自家版
日本方言研究会編（1990）『日本方言研究の歩み　論文編』角川書店
日本方言研究会編（2002）『21世紀の方言学』国書刊行会
服部四郎（1932）「『琉球語』と『国語』の音韻法則」『方言』2-7・8・10・12
彦坂佳宣（1997）『尾張近辺を主とする近世期方言の研究』和泉書院
彦坂佳宣（2000）「方言国語史の研究法」『日本語学』19-9 臨時増刊号
福岡県教育会本部（1899）『福岡県内方言集』福岡県教育会本部（国書刊行会複製 1975）
福嶋秩子（2002）「方言地図作成の機械化」馬瀬良雄監修『方言地理学の課題』明治書院
藤原与一（1986）『九州東部域三要地方言』三弥井書店
馬瀬良雄（1992）『言語地理学研究』桜楓社
馬瀬良雄監修・佐藤亮一他編（2002）『方言地理学の課題』明治書院
森重幸（1982）「徳島県の方言」飯豊毅一・日野資純・佐藤亮一編『講座方言学8 中国・四国地方の方言』国書刊行会
柳田国男（1927）「蝸牛考」『人類学雑誌』42-4～7（『日本の言語学6 方言』 1978 大修館書店に再録。改定版が『定本柳田国男集』18 筑摩書房に再録、ちくま文庫（『柳田国男全集』19）や岩波文庫にも収められている。）
柳田征司（1993）『室町時代語を通して見た日本語音韻史』武蔵野書院
山口幸洋（1998）『日本語方言一型アクセントの研究』ひつじ書房
吉岡泰夫（1996）『南関町史（方言編）』熊本県南関町
W. A. グロータース（1976）『日本の方言地理学のために』平凡社
『日本語学』〈臨時増刊号〉（1992.6）「特集：方言地図と文法―文法研究の地理的視界」

第10章 現代の方言

1. 方言の衰退と共通語化

　方言調査に出かけると「最近はことばがよくなってもう昔のような方言を話す人はそんなにいないよ」という声を耳にする。読者の中にも「おじいさんやおばあさんはともかく、自分たちは方言なんか話していない」と思っている人も多いのではないだろうか。前章までに示された資料を見て「自分の地元のことが書かれているが、そんなことばは聞いたことがない」という感想を持つ人もいるだろう。

　日本中の多くの人が感じているように、現在各地で方言特徴が衰退しつつある。かつては「方言を矯正・撲滅して、日本中の人が標準語・共通語を話せるようにしなければならない」と言われていたが、現在は逆に「失われゆく地元の方言を大事にし、後世に伝えていこう」という意見が主流になってきている。近年特に新聞やテレビが方言の話題を取り上げ、また各地で方言による演劇・民話の語り、方言集の編纂など方言にかかわる活動が盛んに行われているが、これも方言がなくなるかもしれないという人々の認識が強くなっているからだといえる。

1.1. 衰退の実態

　実際に方言形や方言的な音声の特徴が衰退しているという報告は全国各地

に見られる。いくつか例を提示しよう。図1は福島県福島市内、三重県津市内に住む人々を対象に行った方言調査の結果を示したものである。いずれの地域でも、とうもろこしをあらわす方言形が若い世代で使用されなくなってきている。関西方言圏である津市に比べ、東北地方の福島市の方が衰退が速いようだ。

　図2は山形県鶴岡市で、国立国語研究所が戦後から20年おきに繰り返し行っている調査の結果である（MASATO Yoneda 1997）。約500人の市民に鶴岡方言の音声特徴を含む単語を発音してもらい、共通語的な音声がどれぐらい聞かれたかによって個々人の点数を算出する。その平均点を世代別に示したものである。戦後すぐの調査ではある程度社会経験を積んだ20〜30代前半の若い世代がもっとも共通語的な音声を獲得していたが、1970年代の調査では年齢が低いほど共通語化が進行している傾向が認められた。最新の調査ではさらに共通語化が進んでおり、このまま行けば次回もしくは次々回の調査時期に共通語化がほぼ完成することが予測できる。

　グラフ全体としても回を追うごとに数値が上昇し、地域社会全体で共通語

「とうもろこし」を表す方言形の使用率

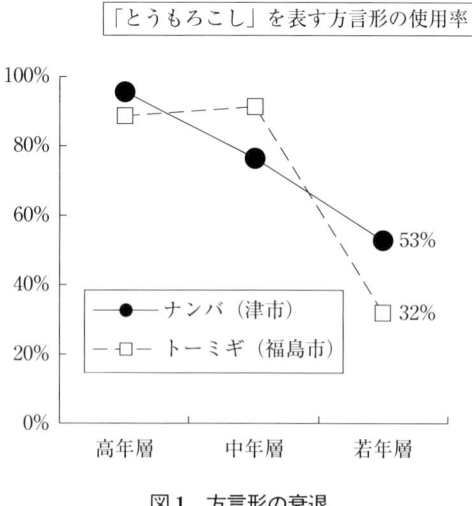

●―― ナンバ（津市）
□-- トーミギ（福島市）

図1　方言形の衰退

化が進行していることがわかる。方言衰退・共通語化といった言語変化をとらえる場合、図1のように、ある1時点における年齢差を変化の反映とみなす方法（見かけ時間調査）が多く用いられるが、厳密な意味で時代的変化を把握するには、鶴岡調査のように何年かおきに追跡調査を行うことが望ましい（実時間調査）。しかしこうした調査は手間と時間がかかるものなのでなかなか実施することが難しい。鶴岡市の調査結果は世界的にも類を見ない貴重なデータである（国立国語研究所 1953、1974、1992）。

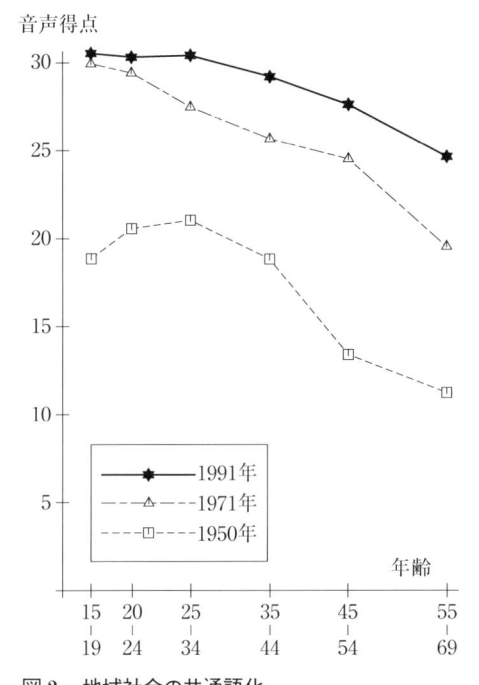

図2　地域社会の共通語化
（MASATO Yoneda 1997 の図を一部改変）

　図1、2はいずれも方言特徴が共通語形に置き換わることによって方言衰退が進んだ例であるが、語彙の場合、物自体が消滅することによって方言形が使われなくなることもある。例えば唐箕、唐竿といった農業用具の名称は目にする機会のない若年層はもちろん、高年層世代にすら忘れられつつあるという報告がある（高橋顕志 1996）。

1.2.　衰退の地域差

　このような方言の衰退速度には地域差が存在し、必ずしも全国一斉に共通語化が進んでいるわけではない。よく言われることだが関西では若い人が方言特徴を比較的よく残している。一方東京周辺の千葉や埼玉で若年層のことばに地域的な特徴を見出すのはもはや難しいだろう。また、たとえ同一市内

であっても、市街地・中心地か郊外・周辺地域かといった居住地の性質によって方言残存の度合いが異なることが多い。

　図3は関東と東北の境界付近の調査結果を示したものである。このように調査地点と年齢をクロスさせて結果を示した図をグロットグラムと呼び、方言の変化や伝播の様相をとらえるのに用いられる。共通語形のイクラが関東地方の茨城県に早く普及し、北部に向かって徐々に広がっていることが読み取れるだろう。東北地方でも若年層にはイクラが進入しているが、都市部であるいわき市と北部の楢葉・広野町との間には依然として差が存在する。共通語化は通常このような地域差を伴って進行する。

　一般に方言の衰退の原因としてマスメディア、とりわけテレビの影響が語られるが、こうした事実を見るとその影響については慎重に考える必要があることがわかる。1960年代以降普及したテレビは全国へ一律に共通語を伝え人々の共通語運用能力を高めた。しかしその共通語を日常生活にまで受け入れるかどうかには別の要因がかかわっているのである。

　図3に関しては、関東地方と東北地方あるいは都市部と農村部という地理

	市町村	地点	70代	50代	40代	30代	20代
福島県	楢葉町	竜田	○	○	○	○	○
		木戸	○	○	○	○	○
	広野町	広野	○	○	○	○↑	○
	いわき市	久ノ浜	○	○	○↑		↑
		四ツ倉	○	○	○	○↑	○
		いわき	○	○↑	○	○	↑
		湯本	○	○	○↑	○↑	○
		泉	○↑	○	○	○↑	○↑
		勿来	○	○	○	○	○
茨城県	北茨城市	大津港	○↑	○	○↑	○↑	○
		磯原	↑	○↑	○↑	○	↑
	高萩市	高萩	↑	○	↑	○	↑
	十王町	川尻	○↑	○	○↑	○	↑
	日立市	小木津	○↑	○↑	○↑	↑	↑

《凡例》
○　ナンボ
↑　イクラ

図3　共通語形の普及の地域差

的・社会的条件の違いによって他地域出身者、共通語話者の流入に差が生じていることが理由の1つと考えられる。またNHKの調査によると、茨城県は「方言は恥ずかしい」「方言を残したくない」という気持ちが他地域に比べて強く（NHK放送文化研究所編1997）、こうした方言に対する意識も共通語普及の速度と関連している可能性がある。

1.3. 衰退の場面差

　方言の衰退・共通語化は話をする場面によっても進度が異なる。通常、共通語化は上位場面（公的な、あらたまった場面）で早く進み、家族や親しい友人とくつろいで話すような私的場面（下位場面）では方言が残存しやすい。

　図4は福島県小高町での場面別調査の結果である。「家でくつろいで話す

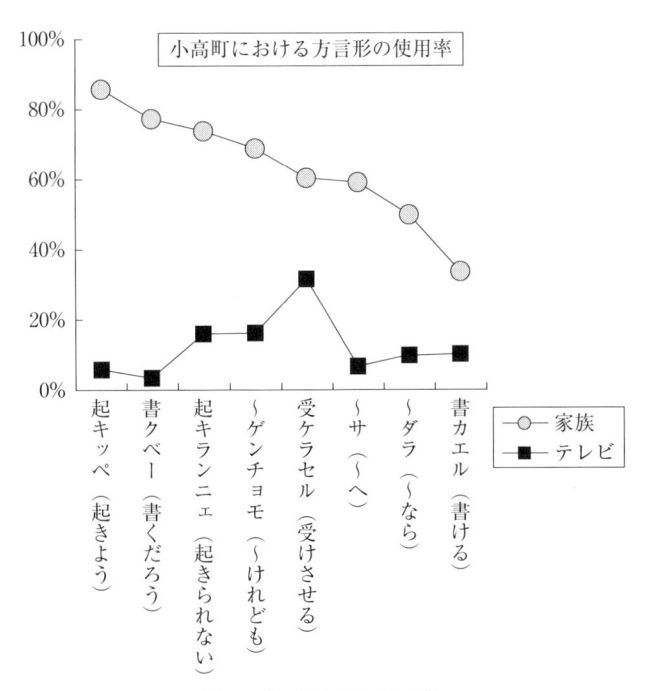

図4　方言形衰退の場面差

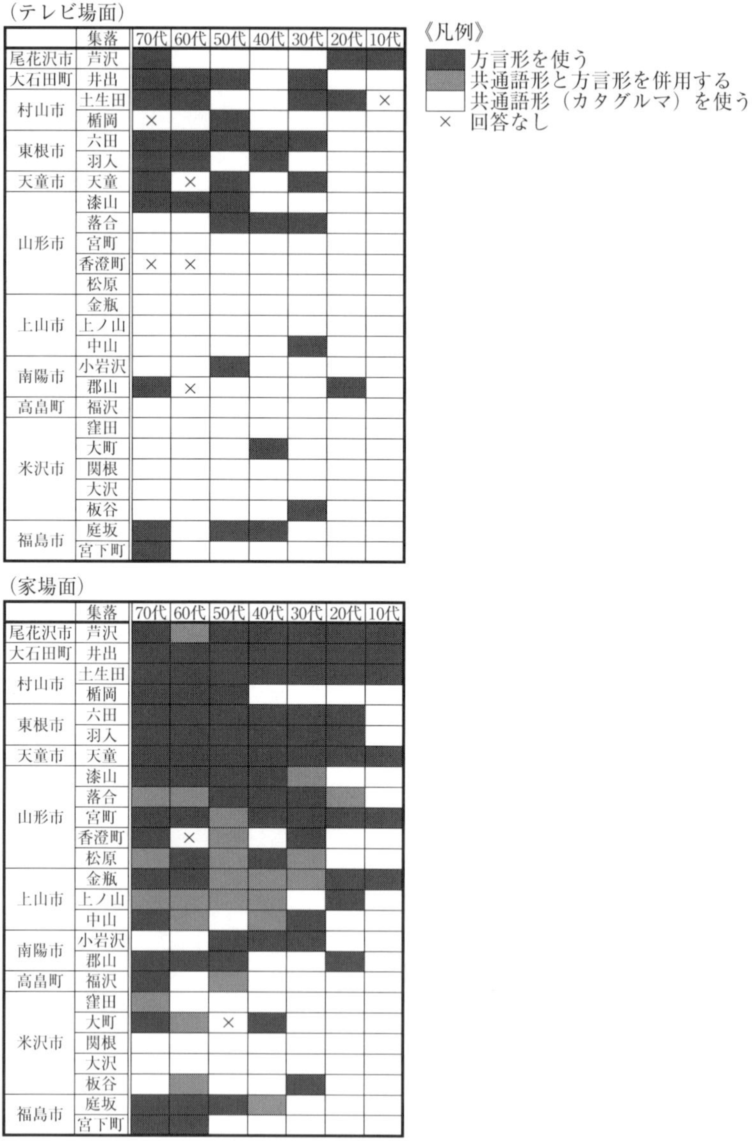

(テレビ場面)

《凡例》
■ 方言形を使う
▨ 共通語形と方言形を併用する
□ 共通語形（カタグルマ）を使う
× 回答なし

(家場面)

図5　方言形衰退の場面差と地域差
（井上史雄 1983 の図を改変）

場面」「テレビに出て話す場面」という2場面を設定し、それぞれでの使用語形を高年層から小学生まで約100人の人に尋ねている。項目によって差はあるものの「家で家族と話す」場面ではなお根強く文法的な方言特徴が用いられている。一方「テレビに出てあらたまって話す場面」では方言形は衰退し、共通語化が進んでいる（加藤正信編 1995）。

　山形県内陸部の調査結果を示したグロットグラム（図5）からも共通語化の場面差が把握できよう。図5には先に述べた共通語化の地域差も反映されており、南部では「家で話す」という私的な場面にまで共通語形が及んでいる一方、北部の高年層では「テレビで話す」という公的な上位場面においてもなお方言形が使われている。南から北へ、上位場面から下位場面へと徐々に共通語化が進行する様子がわかる（井上史雄 1983）。

　方言の衰退・共通語化の問題を扱う場合、調査によって得られたデータがどのような場面の言語をとらえたものかに十分注意を払う必要がある。方言調査で一般的に用いられる面接調査は通常は初対面の人間同士の会話であり、かつ調査者が共通語を用いることが多い。インフォーマントにとっては共通語を話すのが自然な場面であり、それが調査結果に反映されてくる場合もある。例えば図2の鶴岡の調査結果は鶴岡市民の共通語音声を話す能力を測っているものであり、日常生活では、グラフに示される程には共通語化が進んでいないのではないかという指摘もなされている（国立国語研究所 1994）。

1.4. 方言と共通語の使い分け

　場面によって方言衰退の速度が異なるということは、別な見方をすれば、話をする相手や状況によって人々が方言形と共通語形を使い分けているということである。方言と共通語の使い分けは、一般に語彙・文法について行われ、音声やアクセントの使い分けは難しいとされている。確かにイとエ、シとスの区別の有無、母音の無声化などといった音声特徴を場面に応じて発音し分けるのはかなり難しい。しかし、同じ音声特徴でも東北地方の有声化現象（ツグエ（机）、アダマ（頭）など語中尾のカ・タ行音が濁音で発音され

る現象）のように、場面によって比較的はっきりと使い分けられるものがある（斎藤孝滋 1992）。また各地の若年層が方言アクセントと共通語アクセントの双方をある程度使い分けられるようになっているという指摘もある（佐藤亮一 1996）。いまや方言と共通語の使い分けは全要素に及びつつある。

　現在の日本人は方言と共通語をどのように使い分けているのだろう。図6は全国14地点の人々2800人を対象に行った調査結果である。「方言を話す知人と地元の道端で話すとき」「方言を話す知人と東京の電車の中で話すとき」「共通語を話す見知らぬ人と地元の道端で話すとき」「東京で共通語を話す見知らぬ人に道を尋ねるとき」という4つの場面について「方言を話す（家にいるときと同じ方言で話す＋家にいるときよりは多少丁寧な方言で話す）」と回答した人の比率を示している。どの地域においても「話をする場所（地元か東京か）」よりも「相手の話すことば（方言か共通語か）」を重視して使い分けを行っていることがわかる。話をする場所、状況、相手との親疎関係など条件をより詳しく設定して行われた青森県津軽地方での調査結果

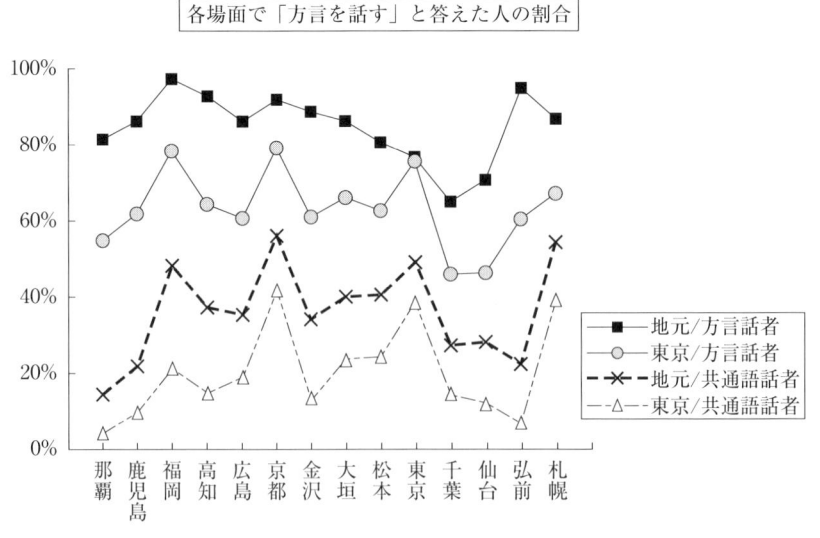

図6　方言と共通語の使い分け

からも同じように「相手のことば」が重視されるという結果が導かれている（佐藤和之編 1993）。

　共通語が普及して方言との使い分けという言語行動が一般化した結果、現代の方言は「仲間内で肩ひじを張らずにくつろいで話す」場合のことばという役割を担うようになった。方言で話すことにより、同じことばを共有する相手との仲間意識を確認し、心的距離を縮めることが出来る。例えば教師が授業中にあえて方言を話すことで生徒との間に親近感を生み出したり、逆に初めて会う人に方言ではなかなか話しかけにくかったりするといったことには、こうした現代の方言の機能が関与していると考えられる。方言を語る際に「親しみやすい」「温かみがある」という評価が付随することが多いのも同様の理由によるものだろう。

　この点をとらえて、現代の方言は、近代以前のような地域社会の言語生活全般をカバーしうる独立した地域独自の言語体系（システム）から、共通語と使い分けられる一種のスタイル（文体）へと変容したという指摘がなされている（加藤正信 1974）（小林隆 1996）。

1.5. 方言と共通語の中間の言語

　ただし「共通語と方言の使い分け」といっても各地の言語実態は実際にはもう少し複雑である。単純な2項対立ではなく、その間には様々なレベルで両者の中間段階の言語（中間方言）が存在している。

　関西では共通語の干渉によって生じた新しい方言体系（ネオ方言）が発生しているという指摘がある。真田信治（1996）によれば、現在の関西地方では「標準語」「ネオ方言」「方言」という3種類の言語体系が用いられ、場面に応じて使い分けられる。ネオ方言は、標準語ほどではないにしても、本来の方言よりはあらたまった場面で使われやすい。なおこの場合の標準語とは、話者があらたまって話そうとするときに実現される言語変種のことであり地域差や個人差の存在を前提としている。一般の標準語とは定義が異なっており注意が必要である。

　沖縄にはウチナーグチ（沖縄口、方言）とヤマトゥグチ（大和口、共通

語）の中間段階的なウチナーヤマトゥグチが存在することが知られている。ウチナーヤマトゥグチは世代によってその位置づけが異なっている。伝統的なウチナーグチを話し、理解する高年層世代にとってウチナーヤマトゥグチはヤマトゥグチに近いものと意識される。一方若い世代ではウチナーヤマトゥグチはヤマトゥグチと対立する「方言」であるととらえられている（大野眞男 1995）（永田高志 1996）。

　鹿児島にも共通語の影響を受けて発生した「からいも普通語（標準語）」という言語体系がある。共通語の語彙・文法の上に鹿児島アクセントがかぶさった話し方が、特に若者世代で「からいも普通語」と意識されているという（木部暢子 1995）。

　名称や報告の有無はともかく、このように共通語が方言に干渉し、影響を与えるということは現在多くの地域に共通して認められる現象だろう。九州では中年層にゼット機（ジェット機）、ゼーアール（JR）などの発音が聞かれることがある（陣内正敬 1996 a）。セ・ゼをシェ・ジェで発音するという九州の方言特徴を直そうと意識するあまり、外来語の発音まで修正してしまったわけだ（過剰修正）。共通語の影響を受けて成立した方言音声ということが出来る。東北地方のカ・タ行音の有声化現象についても、面接調査場面で清音と濁音の中間的な音声が中年層に多く聞かれるという報告がある（井上史雄 1995）（大橋純一 2002）。これも共通語的な発音を意識した結果生じた中間音声である。「からいも普通語」のように語彙・文法がほぼ共通語化し、アクセントにのみ方言特徴を残した会話は東北南部の、特に都市部の若年層にも一般に認められる。

　こうした現象の多くは共通語化の過程で生じた過渡的なものであり、共通語化がさらに進行すれば消滅してしまう可能性がある。例えば宮城県仙台市では、相手に確認を要求する場合に〜ダサ（〜でしょう）という文末表現が用いられる。本来の〜ダベッチャやその変化形である〜ダッチャの「ッチャ」を共通語的な「サ」に置き換えることによって生じた中間的な表現だが、近年の若年層の間では衰退しつつある（小林隆 2001）。〜ダベッチャ＞〜ダッチャ＞〜ダサのように徐々に方言らしさを薄める方向へ変化し、最終

的には消滅しようとしているわけだ。
　各地の中間方言が今後どのように変化していくか、それぞれの動向について観察を続ける必要がある。

2. 生き残る方言・新しい方言

　1.では、方言衰退の様相について具体的な調査結果を紹介した。このような結果を見ると日本には方言はなくなってしまうのではないかと思えてくるかもしれない。しかし各地方言の様相を観察すると必ずしも方言は衰退するばかりではないことがわかってくる。次に生命力の強い「生き残る方言」の例を見てみよう。

2.1. 気づかない方言

　各地の方言特徴の中には、地域性を持っているにもかかわらず共通語形であると認識され、消滅せずに現在の若年層にも根強く使われているものがある。これらは「気づかない方言」と呼ばれることが多い。
　共通語と同じ形式だがそのあらわす意味がずれている語形は気づかない方言になりやすい。ナオス（しまう・西日本各地）、指をツメル（指を挟む・関西）、オーチャクダ（腕白だ・東海）、〜してミエル（〜していらっしゃる・東海）、〜したトキある（〜したことある・東北）、雪をコグ（雪を掻き分けて進む・北海道他）など各地に多数見られる。こうした語は方言形と気づかれず、しばしば役場の公的な文書、公刊された小説・エッセイ・漫画などにも登場する。
　共通語形とは語形が異なっていても方言形と気づかれない場合もある。例えば学校生活で使用される方言形は、授業中に教師が使用したり、配布されるプリントに記載されたりするため「方言のはずがない」という意識が影響して、共通語形とは異なる語形であっても方言形であると気づかれにくい。コーカ、コーク（通学区域・西日本各地）、ビーシ（模造紙・愛知、岐阜県）、イチマル、ニカッコ（①、（2）の読み方・山形県）、水クレ当番（水や

り当番・長野県)、ラーフル(黒板消し・鹿児島、宮崎、大分、愛媛県)などの例がある。また家庭内で使われる語形や子供の遊びのことばも他地域の人と一緒に使う機会がなかったり、成長して交流範囲が広がる頃には使われなくなったりするため地域差に気づきにくい。「(茶碗にご飯を)取り分ける」意味をあらわす語形はモル、ツケル、ツグ、ヨソウ、ワケルなど各地に様々なバリエーションが見られる。「2組にチーム分けする場合の方法と掛け声」(ウラオモテ、グーパ、グーチョなど)、「だるまさんがころんだ」の呼び方、「どちらにしようかな」のフレーズなど意外なところにも地域差が存在している。

　気づかない方言は、通常進学や就職によって他地域の人と接する中で方言形だと指摘され気づかれる。しかし近年は移動・交流圏の拡大に伴って地域社会の構成員が多様化したため、地域社会内部においてもこうした語形が方言形であると気づかれる場合がある。

　宮城県のジャス(ジャージ)は学校の配布プリントにも用いられる典型的な気づかない方言であったが、現在の若い世代、特に首都圏からの人口流入の激しい仙台市付近では方言形と気づかれ使用率が下がってきている。東北大学国語学研究室が行った調査では、中高年層にはテレビに出演してもジャスを使う(共通語形だと認識している)という人がいるが、若年層ではテレビ場面でジャージに置き換わるという結果が得られている(図7)。「ジャスは共通語形ではない」という情報がもたらされ、他の方言形同様に衰退しようとしている。気づかない方言は「気づかれない」ために生き残っているものであり、一度方言形と気づかれるとこのように衰退してしまう場合がある。

　一方で、西日本のナオスについては方言と気づかれてもなお盛んに使われているという鹿児島市での調査報告がある(図8)。方言に対してどのようなイメージを持ち、どのような評価を与えているかというその地域の人々の意識によっても「気づかれた」のちの様相は異なってくるようだ。方言や共通語に対する意識についての全国調査の結果をまとめた佐藤和之・米田正人編(1999)によると、東日本に比べて共通語化が遅れている関西以西の地域

第 10 章 現代の方言 213

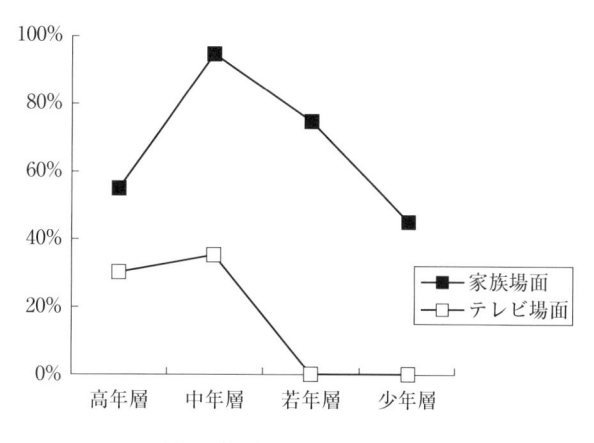

仙台市におけるジャスの使用率

― ■ ― 家族場面
― □ ― テレビ場面

高年層　中年層　若年層　少年層

図7　気づかない方言の衰退

鹿児島市におけるナオスの使用率と言語意識

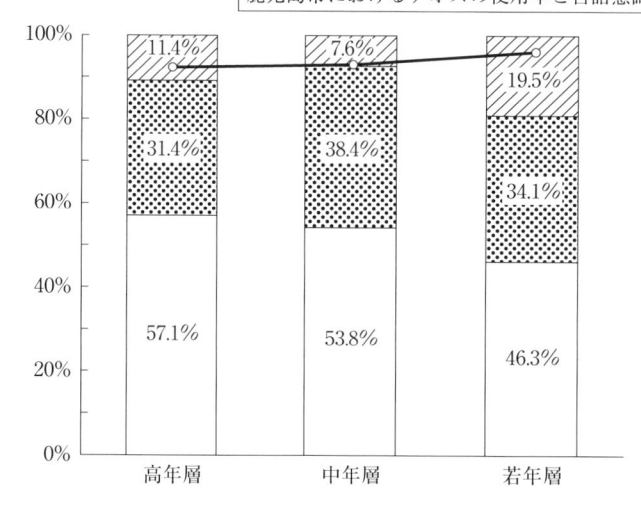

□ ナオスは方言である
▥ ナオスは共通語である
▨ どちらでもない
―○― 使用率

	高年層	中年層	若年層
どちらでもない	11.4%	7.6%	19.5%
ナオスは共通語である	31.4%	38.4%	34.1%
ナオスは方言である	57.1%	53.8%	46.3%

図8　気づかない方言の残存

（陣内正敬 1996 a の図を一部改変）

では、「共通語をうまく話す自信がないが、そのことをあまり気にしない」という傾向があることが指摘されている。気づかない方言の今後の動向にはこうした方言や共通語に対する態度が関わってくるものと考えられる。

2.2. 残存する伝統的方言形

　上記のような気づかない方言とは異なり、明確に方言形であると意識されているにもかかわらず残存する語も存在する。
　「調子にのり、いい気になってはしゃいでいる」状態をあらわすオダツという語は福島市付近の伝統的な方言形だが、現在の若年層世代でも衰退の様相は認められない。宮城県では「なんとなくしっくりしなくて気になる」という意味のイズイという語が県内のほとんどの地域で、世代の区別なく使用されている。
　これらの語に共通するのは「共通語形では表現し得ない」意味を担っているという点である。東京方言をベースにした共通語には対応する語形がないので、ある感情や状態を的確に表現するために必要不可欠な語形として根強く残存しているのである。青森県津軽のアズマシイ（何ともいえず気持ちがよい）、三重県のトゴル（砂糖などが溶けずにカップの底に沈殿する）、長野県のズク（物事を成し遂げる意欲と行動力）といった方言形が若年層においても衰退する様子が見られないのも同様の理由であろう。
　例えて言うなら気づかない方言が「共通語の威信」にすがって生き延びているのに対し、これらの語は方言自体の価値・存在意義が認められて残存しているということになる。こうした方言形は最後まで共通語化に抵抗して生き残っていくのではないかと思われる。

2.3. 新方言

　戦後共通語化が進行し、方言は衰退する一方だろうと考えられていた。しかし各地の方言実態をよく観察すると、従来の方言形とは異なる新しい方言形が若い世代に発生し、広まっている事例がたくさんあることがわかってきた。こうした方言形のことを「新方言」と呼ぶ。

新方言は、(1)若年層に向けて広がっている、(2)非共通語形である、(3)地元でも方言と意識されている（あらたまった場面では使われにくい）、という性質を持つ語形と定義される（井上史雄 1994）。新方言の報告は全国各地に見られる。井上史雄・鑓水兼貴編（2002）は、どの地域にどのような新方言が報告されているかを知るのに便利である。

　一例を示そう。福島県伊達郡では「〜したい」の意味をあらわす「〜ッチ」という新しい方言形が若い世代に向けて広がっている。この地域では本来見デー（見たい）、行ギデー（行きたい）のようにデーが用いられ、ラ行五段動詞の場合に限り音声的な変化が重なって帰ッチ、取ッチのような形式が生じた。この〜ッチという形式が「見る」や「行く」などラ行五段動詞以外の動詞にも広がったものである。さらに変化の契機となった帰ッチも、帰りッチという新しい方言形へ変わりつつある。

　図9を見るといずれの新形のグラフも高年層から若年層にかけてS字カーブを描くような形になっていることがわかるだろう。新方言の普及に際してしばしば観察されるこうしたS字カーブは言語変化一般にも同様に認められるものであり、新方言が通常の言語変化と同じ原理で生じていることが

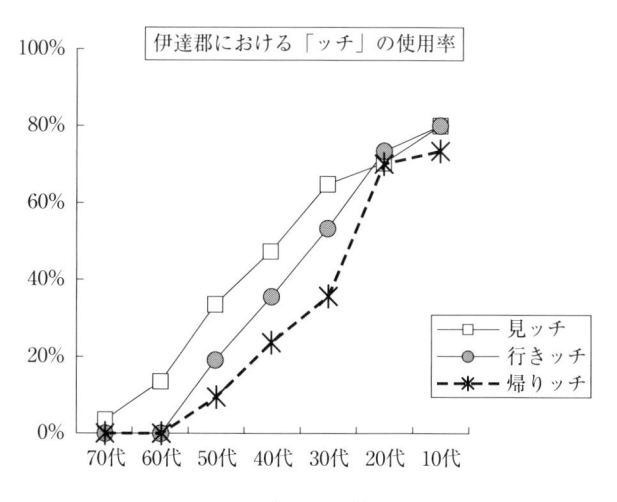

図9　新方言の普及

確認できる。

　新方言の中には、新しく独自に発生したものばかりではなく、ある地域の方言形が別の地域へ流入し若年層に使われるようになったものもある。全国に広がったウザッタイはその典型的な例で、東京西部で以前から使用されていた方言形が都心に流入し、「面倒だ・うっとうしい」という意味で用いられるようになったものである（井上史雄1985）（井上史雄・鑓水兼貴編2002）。周辺地域から流入した東京の新方言としてはカッタルイ（だるい、またはやる気が起きない）、ナニゲニ（何気なく）、ミチッタ（見てしまった）、〜ミタク（〜みたいに）、チガカッタ（違っていた）、〜ジャン（〜じゃない？）など多数報告がある。

3.　方言意識

　昭和30〜40年代の新聞には、日本各地（特に北関東や東北地方）の出身者が東京の人に方言を笑われて自殺したり、逆に相手を殺害してしまったりするという痛ましい事件の記事が時折掲載された。柴田武（1958）は方言を揶揄・嘲笑されるという経験を通して植えつけられる自己の方言への劣等感を「方言コンプレックス」と名づけた。高度経済成長期、人々の移動・交流圏が拡大する中で方言コンプレックスは社会問題化していたのである。

　現代では共通語が普及し、他地域の人に方言を指摘される機会が相対的に減ったため、こうした問題が表立って話題にされることは少なくなった。だが今もしばしば耳にする「あの人は訛ってるね」「アクセントがおかしいよ」といった物言いは、共通語（とそのベースとなった東京方言）の音声が標準的で正しいものであり、他の方言の音声は「間違った・おかしな」発音であるという誤った認識、評価意識を反映した発言である。各地の方言に対する「正否」「美醜」「好悪」といった様々なレベルでの価値づけは、現代でもなお多くの日本人の中に存在しているのである。

　現代の方言研究では方言や共通語に対して人々が持つイメージ、評価といった言語意識も重要な研究テーマとなる。図10は人々が地元の方言に対し

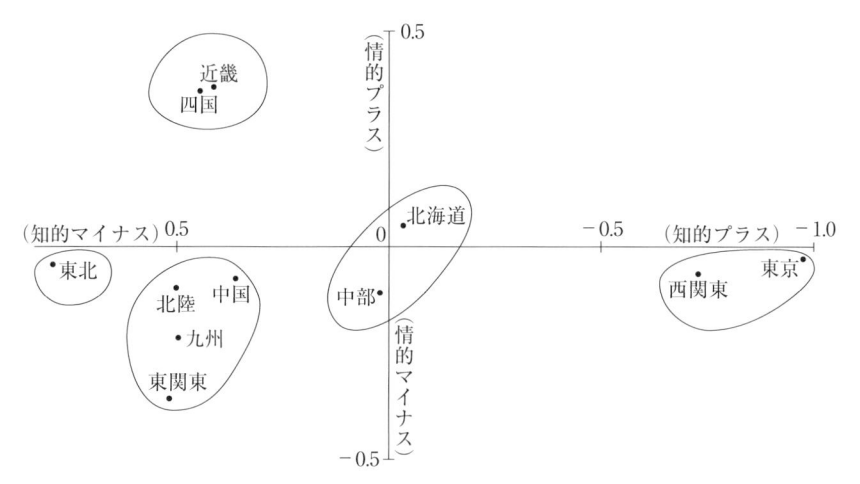

図10 諸方言のイメージ（井上史雄1989の図を一部改変）

て抱いているイメージについて全国の大学生のデータ（昭和50年代）をもとにまとめたものである（井上史雄1989）。「素朴」「都会的」「訛りがある」「乱暴」といった16の評価語に自己の方言が当てはまるかどうかを判定してもらい、その結果を数量化III類という多変量解析の技法によって分析した。各地の方言が大局的には「情的プラス・マイナス」「知的プラス・マイナス」という2次元の基準によって評価され、格付けがなされていることを示している。

都会的か田舎くさいかといった知的評価次元では東京と西関東方言の評価が高く、東北方言はその対極に位置付けられる。関西や四国の方言は、知的評価は高くないが、「素朴」「やわらかい」といった評価を反映する情的次元で高く位置付けられる。東関東（栃木、茨城）の方言は両次元とも評価が低い。

方言や共通語に対する人々のこうした意識に基づいて、諸地域を位置づける試みもなされている（佐藤和之1996）。方言の存在意義が人々に十分認識されている「方言主流社会」では、例えば「方言は表現が豊か」「方言は味がある」といった意見が支持され、共通語にはない趣きや価値を方言に認め

る人が多い。また共通語と使い分ける形で方言を後世に伝えていきたいという意識も強い。これに対し東京や札幌のようにもともと方言が共通語と類似している地域や、共通語化が進行している千葉などの「共通語中心社会」ではこのような方言の価値を見いだす必要性がないために「方言はなくなってもよい」「方言は表現が豊かであるとは思わない」などの意見が増える。「方言主流社会」「共通語中心社会」という地域社会の分類基準はあくまでも人々の方言や共通語に対する意識に基づいたものだが、そこにはその地域社会の方言実態が反映されてくる。

　方言や共通語に対する意識は方言実態と関連づけて論じられることもある。熊本市の若年層では「方言に魅力を感じる」「方言が好き」「方言は面白い」といった意識を持つ人が、そうでない人に比べて伝統的な方言形「マーゴッ・マウゴツ」をよく使うという傾向が認められる（吉岡泰夫1996）。この場合注意しなければならないのは、例えば「方言が好き」だから「方言形をよく使う」のか、あるいは「方言形をよく使っている」から「方言が好きになる」のか、どちらなのかをにわかには確定するのが難しいという点である。方言意識と方言実態の関連性を論じる場合には慎重な解釈が必要となる。

4．方言と社会活動

　前節で述べた方言コンプレックスや方言の評価・イメージといった問題は、近代以後の日本の言語政策でもあった「標準語の普及・方言撲滅」を是とする価値観を反映したものといえる。東京方言をベースとする標準語（戦後は共通語）を「良いことば」として奨励し、それ以外の方言は害悪とみなして駆逐しようとする風潮のもとでは方言について、あるいは方言そのものを公的な場で語るということは考えられないことであった。しかし現代では共通語と方言に対するこのような認識は（少なくとも建前上は）否定されている。さらに1.にも示したように方言が衰退・消滅の危機にあることが認識され始めたこともあり、方言を保護・保存し、また各種活動で積極的に活

用しようとする試みが増えてきている。

　秋田県教育委員会は方言研究者と共同で秋田方言に関する学術的な方言集を刊行した（秋田県教育委員会編 2000）。伝統的な秋田方言の収録事業の一環で、秋田市内の書店ではベストセラーになったという。「あんだの声、21世紀さ残さねすか」という音声収録事業も行われている。山形県三川町では毎年全国各地から参加者を募って「全国方言大会」を開催している。方言による川柳の制作や方言を用いた演劇の上演なども各地に見られる。このような方言を題材とした各種の活動は小林隆他編（1996）に多数紹介されている。

　こうした状況はマスコミにおいても同様で、NHK は「ふるさと日本のことば」という番組を企画し、2000 年 4 月から 1 年間にわたって放送した。毎週各県の方言を取り上げ、その特徴や方言にかかわる活動を紹介したものである。新聞でもおりにふれ方言を扱った記事が掲載される。読売新聞東北地方版に連載された「地に言あり～東北のことば」は読売新聞地方部（2002）として出版されている。

　このような社会情勢はしばしば「方言尊重」という価値観のあらわれとみなされる。だが、こうした活動が真の意味での方言尊重・方言復権に結びつくものかどうかについては議論の余地があるだろう。

　例えば東北南部で方言意識調査を行うと「各地の方言を残していくべきだ」という意見は高い支持を得るが「自分の子供や孫に方言を伝えていきたい」という具体論になると賛成の割合が下がる傾向が見られる。加藤正信（1974）の表現を借りるならば「自分は近代的な家屋に住みながら、文化財的な民家を愛でる」ような態度をとる人が多いことのあらわれと言えよう。このように自分の生活とは切り離したところで「方言を大事にしよう」といくら叫んでみても方言の衰退を食い止めることは難しいのではないだろうか。

　真田信治（2001）は次のようなことを指摘する。

　　方言の使用領域が制限されればされるほど、それに対する愛着は強まるが、一方で話者は実際には使い続ける必要を感じなくなる。したがって、

衰退しつつある方言への好意的な態度は、その方言を使用するという行動を必ず伴うとは限らないのである。このように、少数派の言語（方言）は、地元の人の愛着だけでは維持されにくいのである。愛着だけでは「方言愛好者」が方言について互いに語り合うだけで終わってしまう（真田信治 2001、p. 62）。

現在盛んに行われている様々な活動が社会的な広がりをもち、真の意味での方言尊重・方言復権に結びついていくものとなるか、今後の動向を観察したい。

一方、井上史雄（2000）はこうした現在の状況をさして「娯楽としての方言」と評し、現代の方言が異言語として楽しむ対象になりつつあることを指摘する。観光地などで売られている「方言番付のれん」や「方言湯呑」などの方言みやげ（方言グッズ）はその具体的なあらわれとみなされる。こうした製品が作られる方言とそうでない方言があるということは「商品価値」という経済的な観点からも各地の方言が格付けされていることになる。

5. 新しい方言研究の視点

最後にこれまで十分に省みられなかった地域差に目を向けた新しい方言研究についても簡単に紹介しておこう。従来の方言研究は基本的に方言の音韻、アクセント、語彙、文法といった個々の要素を分析的にとらえて問題にすることが多かった。しかしそれらが複合して実現する、より大きなレベルでの言語行動、談話展開の方法そのものについても地域による違いが存在する可能性がある。このようなレベルでの地域差は従来気づかれることがなかったり、あるいは気づかれていてもその違いを記述する方法が確立されていなかったりして十分研究が進んでいなかったが、近年ではこうした地域差を明らかにしようとする試みがなされている。

杉戸清樹（1997）は、国立国語研究所が行った北海道札幌市と富良野市の調査結果から、買い物場面における両市の人々の言語行動の違いを指摘している。近所の店で買い物をする場合（ア）「入る際に挨拶をするか」（イ）「店

員が、天気の話など買い物に関係のない雑談を話しかけてくるか」という2つの質問に対し、いずれも富良野市の方が「挨拶・雑談をする」という回答が多くなる。特に(イ)については札幌の52.1%に対し、富良野では71.2%と差が大きい。両市の都市化の違いがこうした言語行動の違いに反映されているのである。

　各地の買い物行動について調査を行った篠崎晃一・小林隆（1997）でも言語行動レベルでの地域差が見いだされている。「小額の買い物に1万円札で支払いをする」場合、40代以上の世代について、東北地方と九州南部、沖縄、東西境界附近の長野や富山では他地域に比べて「特に何も言わずに1万円札を出す」人の比率が高いという。発話の内容についても「1万円でいいですか」といった＜確認＞型が九州北部や沖縄に多く「これでお願いします」といった＜依頼＞型は関東や北陸、山陰に多いという傾向も認められている。

　沖裕子（1993）は方言談話資料を用いて「結婚が決まった家の人に道であったときのお祝いの挨拶」にあらわれる談話のパターンの分析を行っている。方言特徴を含んだ各地の表現を、そのあらわす内容に応じて＜確認＞（ケッコン　キマッタソーナ、オヨメサン　モライナサルゲナなど）＜祝い＞（オメデトーゴザイマス、オメットサンなど）＜感想＞（ヨカッタデスネ、イガッタノーなど）といった「要素」に分類し、その要素の出現・組み合わせに地域差があることを見いだしている。例えば近畿圏では、話を継続するための手がかりとして「どこから嫁をもらうのか」「誰の紹介か」といった＜尋ね＞要素が出現することが多いという。また東海地方には、道端ではこうした談話を行うこと自体を避けるという地域がある。

　こうした研究は、例えば談話や言語行動の要素をどう認定するかといった一般的な方法論が必ずしも確定していないという難しさがあるが、逆に言えばそれだけとりくみがいのあるテーマともいえる。こうした新しい研究の視点については関連する論文が日本方言研究会編（2002）に掲載されているので参照してほしい。

6. 参考文献

　本章で紹介した社会言語学的な方言研究に関する研究書、参考書、論文は近年多数刊行されている。さらに学習を進める場合には以下を参考にそちらに進むとよいだろう。

　小林隆他編（1996）は現代の方言の動態を扱った論文集である。現代の方言に関する理論的な論文や、具体的なデータを分析した実証研究が収録されており、社会言語学的な方言研究の全体像を知ることが出来る。各地の方言に関する社会活動もコラムとして紹介されている。また雑誌『日本語学』は『地域方言と社会方言』（1999年11月臨時増刊号）という特集号を組んで関連論文を多数掲載している。北海道から沖縄まで各地の方言動態に関する論文もある。ダニエル＝ロング他編（2001）は社会言語学の参考書だが、日本の方言の事例も豊富で参考になる。

　各地域の様子を知るには真田信治（1996）他の『地域語の生態シリーズ』が便利である。各地の方言研究者が、それぞれの地域について独自の観点から分析を行っている。また真田信治（1990）、徳川宗賢・真田信治編（1995）、陣内正敬（1996b）にはそれぞれ北陸、関西、九州を主なフィールドとした研究結果がまとめられている。

　国立国語研究所の一連の刊行物は、地域社会の共通語化の問題を扱っている（国立国語研究所1951、1953、1974、1994）。図書館などでしか見られないものもあるが目を通しておきたい。

　気づかない方言の具体例は篠崎晃一（1996）を見るとよい。また沖裕子（1999）には研究史や術語の問題がわかりやすく整理されている

　新方言について研究するには井上史雄（1985）は必読書である。井上史雄（1994）、井上史雄（1989）にも目を通そう。後者は方言イメージ研究の参考書でもある。井上史雄（1998）は啓蒙書だが、現在の新方言の動態がわかりやすく書かれている。

　佐藤和之・米田正人（1999）は、全国主要都市14地点の方言意識調査データを分析したものである。全国を見通した方言意識研究の参考書として重

要である。同じデータを分析した論文集が『変容する日本の方言』(『月刊言語』1995 年 11 月別冊) としてまとめられている。こちらには実際に使用された調査票が巻末についていて参考になる。

文献

秋田県教育委員会編 (2000)『秋田のことば』無明舎出版

井上史雄 (1983)「山形県内陸地方の《新方言》」井上史雄編『《新方言》と《言葉の乱れ》に関する社会言語学的研究―東京・首都圏・山形・北海道―』科研費報告書

井上史雄 (1985)『新しい日本語―《新方言》の分布と変化―』明治書院

井上史雄 (1989)『言葉づかい新風景 (敬語と方言)』秋山書店

井上史雄 (1994)『方言学の新地平』明治書院

井上史雄 (1995)「音韻共通語化の中間段階―鶴岡市近郊山添調査―」『ことばの世界 (北海道方言研究会叢書第 5 巻)』北海道方言研究会

井上史雄 (1998)『日本語ウォッチング』岩波書店

井上史雄 (2000)『日本語の値段』大修館書店

井上史雄・鑓水兼貴編 (2002)『辞典＜新しい日本語＞』東洋書林

大野眞男 (1995)「中間方言としてのウチナーヤマトグチの位相」『月刊言語』〈別冊〉(1995.11)『変容する日本の方言』

大橋純一 (2002)『東北方言音声の研究』おうふう

沖裕子 (1993)「談話型から見た喜びの表現―結婚の挨拶の地域差より―」『日本語学』12-1

沖裕子 (1999)「気がつきにくい方言」『日本語学』〈臨時増刊号〉(1999.11)『地域方言と社会方言』

加藤正信 (1974)「現代生活と方言の地位」『月刊言語』3-7

加藤正信編 (1995)『福島県相馬地方における方言の共通語化の実態とその社会的心理的背景』科研費報告書

木部暢子 (1995)「方言から「からいも普通語」へ」『月刊言語』〈別冊〉(1995.11)『変容する日本の方言』

国立国語研究所 (1951)『言語生活の実態―白河市および附近の農村における―』秀英出版 (→大日本図書)

国立国語研究所 (1953)『地域社会の言語生活―鶴岡における実態調査―』秀英出版 (→

大日本図書）
国立国語研究所（1974）『地域社会の言語生活―鶴岡における 20 年前との比較―』秀英出版（→大日本図書）
国立国語研究所（1994）『鶴岡方言の記述的研究―第 3 次鶴岡調査　報告 1―』秀英出版（→大日本図書）
小林隆（1996）「現代方言の特質」小林隆他編『方言の現在』明治書院
小林隆（2001）「方言を支える共通語―世紀のはざまに視点を置いて―」『日本語学』20-1
小林隆・篠崎晃一・大西拓一郎編（1996）『方言の現在』明治書院
斎藤孝滋（1992）「岩手方言における語中子音有声化・鼻音化現象―言語内的・外的要因の観点から―」『国語学』168
佐藤和之（1996）『地域語の生態シリーズ東北篇　方言主流社会―共生としての方言と標準語―』おうふう
佐藤和之編（1993）『方言主流社会の方言と標準語―棲み分けから共生へ―』弘前大学人文学部国語学研究室
佐藤和之・米田正人編（1999）『どうなる日本のことば　方言と共通語のゆくえ』大修館書店
佐藤亮一（1996）「方言の衰退と安定」小林隆他編『方言の現在』明治書院
真田信治（1990）『地域言語の社会言語学的研究』和泉書院
真田信治（1996）『地域語の生態シリーズ関西篇　地域語のダイナミズム』おうふう
真田信治（2001）『方言は絶滅するのか　自分のことばを失った日本人』PHP 研究所
篠崎晃一（1996）「気づかない方言と新しい地域差」小林隆他編『方言の現在』明治書院
篠崎晃一・小林隆（1997）「買い物における挨拶行動の地域差と世代差」『日本語科学』2
柴田武（1958）『日本の方言』岩波書店
陣内正敬（1996 a）『地域語の生態シリーズ九州篇　地方中核都市方言の行方』おうふう
陣内正敬（1996 b）『北部九州における方言新語研究』九州大学出版会
杉戸清樹（1997）「地域社会と言語行動」『国文学解釈と教材の研究』42-7
高橋顕志（1996）『地域語の生態シリーズ中国・四国篇　地域差から年齢差へ、そして…』おうふう
ダニエル=ロング・中井精一・宮治弘明編（2001）『応用社会言語学を学ぶ人のために』世界思想社
徳川宗賢・真田信治編（1995）『関西方言の社会言語学』世界思想社

永田高志（1996）『地域語の生態シリーズ琉球篇　琉球で生まれた共通語』おうふう
日本方言研究会編（2002）『21世紀の方言学』国書刊行会
早野慎吾（1996）『地域語の生態シリーズ関東篇　首都圏の言語生態』おうふう
吉岡泰夫（1996）「若者の方言志向」小林隆他編『方言の現在』明治書院
読売新聞地方部（2002）『東北ことば』中央公論新社
NHK放送文化研究所編（1997）『現代の県民意識―全国県民意識調査―』NHK出版
MASATO Yoneda (1997) Survey of standardization in Tsuruoka, Japan : Comparison of results from three surveys conducted at 20-year intervals *Japanese Linguistics* 2
『月刊言語』〈別冊〉（1995.11）『変容する日本の方言』
『日本語学』〈臨時増刊号〉（1999.11）「特集：地域方言と社会方言」

索　引

あ

青森県津軽地方 …………………… 208
上がり目 ……………………………… 55
アクセント ………………… 49, 167, 179
アクセント体系 ……………………… 54
アクセント調査票 …………………… 58
アクセントの類 …………………… 180
アクセント変化 ……………………… 57
「あさっての翌日」 ………………… 77
「あさっての翌々日」 ……………… 77
アスペクト …………………………… 94
東歌 ………………………………… 177
アズマシイ（何ともいえず気持ちがよい）…214
「あめんぼ」 ………………………… 10
改まった場面 ………………………… 11
アンケート …………………………… 82

い

家でくつろいで話す場面 ………… 205
イカハル（待遇形式） …………… 151
イカル（待遇形式） ……………… 151
イキヨル（待遇形式） …………… 151
「行く」 …………………………… 117
イク（待遇形式） ………………… 151
行クズラ（行くだろう） …………… 92
行クラ（行くだろう） ……………… 91
イクラ（幾ら） …………………… 204
意思・勧誘形＋「か」 …………… 131
意思・勧誘形の命令用法 ………… 120
意識 …………………………… 212, 217
イズイ（しっくりしない） ……… 214
イチマル（①の読み方） ………… 211
イッキョル（待遇形式） ………… 151
一型アクセント ……………………… 50
イとエの区別 ………………………… 37
茨城県水海道方言 ………………… 114
意味記述 ……………………………… 79
意味の場 ……………………………… 84
意味の場の鳥瞰図 ……………… 81, 84
意味の張り合い関係 ………………… 76
イメージ …………………………… 216
岩手県種市町平内方言 ………… 97, 102
イントネーション ………… 49, 53, 58, 116
インフォーマント ………… 14, 35, 146

う

引用助詞 …………………………… 115
受身文 ……………………………… 116
動きの継続 ………………………… 119
ウザッタイ（うっとうしい） …… 216
ウチナーグチ（沖縄口） ………… 209
ウチナーヤマトゥグチ（沖縄大和口）…210
裏日本式方言 ……………………… 165
上向き待遇 ………………… 151, 153, 156

え

絵（調査用） ………………………… 84
愛媛県宇和島方言 ………………… 119

お

オウ（支え持つ） …………………… 84
大分方言 …………………………… 118
大阪方言 …………………………… 117
オーチャクダ（腕白だ） ………… 211
オダツ（いい気になっている） … 214
表日本裏日本対立型 ……………… 170
表日本式方言 ……………………… 166
音韻 ………………………………… 165
音韻調査票 ………………………… 42
音韻論的対立 ……………………… 39
音声言語教育 ……………………… 28
音声波形 …………………………… 21
音節構造 …………………………… 56
音素 ………………………………… 24
音調 ………………………………… 49
音便 ………………………………… 107

か

カ（終助詞） ……………………… 128
「が」 ……………………………… 114
ガ（主格助詞） …………………… 114
下位場面 …………………………… 207
外輪方言 …………………………… 168
係り結び ……………………… 190, 195
『蝸牛考』 ………………………… 182
核 …………………………………… 55
逆周圏型 …………………………… 53
格助詞 ……………………………… 116
加計呂麻島方言 ……………………… 8

下降	66	熊本県北部方言	142
鹿児島方言	61,65	来ル（行く）	117
過剰修正	210	クレル（やる、くれる）	117
型	49	句連続のイントネーション	54
「肩車」	184	グロットグラム	204
「かたつむり」	183		
型統合の変化	180	**け**	
型の区別	55	敬語表現	139
カツグ（支え持つ）	84	形式	93
学区	10	形式名詞	115
カッタルイ（やる気が起きない）	216	京阪式アクセント	168
活用	25,102	京阪式	179
活用形	102	系譜	53
活用のタイプ	103	研究資料	13
活用表	105	言語意識	216
可能表現	117	言語運用	143
「から」	116	言語形成期	23
ガラ（格助詞）	116	言語行動	220
からいも普通語	210	言語の経済性	26
関西弁	159	言語の自律的な変化	179
関東と東北の境界付近	204	謙譲語	143

き		**こ**	
義訛語	73	語アクセント	50
記述	93	語彙	169
記述方言学	6,10,76	語彙体系	75
気づかない方言	5,159,211	甲乙の区別	181
規範意識	185	高起式	61
岐阜県西部方言	142	交互型	170
疑問の終助詞	128	交替語幹	107
九州弁	159	合拗音	40
九州方言	164,197	合理化	179
強制・義務	133	コーカ（通学区域）	211
共通語	4	コーク（通学区域）	211
共通語アクセント	207	語幹	25,102
共通語化	5,11,202,207	国語史	175
共通語質問方式	59	国際音声字母（IPA）	30,32
共通語中心社会	218	語形変化	102
共通語翻訳式	16	「こそ」	190
京都アクセント	180	古態の残存	197
京都方言	61	古典語の再生	197
許可・許容	133	古典文法	190
〜キラン（〜できない）	118	語頭隆起の変化	180
金田一春彦の方言分類	165	語の集合	76
		語尾	102
く		娯楽としての方言	220
句	49		
句イントネーション	50	**さ**	
くだけた場面	11	サ（格助詞）	92,95
句頭のイントネーション	53	最小単位	24
句末のイントネーション	53	下がり目	55

索　引　229

防人歌……………………………177
薩隅式方言………………………166
残存………………………………214
山村語彙…………………………75
3母音組織…………………162,181

し

子音語幹…………………………106
子音語幹動詞……………………26,105
滋賀県方言………………………147
支持動詞…………………………79,84
システム…………………………209
自然観察調査……………………14
自然観察方式……………………59
持続の意味を含んだ尊敬表現…124
持続表現…………………………119,125
「～したい」……………………215
～したトキある（～したことある）……211
下向き待遇………………………151,153,156
実時間調査………………………203
実質………………………………93
質問法……………………………15
私的場面…………………………205
～してミエル（～していらっしゃる）……211
自発………………………………118
「霜焼け」………………………9
社会的な属性……………………145
社会的変異………………………3,11
社会方言…………………………2
社会方言学………………………11
ジャス（ジャージ）……………212
～ジャン（～じゃない？）……216
周圏型……………………………170
周圏分布…………………………183
終助詞……………………………116,126
終助詞化…………………………195
集団的変異………………………2
主格助詞…………………………114
首里方言…………………………181
上位場面…………………………205,207
状況可能…………………………117
状況の設定………………………146
上下関係…………………………145,147
証拠探し…………………………121
上昇………………………………66
抄物………………………………177
シラビーム方言…………………167
シラブル…………………………56
尻上がり音調……………………53
親愛表現…………………………139
親疎関係…………………………145,147,208

心的距離…………………………209
信飛国境地帯……………………10
人物カテゴリー…………………146
人物カテゴリー設定調査………147
新方言……………………………159,215

す

推理………………………………121
ズーズー弁………………………166
ズク（物事を成し遂げる意欲と行動力）……214
スタイル…………………………209
ズラ（だろう）…………………95

せ

ゼ（終助詞）……………………126
生活語彙…………………………74
整合化……………………………110
声調（トーン）…………………168
西部方言…………………………164
性別的変異………………………2
ゼーアール（JR）………………210
絶対敬語…………………………141
全国一律型………………………169
全国共通語………………………4
全国語史…………………………176
全国方言大会……………………219
仙台市……………………………212

そ

相対敬語…………………………141
相補分布…………………………38
属性的変異………………………3
素材敬語…………………………143
素材待遇…………………………148,151
尊敬語……………………………143
尊敬表現…………………………121

た

「だ」……………………………121
待遇表現…………………………139
第三者待遇………………………153
対者敬語…………………………143
対者待遇…………………………148
多型アクセント…………………50
多元的発生の仮説………………185
～ダサ（～でしょう）…………210
～ダサン（～できない）………118
他者尊敬表現……………………168
～ダッチャ（～でしょう）……210
多人数調査………………………144
～ダベッチャ（～でしょう）…210

「だろう」 …………………………………… 95
単音 ………………………………………… 31
単語 ………………………………………… 49
単純敬語方言 …………………………… 141
談話 ……………………………………… 221
談話資料 ………………………………… 13
談話のパターン ………………………… 221

ち

地域共通語 ………………………………… 4
チガカッタ（違っていた）…………… 216
チとツの区別 …………………………… 23
地方語史 ………………………………… 175
地方語文献 ……………………………… 177
中央語史 ………………………………… 175
中間方言 ……………………… 5, 159, 209
中国語 …………………………………… 134
中輪方言 ………………………………… 168
調査語彙 ………………………………… 58
調査項目 …………………………… 15, 33
調査票 ………………… 15, 41, 58, 81, 99
調査票調査 ……………………………… 14
地理的変異 ……………………………… 2

つ

通信調査 ………………………………… 14
使い分け ………………………………… 208
「通学区域」…………………………… 211
津軽方言 …………………………… 26, 39
〜ッチ（〜したい）…………………… 215
都竹通年雄の方言区画 ………………… 164
「って」………………………………… 115
鶴岡調査 ………………………………… 203

て

低起式 …………………………………… 61
丁寧語 …………………………………… 143
丁寧表現 ………………………………… 168
「ておく」……………………………… 119
テヤ（待遇形式）……………………… 121
テレビに出て話す場面 ………………… 205
伝統方言 ………………………………… 159
伝播 ……………………………………… 182
伝播速度 ………………………………… 189

と

「と」…………………………………… 115
ト（引用助詞）………………………… 115
東京式アクセント ……………………… 168
東京弁 …………………………… 159, 179
東京方言 …………………………… 56, 66

統合 ……………………………………… 180
統合変化 ………………………………… 52
東国方言 ………………………………… 177
東西対立型 ……………………………… 169
動詞の活用 ……………………………… 97
東条操の方言区画 ……………………… 162
東部方言 ………………………………… 164
東北弁 …………………………………… 159
時をあらわす語彙 ……………………… 77
〜トク（〜ておく）…………………… 119
特殊拍 …………………………………… 56
トゴル（溶けずに沈殿する）………… 214
都市化 …………………………………… 11
都津川・熊野方言 ……………………… 164
〜トッタ（〜ていた）………………… 119
飛び火的伝播 …………………………… 185
ドモ（接続助詞）………………………… 7
富山県井波町方言 …………… 116, 119, 126
富山県五箇山方言 ………………… 8, 117
富山県方言 ……………………………… 115
ドン（接続助詞）………………………… 7

な

内省調査 …………………………… 13, 121
内地方言 ………………………………… 165
内容 ……………………………………… 93
内輪方言 ………………………………… 168
ナオス（しまう）……………………… 212
長野県大町市方言 ……………………… 142
長野県諏訪方言 …………………… 91, 95
仲間意識 ………………………………… 209
なぞなぞ式 ………………………… 15, 34
なぞなぞ方式 …………………………… 59
ナニゲニ（何気なく）………………… 216
ナハル（待遇形式）…………………… 153
ナンボ（幾ら）………………………… 204

に

「に」………………………… 92, 95, 116
新潟県糸魚川地方 ……………………… 184
ニカッコ（(2)の読み方）……………… 211
二型アクセント ………………………… 62
西日本 …………………………………… 197
『日葡辞書』…………………………… 177
ニナウ（支え持つ）……………………… 84
日本語史 ………………………………… 175
日本語の東西差 ………………………… 197
『日本大文典』………………………… 177

ね

ネオ方言 ………………………… 159, 209

ネットワーク法	161	文	49
年齢差	203	文イントネーション	50
年齢的変異	2	文献学的方法	177
		文献資料	13
		分節性	24

の

「の」	114
ノ（主格助詞）	114
農村語彙	75
能力・心情可能	117

分布	7
分布図	77
分布類型	169
文法	168
文法化	109
文末詞	116
文末のイントネーション	54,58,65
分離変化	52

は

拍	24
拍体系	39
拍体系表	27
八丈島方言	92,96,164
バッテ（接続助詞）	7
バッテン（接続助詞）	7
バテ（接続助詞）	7
話し相手待遇	153
場面	144,208
場面的変異	2,11
バリエーション	3
ハル（待遇形式）	153
半疑問音調	53
判定詞	121

へ

「へ」	92,95
変化の結果状態の残存	119
変化の要因	188
弁別意識	34,41
弁別化	179
弁別特徴	31,55,61

ほ

母音音素	34,36
母音語幹	106
母音語幹動詞	26,105
母音の無声化	207
方言	2
方言アクセント	207
方言意識	218
方言イメージ	159
方言学	3
方言学的方法	178
方言機能論	12
方言区画	7,161
方言語彙	74
方言孤立変遷論	185
方言コンプレックス	216
方言史	175
方言周圏論	182
方言主流社会	217
方言衰退	203
方言衰退の速度	207
方言尊重	219
方言地図	7
方言調査	12
方言地理学	7,10,77,181,196
方言と共通語の使い分け	207
方言の敬語	140,142
方言の終助詞	129
方言の衰退	207

ひ

ビーシ（模造紙）	211
比較方言学	8,53,178,196
東日本	197
被調査者	35
ピッチ	49
一つ仮名弁	166
卑罵表現	139
評価	217
評価語	217
表現	93

ふ

風位語彙	75
フェイスシート	16,35
福岡県南部方言	142
福岡方言	117
複合語	56
複合名詞のアクセント	62
複雑型（分布）	170
福島県小高町	205
福島県伊達郡	215
二つ仮名弁	166
『物類称呼』	177
部分体系	76

方言の評価・イメージ	218
方言の復権	219
方言の分類	160
方言のれん	79
方言みやげ	220
本土方言	162
翻訳式	100

ま

マ（終助詞）	116
マイク	44

み

身内尊敬表現	168
身内尊敬用法	141
水クレ当番（水やり当番）	211
〜ミタク（〜みたいに）	216
ミチッタ（見てしまった）	216
三つ仮名弁	166
ミテル（なくなる）	79
南九州方言	115
ミニマルペア	59
都城方言	50
民俗学	10, 75
民族語彙	74

む

無核型	63
無核型動詞	64
無型アクセント	50, 168
無敬語方言	141
無声子音	25

め

名義抄式アクセント	180
命令形	128
命令形＋カ	130
面接調査	14

も

モーラ	56
モーラ方言	167
文字化資料	13
モダリティ	65

や

ヤ（終助詞）	116
ヤ（判定詞）	121
ヤス（待遇形式）	153
柳田国男	182
山形県鶴岡市大山方言	96
山形県鶴岡方言	95, 116
山形県内陸部	207
ヤマトゥグチ（大和口）	209
やりもらい	117
ヤル（待遇形式）	153

ゆ

有核型	64
有核型動詞	65
有敬語方言	141
有声化	25
有声化現象	207, 210
ユーテ（言って）	115
雪に関する語彙	8
ユキヤケ（霜焼け）	9
雪をコグ（掻き分けて進む）	211
ゆすり音調	54
指をツメル（挟む）	211

よ

「よ」	116
ヨー〜ン（〜できない）	117
四つ仮名	42, 166
四つ仮名弁	166
〜ヨッタ（〜ていた）	119
読み上げ式	16
読み上げ方式	59
ヨル（待遇形式）	151, 153

ら

ラ（だろう）	95
ラーフル（黒板消し）	211
ラ行五段活用	97
「（ら）れる」	118

り

リーグ戦式全数調査	145
リーグ戦式の面接調査	147
俚言	73, 78, 81
琉球方言	162, 181
臨地面接調査	82

る

類似度	161
『類聚名義抄』	180
類推	110
類別語彙表	51
類別体系	55
類理論	110
ル・ヤル（待遇形式）	153
ル・ラル（待遇形式）	153

れ

連体助詞 ……………………114
連濁………………………25

ろ

録音 …………………………13, 100
録音機 ……………………43
録音資料 …………………13

わ

ワ行五段活用 ………………97
話者 …………………………60, 99
ンス（待遇形式）……………153

ABA分布 ……………………183
A型（アクセント）…………62
B型（アクセント）…………62
/ci/と/cu/の区別 ……………34
IPA（国際音声字母）………30
N型アクセント ……………50, 62
ŋ（ガ行鼻音）………………38
/si/と/su/の区別 ……………27
S字カーブ …………………215

ガイドブック方言研究
A guidebook to dialect research

Edited by Takashi Kobayashi and Shinozaki Koichi

発行	2003年2月23日　初版1刷
	2023年12月15日　　9刷
定価	1800円＋税
編者	ⓒ小林　隆・篠崎晃一
発行者	松本　功
カバーデザイン	大野　博(ae)
印刷所・製本所	三美印刷株式会社
発行所	株式会社ひつじ書房
	〒112-0011　東京都文京区千石2-1-2大和ビル2F
	Tel. 03-5319-4916　Fax. 03-5319-4917
	郵便振替00120-8-142852
	toiawase@hituzi.co.jp
	https://www.hituzi.co.jp/

造本には充分注意しておりますが、落丁・乱丁などがございましたら、
小社かお買い上げ書店にておとりかえいたします。
ご意見、ご感想など、小社までにお寄せ下されば幸いです。

ISBN4-89476-183-1 C1081
ISBN978-4-89476-183-4 C1081

ガイドブック方言調査
小林隆・篠崎晃一編　定価1,800円＋税

読者が調査の流れに沿って内容を理解できるように、計画の立案から実施、終了に至る各段階に応じて解説。方言調査のための具体的な技法をマニュアル化したはじめての手引き書。録音の仕方からお礼状の書き方まで。この1冊あればどんな初心者でも調査ができる。

【目次】

第1章　調査ということ
第2章　調査方法を選ぶ
第3章　調査票を作成する
第4章　さまざまな準備
第5章　調査の手引きを作る
第6章　調査に臨む
第7章　調査を記録する
第8章　調査の流れに沿って
第9章　調査結果を整理する
附録　　参考になる調査票目録

ガイドブック文章・談話
高崎みどり・立川和美編　定価 2,500 円＋税

文章・談話について、短時間にその概要を知りたい人から本格的に学びたい人まで、必携のガイドブック。上代から近代までの「文章史・言語生活史」のほか、「比喩」や「接続」などの重要項目を文章・談話の中でとらえるためのヒントを示した。

ガイドブック日本語文法史
高山善行・青木博史編　定価 1,900 円＋税

日本語文法史の基本テーマをわかりやすく解説した教科書。「ヴォイス」「アスペクト・テンス」「モダリティ」「係り結び」「とりたて」「待遇表現」「談話・テクスト」「文法史と方言」など、15 章で構成されている。付録として、「資料概説」「用例調査法」「文献ガイド」を収録。この 1 冊で、文法史の要点を理解することができる。

これから研究を書くひとのためのガイドブック
ライティングの挑戦15週間

佐渡島紗織・吉野亜矢子著　定価2,000円＋税

高校生、大学生のための、「書き方」と「研究方法」の指導テキスト。前編、後編、各15章立て。主に人文社会科学系の領域向き。〔文章編〕では「思考を整理して、分かりやすく、科学的に」伝えるための技能を学ぶ。〔論文編〕では文献研究、実証研究の一連の流れを追って、テーマの設定から論文の評価まで段取りを解説。

★ CD-ROM 付